LA BANQUE ET LA VIE

DU MÊME AUTEUR

Le goût de l'improbable, 1984.

JACQUES DE FOUCHIER

LA BANQUE ET LA VIE

ÉDITIONS ODILE JACOB
15, rue Soufflot, 75005 Paris

ISBN 2-7381-0046-5

Sommaire

COMPTE A REBOURS

L'avenir n'a de sens
qu'à la pointe de l'outil.

Alain

I

L'heure H

A quel moment convient-il de s'arrêter pour fixer l'image du passé? Malgré son entrée, jour après jour, dans un état de gel qui semble définitif, l'histoire est perpétuellement à recommencer. Le livre de nos mêmes heures change à mesure que nous cheminons. Notre vision se transforme, en effet, par notre accession à de nouveaux points de vue, par les apports imprévus de notre expérience et par la révélation de faits restés longtemps cachés, les partis pris de secret perdant peu à peu de leur rigueur initiale. Seules restent immuables les images les plus lointaines, celles de notre enfance et de notre première jeunesse, notre Histoire sainte en quelque sorte.

Par contre, à regarder en arrière, les différents plans de notre âge mûr sont difficiles à distinguer les uns des autres. Nous ne savons plus très bien à travers quelles étapes successives s'est établi notre système actuel de pensée : l'esprit est oublieux de sa genèse. Et nous avons peine à départager, dans les œuvres que nous avons menées à bien, la part contingente et la part préméditée.

Pour qui se méfie des tentations avantageuses comme des fausses modesties et se veut d'abord authentique, le choix du moment pour témoigner a donc une importance décisive. Depuis deux ou trois années il m'a semblé parvenir dans ma vie à une sorte de ligne de crête, descendante bien sûr mais suivant une pente modérée. Mes perspectives sur le passé ayant cessé d'être par trop mouvantes, j'ai pensé pouvoir enfin reprendre à son sujet mon travail d'écriture.

Le trait le plus neuf de ce livre-ci est d'être le roman d'amour d'un homme avec ses entreprises : celles qu'il a créées, celles qui lui ont été confiées. C'est d'être en même temps le produit d'une ambition littéraire ayant persisté à cheminer sous les obligations du métier et résurgente à la faveur d'une retraite voulue avant qu'il soit trop tard. Pour n'en être pas déçu le lecteur doit l'aborder comme tel et non pas comme un témoignage de plus en matière de réussites professionnelles, encore moins comme une somme de science financière.

J'écris pour mon plaisir et ce qui en résulte n'est d'abord qu'une sorte de conte de *La Plume au Bois Dormant.* Mes perplexités de barbon lorsque je La réveille y trouvent leur juste place, à tout le moins pour les amateurs de témoignages véridiques.

J'écris pour mes collaborateurs sans qui cette histoire n'eût pas eu lieu. Ils ont droit que soit reconnu ce qui leur est dû, et le lecteur lui-même doit en être conscient s'il veut comprendre notre aventure.

J'écris à l'intention des jeunes hommes interrogeant l'avenir pour les convaincre que dans le cours des jours la chance passera maintes fois à leur portée, qu'ils doivent donc disposer leurs lignes et les surveiller sans relâche, qu'enfin, lorsqu'elle s'y sera prise, le vrai travail commencera.

J'écris, mettant à profit l'intérêt nouveau que suscite aujourd'hui l'entreprise, pour rendre plus manifestes les dimensions humaines de cette cellule sociale, la plus importante après la famille pour le bonheur de chacun.

J'écris – last but not least – pour reconstituer une partie jouée sur plus de quarante années et pour aider ainsi mes successeurs à en prévoir les diverses suites possibles.

II

Le facteur commun

Mes compagnons de route vont être les personnages principaux de ce livre. De préférence ceux qu'à la Compagnie Bancaire j'ai réunis autour de moi, orientés vers les fonctions auxquelles ils m'apparaissaient le plus aptes et avec qui nous avons en commun grandi. Ce lien fondamental de parenté m'autorise à plus de liberté dans mes propos à leur sujet que je ne m'en reconnais vis-à-vis de ceux qu'ailleurs j'ai trouvés en place.

Notre relation mutuellement enrichissante aura été le premier des secrets de fabrication dont sont en quête certains lecteurs. Et de ces multiples symbioses j'aurai été le facteur commun. C'est ici le lieu d'énoncer, pour ne plus avoir à y revenir, quels traits de mon propre personnage me semblent s'être révélés à l'usage le plus efficients.

Il m'est parfois advenu d'avoir à détromper tel ou tel interlocuteur bien intentionné qui voulait voir, dans mon itinéraire de banquier, le témoignage de je ne sais quelles facultés transcendantes. Et le goût du sensationnel est si général ou bien la flagornerie si répandue que mes mises au point ont d'ordinaire recueilli un accueil plutôt sceptique.

De leur côté certains commentateurs de presse m'ont fait l'honneur de se poser la question de savoir si je n'étais pas doté d'un réel « génie financier » – cette locution restant d'ailleurs à définir. Ils y ont le plus souvent répondu de façon négative. Les mêmes m'ont alors crédité de qualités manœuvrières plus communes chez un politique que chez un banquier.

Je ne crois guère à la modestie : elle n'est trop souvent que prudence d'orgueil. A coup sûr je n'en suis pas mieux doté qu'un autre. Mais il est satisfaisant pour l'esprit de découvrir dans un assemblage de traits n'ayant chacun rien d'exceptionnel l'origine d'accomplissements sortant quelque peu de l'ordinaire. Je trouve donc plaisir à substituer à des interprétations trop romanesques de mes faits et gestes une réalité à la fois moins brillante et plus honorable. J'espère, par là même, encourager les jeunes émules tentés d'emprunter des chemins analogues aux miens.

Dans l'aventure fort risquée entamée au cours du printemps 1946 – en quelque sorte par humeur et avec une désinvolture plutôt coupable – j'étais assez sûr de moi sans avoir de justification valable d'une telle certitude. J'en éprouve aujourd'hui quelque vergogne vis-à-vis de ceux qui, dès le départ, ne s'en sont pas offusqués. Paul Valéry l'a dit : « Les véritables secrets d'un être lui sont plus secrets qu'à autrui. » Accepterait-il aujourd'hui que je m'autorise de cette excuse ambiguë?

C'est dans mon éducation première, dans ma vocation manquée d'écrivain, dans ma formation de haut fonctionnaire, dans une pratique plus prolongée que pour la moyenne des réservistes d'un commandement en campagne, enfin dans une certaine aptitude à suppléer les lacunes de mon savoir par l'exercice de mon imagination que je crois, après coup, pouvoir situer mes « véritables secrets ».

Mes parents avaient perdu, peu d'années avant ma naissance, leur aîné lentement emporté par une infection du système nerveux que l'on ne savait pas alors guérir. Dans leur extrême affliction, ils avaient paré le personnage du jeune disparu de mérites hors du commun. Sans doute voulurent-ils se convaincre que ceux-ci allaient se réincarner chez leur « petit dernier ». Toujours est-il que je fus soutenu dès mon jeune âge par une confiance inconditionnelle, voire un préjugé admiratif dont la conscience que j'en avais dut me rendre bien souvent insupportable aux autres mais qui m'a doté, pour toute ma vie, d'une assurance inébranlable quant au résultat final de toute confrontation avec n'importe quelle épreuve.

Tant de présomption conduirait bien vite à la catastrophe si elle n'était modérée par un bon sens fondamental permettant une bonne évaluation des obstacles. Ainsi confortée elle permet de traverser la vie dans une ambiance d'optimisme qui rend tout naturel le courage d'entreprendre et qui exerce sur les autres un puissant effet d'entraînement et de conviction. Ce fut là, sans nul doute, avec la santé et la vitalité, l'une des cartes maîtresses dont je fus gratifié dès mon jeune âge.

Les puissances tutélaires à qui je les dois m'en ont doté d'une autre dont on s'étonnera sans doute qu'elle paraisse encore de grande valeur au banquier – en particulier « d'affaires » – que j'ai été : je veux parler d'un réel dédain pour l'argent. « Bonne renommée vaut mieux que ceinture dorée », répétaient volontiers mes parents, lesquels tiraient une sorte de complexe de supériorité d'une situation matérielle très inférieure à la moyenne de leur milieu, conjuguée avec le prestige de la haute magistrature paternelle. Naïf et noble cet adage a bientôt fait partie de ma conception de l'honnête homme. Que l'on m'entende bien : je n'ai jamais dédaigné les satisfactions que peut apporter l'aisance et dès ma jeunesse j'ai désiré en jouir plus que n'avaient pu le faire jusqu'alors les miens. Mais « faire fortune » est une idée qui ne m'est jamais venue. Je pense à l'argent pour le dépenser, le donner parfois, non pour l'accumuler. Je suis donc, de façon délibérée, resté le salarié – de mieux en mieux payé, je dois le reconnaître – en même temps que le très modeste actionnaire des affaires que j'ai créées

– de celles aussi que j'ai adoptées – et n'ai jamais été à l'affût des occasions de profit personnel qu'elles pouvaient, de la façon la plus légitime, me procurer. L'expérience m'a rendu à tout jamais allergique aux idéologies socialistes ou socialisantes qui avaient par instants séduit ma jeunesse; je n'ai pas acquis pour autant le tempérament capitaliste.

Au long d'une croissance de mes entreprises qu'aucune fortune propre n'aurait, en tout état de cause, permis de nourrir, cette apparente infirmité n'a pas peu contribué à la bonne volonté de mes partenaires. Pour si amicaux qu'ils fussent, ils n'auraient pas moins rechigné devant les concours qu'ils étaient sollicités de consentir à mes entreprises s'ils avaient dû avoir pour effet second mon enrichissement personnel. Les gens de finance sont, sur ce point, beaucoup plus jaloux vis-à-vis de leurs congénères que de leurs clients d'autres professions.

Mes initiatives successives ont donc été considérées par ceux dont l'appui m'était nécessaire pour ce qu'elles étaient de façon très authentique : l'expression d'un goût profond de créer et non pas le témoignage de quelque prurit d'accession à la puissance à travers la fortune. A une époque où tout homme d'action qui se veut efficace est invité par maint conseil à prendre soin de son image, il n'était pas sans intérêt de mettre en lumière cet aspect de la mienne. Il n'a pas peu contribué à nuancer d'affection la confiance de mes collaborateurs. Et c'est à lui que je crois devoir la sorte d'autorité morale dont j'ai bénéficié à l'extérieur. Au surplus cette indifférence à l'argent m'a valu un confort de conscience et un sentiment d'indépendance sans lesquels je n'aurais pu vivre heureux. J'ai pu me servir des mécanismes capitalistes sans m'y asservir. Mon orgueil est de pouvoir me considérer aujourd'hui comme l'un des hommes les plus libres qui soient.

Mes premières ambitions, qui furent littéraires – et la nostalgie que j'en ai toujours gardée – ont, sans conteste exercé une influence notable sur la façon dont s'est déroulé le parcours orienté par mes ambitions secondes.

Le goût d'écrire ne m'a, en effet, jamais abandonné. Jamais – ou presque – je n'ai consenti à signer un texte important sans l'avoir moi-même rédigé. La même retenue m'a toujours détourné de rechercher la croissance des affaires que j'avais fondées grâce à des acquisitions extérieures. La tentation ne m'a pas effleuré de réunir des capitaux pour chercher à m'approprier, par voie de conquête sur le marché boursier, telle ou telle entreprise grandie avec le temps, fût-elle dépréciée par des erreurs plus ou moins passagères de gestion. Cette forme si peu philanthropique de secourisme n'était d'ailleurs pas encore de mode à l'époque de mes débuts et sans vouloir aujourd'hui lui dénier toute vertu il s'agit là d'un métier que je n'aurais pu prendre plaisir à exercer. J'en vois trop les possibles déviations. Mais surtout il est contraire à ma fierté d'auteur comme au respect qui me paraît dû à l'œuvre des autres.

Ce que m'a apporté de plus important ma vocation manquée est sans doute le goût du travail bien fait, l'exigence sans concession qu'inspire – au prix parfois de la stérilité – le défi d'écrire. J'y avais aussi contracté le goût d'imaginer et la volonté – souvent naïve – d'ajouter mon œuvre personnelle – originale si possible – à la masse de celles que tant d'autres ont procréées : n'est-ce pas cette volonté qui m'a porté à substituer à mes livres restés en projet des entreprises bien vivantes comme à tenter de leur donner un style assurant leur durée? Au surplus le regret d'avoir renoncé à ses aspirations initiales est un utile antidote face au danger insidieux d'attacher trop de prix à ses succès dans d'autres domaines comme de prendre un goût excessif aux pouvoirs passagers qu'ils vous confèrent; de son côté la perspective d'y revenir sur le tard vous fait envisager avec sérénité l'échéance de la retraite et préparer sans arrière-pensées votre succession.

Mon long passage dans la fonction publique m'a fait connaître les vertus de l'administration française et dissuadé à tout jamais de la brocarder. Il a implanté en moi ce souci de l'intérêt général sans lequel, j'en ai la certitude, il n'est aucune entreprise qui puisse grandir et durer. En même temps il m'a fait toucher du doigt les infirmités congénitales des organisations d'État. Il m'a ainsi prédisposé à tirer de mes engagements à la tête d'affaires privées – comme du spectacle ultérieur des expériences socialistes – des leçons que je crois équilibrées. Je m'y suis forgé la philosophie d'un libéral à toute épreuve mais d'un libéral modéré : une telle modération n'est-elle pas, d'ailleurs, la caractéristique obligée de tout vrai libéralisme et d'abord de celui qui ne se veut pas doctrine mais règle d'action?

Enfin mes divers séjours sous les drapeaux en tant qu'officier de troupe, mon commandement pendant près d'un an d'une unité en campagne ont exercé une profonde influence sur mes comportements de chef d'entreprise. Je leur dois le sens de la fraternité d'armes que, dans des besognes pacifiques mais pourtant marquées par les perpétuels combats de la croissance et de la concurrence, j'ai transposé sur mes collaborateurs. Je leur dois ma propension à me prendre d'affection pour les hommes placés sous mon commandement et à me sentir responsable de leur mieux-être comme je l'étais, naguère, de leur sécurité. Ces dispositions, devenues une seconde nature, ont été perçues, à la Compagnie Bancaire d'abord, puis à Paribas, par l'ensemble des personnels et même par leurs représentants. C'est à ce fait que j'attribue la qualité des relations que nous avons toujours entretenues.

Voici donc les cartes les meilleures dont, selon mon jugement d'aujourd'hui, je disposais en réunissant, au cours de l'année 1946, les premiers éléments d'une équipe. Chacun peut constater qu'elles n'avaient rien d'inaccessible au commun des mortels. Elles s'analysent beaucoup plus comme des traits de caractère que des dons de l'esprit. De fait j'ai la conviction que donner naissance à une entreprise, maintenir son élan vital, réclament beaucoup plus de tonus moral et de fermeté d'âme que de brio intellectuel.

Encore que les individus d'intelligence vive soient légion et plus rares les caractères vigoureux, nombreux sont, à coup sûr, ceux qui peuvent disposer d'un bagage, différent certes du mien (il n'est pas deux personnalités identiques), mais non moins valablement composé pour affronter des défis analogues.

« Vous faites bon marché de votre science financière », objecteront certains. Ma réponse est simple. Je ne sais pas s'il existe vraiment, dans ce domaine, quelque chose méritant d'être appelé science. Mais toute culture un peu poussée peut aider à comprendre un métier nouveau dans lequel on pénètre et la banque n'est pas une spécialité plus sophistiquée qu'une autre.

En tant que jeune inspecteur des Finances en tournée j'avais dû me comporter vis-à-vis des agents vérifiés comme si je possédais moi-même une connaissance exhaustive de leur métier, ce qui, certes, n'était pas le cas. Cette expérience m'avait montré qu'une sorte de virginité intellectuelle conduit parfois à découvrir des erreurs que des vérificateurs plus chevronnés n'ont pas décelées, à s'étonner de méthodes de travail plus ou moins absurdes dont les praticiens s'accommodent sans sourciller.

De la même manière j'ignorais tout à fait, en y faisant irruption, les règles du jeu traditionnelles et les techniques consacrées de la profession bancaire. Mes ignorances m'ont servi plus que mon acquis théorique. Elles m'ont préservé des tabous et contraint à inventer mon nouveau métier à mesure que j'y pénétrais plus avant.

Pour savoir il suffit d'apprendre. Pour connaître il faut imaginer.

III

Atout cœur

La voix du sang ne m'a jamais assourdi. Il m'a fallu, pour en reconnaître l'appel, attendre d'être lié d'amitié avec chacun de mes fils et constater quelle place privilégiée ils occupaient alors dans mes pensées.

Qu'en eût-il été si j'avais su fabriquer une fille? Sans doute me serais-je senti plus tôt responsable d'un être censé plus fragile. A coup sûr, j'aurais été, par la suite, si jaloux d'elle que mieux vaut n'en avoir pas mené à bien les projets successifs, chacun n'ayant abouti qu'à la production d'un petit mâle – deux même certaines fois – qui me narguaient de leur inopportune virilité.

Mes entreprises auraient-elles occupé pour moi la place vacante de cette fille dont la recherche fut si féconde en garçons?

Bien qu'ayant vécu avec intensité le passage d'une position enviable de haut fonctionnaire à celle de créateur d'une petite société à l'avenir mal assuré, je n'ai pas compris d'emblée l'étendue des mutations que ce changement d'état allait provoquer en moi. J'avais conscience de la succession des hasards ayant déterminé mon choix. J'y reconnaissais les effets de mon goût inné pour le jeu et de cette préférence pour les coups les plus aventurés qui laissent en général mes adversaires interdits, gagnants le plus souvent, fortement perdants quelquefois.

J'éprouvais aussi un plaisir sans réserve à ne plus imaginer la suite de ma vie comme un débilitant parcours à travers les hiérarchies administratives et les chicanes des alternances politiques. D'avoir, de façon définitive, renoncé à « faire carrière » me conférait une dignité nouvelle dont je ressentais les vertus vivifiantes. Le mot ambition était soudain devenu noble.

En constatant les joies que m'apportait chacun de leurs succès, l'inquiétude que m'inspirait et que m'inspire encore aujourd'hui toute menace pesant sur elles ou sur tel ou tel de leurs responsables, mes équipiers ou mes successeurs, j'ai pris conscience des liens affectifs qui se développaient entre moi-même et les entreprises dont il m'est advenu d'être le patron. Un renouvellement profond de mes motivations allait en résulter, comparable peut-être à celui que m'eût apporté la venue au monde de l'irréalisable fille. Sans doute la paternité de personnes morales satisfaisait-elle en moi quelque besoin du cœur jusqu'alors frustré.

Mes deux principales expériences en la matière se sont situées chacune à un extrême de la gamme des possibles.

J'ai connu la paternité de création. Elle a commencé par la fondation ex nihilo en 1946 du modeste établissement financier qui devait devenir le groupe de la Compagnie Bancaire. Elle s'est poursuivie à travers les soins quotidiens dispensés tout au long de son état natif puis de son développement. Ce dernier s'est opéré par créations successives d'entités nouvelles, jamais – sauf une seule fois et dans un contexte exceptionnel – par annexion d'entreprises préexistantes. Mon sentiment de filiation est donc demeuré sans partage.

J'ai connu aussi la paternité par adoption d'enfants des autres de longtemps majeurs. C'est celle que m'a valu la prise en charge, en tant que Président directeur général, de cette institution à la fois vénérable et incertaine de son destin qu'était en 1968 la Banque de Paris et des Pays-Bas.

Entre ces deux cas limites – de création ou d'adoption également « pures » – existe toute une gamme de variantes. L'entreprise nouvellement créée ne saurait éviter longtemps les atteintes de l'âge; ses problèmes se rapprochent peu à peu de ceux de ses congénères parvenus à maturité. A l'inverse, pour échapper à la sénescence, pour éviter de s'obstiner dans des voies qui se sont bouchées, une entreprise ancienne a besoin d'apports novateurs.

Sans doute est-ce l'une des raisons pour lesquelles, père heureux de la jeune Compagnie Bancaire, je me suis vu proposer l'adoption de la centenaire Paribas.

L'occasion de cette union entre les deux groupes à travers ma personne ne fut pas tout à fait fortuite. Elle devait surgir, on le verra, de mon projet délibéré de modifier, pour faire face à une conjoncture nouvelle, le système d'alliances dans lequel s'était poursuivi notre développement. Je n'étais toutefois pas parvenu de moi-même à cette hypothèse limite : l'intervention de tiers bienveillants motivés par leurs responsabilités propres devait, à ma surprise, y conduire. De la même manière la transformation ultérieure de l'union personnelle en union structurelle de plus en plus étroite entre les deux groupes, bien qu'elle paraisse aujourd'hui répondre à une logique assez évidente, n'avait pas été dès l'origine perçue comme une nécessité. Elle a été la réponse à des défis successifs devant lesquels s'est exprimée ma propension – à la fois intellectuelle et affective – à réaliser l'unité entre mes deux paternités.

Paribas ne sera plus jamais la même entreprise qu'avant l'insertion de la Compagnie Bancaire dans son groupe. Il y a trouvé une dimension nouvelle, de nouveaux axes d'expansion, une sérieuse base d'autocontrôle. De sa symbiose avec Paribas la Compagnie Bancaire a retiré un élargissement de ses perspectives propres et des points d'appui fort utiles pour les réaliser.

Tout s'est passé en fin de compte comme si, pour partir à la conquête d'un royaume, j'avais pris la voie de m'assurer d'abord la possession d'une riche province dont l'adhésion paraîtrait un jour assez porteuse d'avenir pour que la souveraineté de l'ensemble me fût proposée; ensuite comme si mes successeurs avaient continué avec persévérance dans la voie ainsi tracée. La tentation pourrait être forte d'écrire ainsi l'histoire. Ce serait trahir la vérité en faisant au volontarisme une part usurpée. Une interprétation ne faisant appel qu'à des réactions d'opportunisme au jour le jour ne serait pas plus véridique. C'est entre les deux, dans l'instinct obstiné de croissance, les impératifs permanents du cœur et des caractères confrontés aux évolutions plus ou moins prévisibles de l'environnement qu'il convient de rechercher le pourquoi de ce qui s'est accompli. Le véritable intérêt de ce qui suit, sa portée au-delà des péripéties d'un exemple individuel, me paraissent devoir être cherchés là. Du moins est-ce la clef de lecture que je propose à qui voudra s'y aventurer plus avant.

Première partie

L'ÉTAT NATIF

La Compagnie Bancaire

I

L'enfantement

J'ai raconté naguère comment l'allergie d'un ministre communiste à la présence – dans un poste important de son administration centrale – d'un fonctionnaire présentant mes caractéristiques, et, plus tard, la rapide sympathie à mon égard et le goût de montrer sa puissance de l'un de ceux que le général de Gaulle devait baptiser plus tard « gnomes de Zurich », ont, à quelques mois d'intervalle, exercé sur mon destin professionnel une influence déterminante. Il m'arrive de désigner sans sourire ces deux personnages fortement contrastés comme les véritables fondateurs de la Compagnie Bancaire. Faut-il le dire, ma gratitude ne se répartit pas entre eux d'égale manière.

En janvier 1946, le premier des deux a déclenché en moi, tout à fait à l'improviste, la volonté de quitter la fonction publique pour ne plus jamais avoir à compter avec l'arbitraire de personnages de son acabit. Je me suis alors préoccupé d'autres voies d'avenir. J'ai cru un moment pouvoir les trouver dans un captivant mélange d'activités littéraires et politiques. Les contraintes terre à terre des besoins financiers d'une famille m'ont, au bout de peu de mois, conduit à rechercher, à titre transitoire espérais-je, des activités rémunérées de façon moins aléatoire.

C'est à cette occasion que le second personnage, en me proposant une ligne de crédit d'un montant dix fois supérieur à celui que j'avais dans l'esprit, m'a déterminé à transformer en réalisation concrète et à mettre en œuvre sans délai ce qui n'était encore qu'un projet pour lequel le fonctionnaire que j'avais depuis peu cessé d'être avait d'abord envisagé de plus longues études préalables.

Ce fut la toute première scène – j'ignorais de quel nombre d'autres elle serait suivie – dans mon long rôle de futur banquier.

J'avais, pour m'assurer des subsides temporaires et préparer l'avenir, constitué une société d'études avec quelques amis banquiers (Robert Labbé, de la maison Worms, Jean Terray, de l'Union européenne, mon frère, du Crédit du Nord, José Ariès, de l'Union des Mines, Jacques Berthoud, du Crédit Commercial de France). L'objet, fort général, en était la recherche d'accords avec des banques internationales pour promouvoir la coopération entre les industries françaises et étrangères et mettre à la disposition des premières des moyens en devises supplémentaires par rapport à ceux qu'un contrôle des changes par nécessité fort sévère ne leur dispensait qu'avec parcimonie. Mes amis m'avaient suivi sur ma bonne mine et ma bonne réputation en tant qu'ancien directeur adjoint des relations économiques extérieures au ministère de l'Économie nationale. Malgré l'imprécision première de mes projets ils escomptaient qu'un jour ou l'autre telle ou telle de mes initiatives aboutirait à quelque résultat exploitable. Surtout, peut-être, obéissant à une propension qui n'allait pas manquer de servir mes projets futurs, ils tenaient à ne pas laisser des collègues exploiter seuls, en leur absence, ils ne savaient quelle fructueuse innovation.

Assuré ainsi de mes arrières en France je partis un beau soir pour Zurich où j'avais pris rendez-vous avec Henri Grandjean, membre de la direction générale du Crédit Suisse, que j'avais rencontré un an plus tôt lors de négociations commerciales avec la Confédération. Ma longue nuit en chemin de fer ne fut pas très propice au sommeil. Je me sentais d'autant moins assuré au moment d'aborder ma première négociation d'affaires que j'avais quelque vingt ans de moins que mon interlocuteur du lendemain, que ne me valorisait plus le prestige de mon ancienne fonction publique, et surtout que le discours que je me proposais de tenir demeurait assez vague. Un projet précis ne s'imposait-il pas, ne serait-ce que pour démarrer la conversation? C'est alors que, puisée dans mon expérience de fonctionnaire en matière de commerce extérieur, l'évidence me frappa que des crédits étrangers seraient précieux pour permettre à nos industries exportatrices d'acquérir les matières premières d'importation qui leur faisaient défaut. Et les rôles respectifs de l'organisme en quoi se transformerait ma présente société d'études, des banques françaises que j'y avais réunies et de la banque suisse que j'allais contacter m'apparurent aussitôt. Le premier se verrait consentir une ligne de crédit par la banque suisse, il négocierait chaque dossier avec cette dernière et se chargerait d'obtenir les autorisations nécessaires de l'Office des Changes pour rembourser les crédits par prélèvement sur le produit des exportations futures; quant aux banques françaises amies elles nous adresseraient leurs clients, cautionneraient leurs engagements et seraient rémunérées à ce titre. Parti de Paris avec quelques idées générales je débarquai le lendemain matin à Zurich nanti d'un projet précis. J'avais fixé, dans ma tête, un montant minimum à la ligne de crédit que je désirais m'assurer : vingt millions de francs suisses; elle me paraissait déjà importante pour une société encore en devenir.

Henri Grandjean, mon interlocuteur, était un francophile déclaré; il avait, par chance, une grande considération pour le corps de l'inspection des Finances; enfin il ne détestait pas faire montre de sa puissance non plus que narguer ceux de ses collègues qui avaient monté naguère avec l'Allemagne des opérations que l'effondrement du IIIe Reich faisait apparaître désastreuses.

Il m'écouta avec beaucoup de bienveillante attention et me confia, pour le déjeuner, aux soins de l'un de ses collaborateurs chargé d'examiner avec moi la technique des opérations que je proposais. Après notre retour au Crédit Suisse et le délai d'attente nécessaire pour entendre le compte rendu de mon commensal, Henri Grandjean me reçut à nouveau : « Je suis déjà très engagé en France, me dit-il. Je ne pourrai donc pas faire grand-chose pour vous. Pourtant vous m'êtes sympathique, vos projets paraissent valables et les banques qui sont derrière vous ont toute ma confiance. Vous avez eu la bonne idée de n'inclure aucune banque nationalisée dans votre société d'études, cela ne peut que confirmer mon désir de vous aider à démarrer. C'est à regret que je suis contraint de limiter à 200 millions de francs suisses la ligne de crédit que je suis prêt à vous ouvrir. Encore demanderai-je à mon ami Gollay, de la Société de Banque Suisse, d'opérer en compte à demi avec moi. » C'était dix fois plus que je n'avais en tête. Je protestai qu'il s'agissait en effet d'un chiffre modeste compte tenu de l'étendue des besoins à couvrir. Mais on pouvait toujours commencer, quitte à aviser par la suite.

Après une seconde journée consacrée à la poursuite des échanges de vue de nature technique avec les services du Crédit Suisse je revins à Paris sous des traits quelque peu renouvelés. Je n'étais plus le jeune animateur d'une société nouvellement créée, aux idées assez vastes mais quelque peu floues. J'étais celui qui disposait d'une ligne de crédit en devises libres plus importante et mieux adaptée aux besoins de notre économie que ne pouvaient à l'époque s'en prévaloir les plus grands établissements de la place.

Mon « tour de table » ne fut pas long à comprendre la portée de ce changement inattendu de nature et de dimension : la mise en place accélérée d'une société d'exploitation

– que je leur proposai – rencontra leur plein accord. Soucieux de prendre, avec mon concours, de l'avance par rapport à leurs confrères dans un domaine nouveau mais où nous ne manquerions pas d'être un jour rattrapés, ils fixèrent en principe au mois de septembre le début de nos opérations. J'avais donc deux mois devant moi non seulement pour réunir les premiers moyens logistiques indispensables mais aussi pour achever de dépouiller le vieil homme et réapparaître sous les traits du fondateur d'une société financière privée au capital certes modeste mais aux associés prestigieux. J'étais quelque peu éberlué d'avoir ainsi à courir pour ne pas manquer le coche. Sur le chemin nouveau pour moi que je devais suivre je me sentais poussé en avant par un camarade pressé, peu soucieux de me ménager le moindre instant de répit. Pour un peu j'aurais maugréé. Mais n'eût-il pas été bien ingrat de ne pas accueillir avec bonne humeur les bourrades amicales de la chance?

***

Les miracles, bien sûr, n'ont qu'un temps. Les premiers obstacles allaient bientôt surgir et je ne saurais aujourd'hui les déplorer. Ils ont eu la vertu de fouailler mon caractère et d'ancrer plus profond ma détermination. Par là ils ont exalté en moi l'instinct de paternité, illustrant ainsi un précepte favori de ma mère, laquelle assignait aux douleurs de la procréation une valeur irremplaçable dans la relation future avec l'enfant.

Le mot « déstabilisation » n'était pas passé à l'époque dans le vocabulaire courant. Pourtant c'est bien le sentiment d'avoir à affronter un défi de cette nature que me donnait, lors de mes contacts avec les tiers, mon passage de la fonction publique – où l'appartenance à un grand corps de l'État vous confère très jeune une stature respectable – à une activité privée dans laquelle je ne pouvais encore me prévaloir que de virtualités peu évidentes.

Une occasion critique d'en prendre conscience survint pour moi peu de jours avant la date prévue pour la constitution de ma première société, l'Union financière d'entreprises françaises et étrangères (UFEFE). L'acte devait être signé par chacun des cinq actionnaires bancaires qui m'avaient donné leur accord. L'un d'eux soudain parut se dérober, sans que des raisons bien claires de ce changement d'attitude me fussent expliquées par celui de ses directeurs avec qui j'étais en contact. Sur la demande de ce dernier j'allai rendre visite à son Président. Il s'agissait d'un homme dont la réputation de morgue et de suffisance était bien établie. Son accueil fut conforme à ce que promettait un tel profil. Pour bien me faire comprendre sans doute que mon appartenance au corps de l'inspection des Finances ne l'impressionnait guère, il jugea opportun d'entamer notre entretien par quelques diatribes à l'encontre de certains de mes meilleurs camarades. Je répondis assez vertement que j'avais pour eux estime et amitié. Il accueillit cette déclaration d'un « Je le savais », qui soulignait le caractère prémédité de son agression.

– « Pourquoi, poursuivit-il, désirez-vous, pour les activités que vous envisagez, créer une société nouvelle? Un syndicat de banques dont vous seriez le gérant suffirait. Il pourrait, par exemple, être logé dans cette maison, dont vous deviendriez ainsi, pour un temps, le collaborateur. »

– « Je ne crois pas que nos autres partenaires banquiers en seraient d'accord. Moi-même je n'ai pas quitté la fonction publique pour pantoufler dans quelque banque que ce soit. Comprenez que je cherche avant tout mon indépendance. »

– « C'est fort bien. Mais dans ce cas pourquoi sollicitez-vous notre participation? A propos, Monsieur de Fouchier, j'ai su qu'auprès de nos correspondants suisses vous aviez fait état de notre concours éventuel à vos projets. Il ne me semble pas que vous y étiez autorisé. »

Qu'il se permît d'exprimer un tel doute me révélait soudain à quel point j'avais perdu en dignité empruntée et combien je risquais de perdre en substance réelle si je ne réagissais pas avec la plus grande fermeté. Mon apparente insignifiance par rapport à mon interlocuteur m'inspira donc une réaction de superbe quasi gaullienne.

– « Monsieur le Président, rétorquai-je sur le ton suave d'un mépris contenu, vous rendez-vous bien compte du caractère injurieux de votre question? La confirmez-vous? »

Son silence ébahi ne pouvait être interprété comme une forme de rétractation.

– « Dans ce cas je vous prie de bien vouloir convoquer dans ce bureau celui de vos directeurs qui a jusqu'à présent suivi mes projets. » Celui-ci apparut bientôt. « J'aimerais, lui dis-je, que vous apportiez à votre Président copie de la lettre par laquelle votre maison m'a accrédité auprès de ses correspondants suisses. »

Lorsqu'il revint avec ce document, je le lui pris des mains pour en vérifier le texte puis le tendis à mon interlocuteur. « Maintenant, Monsieur le Président, je pense que vous jugerez bon de m'exprimer vos excuses. »

Le vieil homme prit la feuille et la lut sous mon regard attentif. Je vis trembler en même temps ses mains et ses bajoues. Il se leva enfin : « Je vous fais mes excuses, Monsieur. » Je me levai à mon tour : « Fort bien, je les accepte. » Et, tournant les talons, je quittai aussitôt le bureau présidentiel, ayant perdu l'un de mes actionnaires potentiels mais plutôt satisfait de ma démonstration. Et, de fait, l'anecdote s'étant ébruitée me valut auprès de mes quatre autres futurs associés un surcroît de considération. Et l'établissement défaillant fut du jour au lendemain remplacé par un autre, non moins valable et dont le concours fidèle devait m'être précieux par la suite.

L'incident m'avait rendu conscient de la précarité de mon crédit personnel. Mais il m'avait fourni l'occasion de prouver mon intransigeante volonté d'indépendance. Et les excuses auxquelles j'avais contraint un Président qui s'était cru tout permis vis-à-vis d'un blanc-bec de mon espèce me mettaient d'emblée au niveau des autres chefs de maison avec qui j'aurais désormais à traiter.

Plus encore j'avais eu l'occasion de mesurer à quel point l'image de ma future Maison et la mienne propre allaient être solidaires, combien nos destins – et ceux des premiers collaborateurs que je venais de recruter – seraient indissociables. Le sentiment de responsabilité – de paternité pour tout dire – s'était implanté en moi vis-à-vis de l'entreprise naissante et je me découvrais, pour la défendre, une combativité vite alertée.

***

Moins de quinze jours après cette sérieuse escarmouche, au lendemain de la publication des actes constitutifs de l'UFEFE, une campagne me présentant en pilleur des réserves de change françaises avec la complicité du gouvernement était déclenchée par la presse d'extrême-gauche. Elle procédait de contre-vérités évidentes mais n'en annonçait pas moins un combat difficile.

Ces attaques risquaient fort, compte tenu du climat préélectoral du moment, de compromettre l'agrément du Conseil national du Crédit, nécessaire pour que la nouvelle société pût commencer ses opérations d'établissement financier. Je me heurtais donc là, dès le départ, à un obstacle dirimant. Son danger apparut vite d'autant plus réel que la mauvaise foi agressive de mes adversaires déclarés (Parti communiste et CGT) trouvait un appui inattendu dans la malignité du Président de la commission chargée d'instruire ma demande d'agrément, lequel, banquier semi-public spécialisé dans les opérations de commerce extérieur, regrettait de n'avoir pas eu avant moi les idées que j'entendais mettre en œuvre. J'avais d'autre part à craindre la neutralité à peine bienveillante de mes anciens collègues des Finances membres de cette commission. Ils ne semblaient pas me savoir beaucoup de gré de les mettre en situation soit de me désavouer à l'encontre de toute équité, soit d'avoir à s'opposer ouvertement à une extrême gauche toujours représentée au gouvernement.

Je connus, à cette occasion, deux semaines d'un combat à l'issue douteuse, mené le dos au mur avec la vigueur qu'inspire une aussi fâcheuse position. A l'issue d'une séance dont il m'arrive encore qu'un cauchemar fasse revivre le climat, la commission, à la majorité, me consentit l'agrément que je sollicitais. La bonne foi évidente de mes arguments et la franchise sans concession de mes réponses aux questions les plus absurdes et les moins bien intentionnées m'avaient permis d'ébranler les hostilités déclarées comme de réchauffer l'esprit de solidarité de mes anciens collègues. Mais aussi les conseils très avisés de Pierre Besse, secrétaire général du Conseil national du Crédit, m'avaient permis de déceler les pièges tendus et de les déjouer. Un ami solide s'était révélé à moi. Comme la suite devait le montrer, c'était là le précieux résultat positif d'une opération qui aurait pu se révéler fatale à mes projets.

Sur le trottoir de la rue de la Vrillière, que j'arpentai un moment après cette épreuve, j'eus bien le sentiment d'avoir connu ces douleurs d'enfantement auxquelles ma chère mère attachait tant de prix. Et je comprenais la justesse de l'expression familière « être vidé ». A ma joie bien réelle d'avoir vaincu l'obstacle la détente nerveuse conférait les allures impondérables du rêve.

*
* *

Quelle distance avaient pris pour moi, en quelques mois, les lambris rassurants de la rue de Rivoli. Évoquant aujourd'hui les images de cette période je me défends mal d'en trouver l'éclairage irréel, voire quelque peu somnambulique. Tout cela aurait si bien pu ne pas se passer. Pourquoi, après le départ de François Billoux du ministère dont il avait désiré m'éliminer, après l'arrivée d'un nouveau ministre qui m'avait aussitôt prié de considérer comme nulle et non avenue l'avanie de son prédécesseur, n'avoir pas reconsidéré ma décision de quitter la fonction publique?

Jamais je n'avais rêvé de devenir mon propre patron et de créer, à cette fin, une entreprise. Descendant d'une lignée de petite noblesse dévouée au service du Prince et de l'État je n'ai aucune hérédité commerciale ou bancaire. Et c'est d'une carrière publique que j'attendais, pour l'avenir, des postes gratifiants au point de vue moral et intellectuel en même temps que l'amélioration progressive de ma situation matérielle.

Agissais-je donc aujourd'hui par humeur, par une sorte d'entêtement à ne pas revenir sur une parole que je n'avais donnée qu'à moi-même?

Il me semble plutôt que si l'idée de quitter l'administration ne m'était jamais venue jusqu'alors, elle avait, aussitôt émergée de mon inconscient, agi comme l'unique cristal qui fait prendre en masse une solution sursaturée. Brusquement mon imagination percevait de nouveaux cheminements, plus séduisants que les anciens, où satisfaire mon besoin fondamental de liberté. Écrire, faire de la politique et – puisqu'il fallait bien commencer par gagner sa vie – fonder une entreprise... pourquoi pas? L'essentiel était de partir vers l'inconnu, abandonnant l'ostentation crasseuse des bureaux et des couloirs ministériels – où je n'avais certes pas été malheureux mais qui prenaient soudain les traits de quelque collège rébarbatif pour vieux enfants. J'avais flairé le vent du large et ne pouvais plus y renoncer.

Et c'est bien en état de légère ébriété que je faisais mes premiers pas dans un monde entièrement nouveau pour moi.

Le souvenir de plusieurs avatars analogues me permet d'identifier aisément, aujourd'hui, cette atmosphère raréfiée et quelque peu grisante. C'est le climat qui règne sur l'autre bord du Rubicon. Le voyageur s'y retrouve seul, démuni de ce qui constituait auparavant son bagage. Il ne peut compter que sur son intuition et sa force de caractère pour se frayer un chemin parmi des obstacles non balisés. Une sorte de vertige le prend parfois. La question « Le referais-je? » lui vient alors à l'esprit. Cette question n'a pas de sens. « Il l'a fait » et nos actes nous changent. S'il était concevable de venir en aide à ceux qui se hasardent sur cette rive comme je l'ai fait moi-même, j'y disposerais un vaste panneau au départ de chaque route pour y inscrire en majuscules cette admonestation : « Laisse ici tout regret. »

* * *

Au risque de donner à mon ouvrage un tour plus didactique que je n'aurais voulu il me faut, pour aider le lecteur à appréhender dans leur authenticité les processus de l'état natif, en énoncer ici les phases successives, telles que j'ai pu les vivre et que j'aimerais les faire comprendre.

J'ai commencé par les inévitables douleurs de l'enfantement. La personne morale nouvellement venue au monde est ensuite exposée, au sortir de sa première enfance, à des maladies comparables à celles qui guettent alors les petits des hommes. C'est, dans sa vie, un seuil capital avant lequel nul ne peut présager de son destin, passé lequel commence ou non de se révéler sa capacité d'adaptation au milieu.

Dans le cas de la future Compagnie Bancaire, la maladie d'enfance devait être, on le verra, fort sévère. Beaucoup de détermination se révélerait donc nécessaire si nous voulions persister dans notre être. Nous l'avons voulu fortement et le vecteur de cette vitalité n'était autre que l'équipe constituée autour de moi, ayant fait en ma compagnie l'apprentissage de la place bancaire de Paris et s'y étant constitué un solide capital de confiance. L'existence de cette équipe, les amitiés et la crédibilité dont elle disposait, les capacités d'attraction et d'assimilation qui en résultaient pour se compléter d'éléments nouveaux à mesure qu'en apparaîtraient les besoins, furent l'acquis le plus tangible et vraiment décisif de nos débuts. Plus que dans n'importe quelle conception opérationnelle c'est dans la faculté de rassembler et d'animer une telle entité humaine que réside, j'en suis sûr, celle de fonder une entreprise d'avenir.

En équipe nous pourrions une fois dépassée la maladie d'enfance définir une tactique pour réaliser sur la place une percée définitive; en équipe nous offririons au dynamisme organisateur inscrit dans les cellules de tout jeune organisme la substance même de son alchimie; en équipe nous nous doterions de moyens d'état-major communs à nos diverses entreprises; en équipe – et de façon toute spontanée – nous donnerions à notre groupe un style fortement typé, image de marque de la Compagnie Bancaire; en équipe enfin nous élaborerions la stratégie permettant à notre ambition de se réaliser, à la Compagnie Bancaire de devenir, tout en gardant son originalité, une institution de base de la place.

Ce cheminement ne saurait toutefois être compris sans prise de conscience préalable de ce qu'étaient le système bancaire français, ses structures et son état d'âme au moment où nous tentions d'y marquer notre territoire.

II

La banque française en 1946

Je connais aujourd'hui, pour en avoir depuis lors tiré parti, les chances qu'offrait à un nouvel arrivant de mon genre l'état général des banques françaises au lendemain de la Libération et des nationalisations qui l'avaient suivie. Encore incapable d'en faire à l'époque une analyse exhaustive j'étais néanmoins sensible à l'impression d'archaïsme et de crainte du futur que donnait le comportement compassé de leurs cadres supérieurs.

De fait, les banques ne récupéraient qu'avec circonspection d'un état de choc prononcé. Succédant à quatre années d'occupation et de quasi-réclusion dans l'hexagone, la récente loi de nationalisation avait créé de profonds traumatismes, ceux-ci résultant en particulier de la séparation en deux secteurs distincts – l'un privé, l'autre public – d'un système jusqu'alors homogène. Les dirigeants – restés en place pour la plupart à la différence de ce qui se passerait trente-cinq années plus tard – étaient occupés à circonscrire les dégâts, à tenter de raccommoder le tissu déchiré, plutôt qu'à promouvoir des initiatives novatrices. Au surplus les motivations de la déchirure paraissaient-elles déjà plus politiques que techniques : il s'agissait d'immoler quelques victimes propitiatoires sur l'autel d'une idéologie périmée et non pas de remettre la banque française à l'heure des perspectives nouvelles ouvertes par la libération du territoire. L'expropriation de leurs actionnaires ne pouvait en effet que frapper d'une inhibition plus ou moins durable les quatre grands établissements concernés. Quant aux autres ils se trouvaient dissuadés de toute hardiesse risquant de les désigner à l'attention d'un futur gouvernement en proie à quelque nouveau spasme doctrinal.

Cependant le fait que subsistait une part du système bancaire échappant à la tutelle directe de l'État (un tiers environ en termes de ressources et d'emplois) y sauvegardait un espace de liberté pour l'ambition d'entreprendre.

Je ne devais comprendre que plus tard, au fur et à mesure que j'explorerais les vastes créneaux laissés en quasi-déshérence par les banques françaises, les origines lointaines et les péripéties plus récentes par lesquelles pouvaient s'expliquer leurs tendances à l'archaïsme, à l'autosatisfaction et à l'ankylose. Mais point n'était besoin de longues réflexions pour déceler dans la conjonction d'un secteur resté privé et d'un climat général tout imprégné d'inhibitions étatiques la chance insigne offerte à des novices de mon espèce.

J'eus l'occasion d'en cerner les contours dès mes premières conversations avec mes futurs partenaires. Il fut vite clair en effet que si mes projets – et ma personne – éveillaient la sympathie, voire même s'ils désiraient ne pas rester à l'écart des expériences d'un homme jeune peut-être promis au succès, aucun d'entre eux n'entendait s'y hasarder seul à mes côtés. L'affirmation de prétentions modestes au départ et – pour parler le langage que j'allais bientôt apprendre – la syndication des risques que j'allais leur proposer de prendre étaient donc les deux conditions à remplir pour avoir des chances d'être suivi par eux.

Je n'avais aucun mal à satisfaire à l'une comme à l'autre. J'étais fort loin d'imaginer les dimensions que prendrait plus tard cette future « Compagnie Bancaire » dont, sans le savoir, j'étais en train de mettre en place les premières fondations. Aucun plan grandiose de nature à effaroucher mes interlocuteurs n'était, pour l'heure, en gestation dans mon esprit. Quant à la pluralité des participants elle comblait mes vœux. N'était-il pas évident, en effet, qu'elle était, plus que toute autre formule, de nature à m'autoriser la liberté d'allures dont la conquête constituait ma motivation fondamentale? N'était-il pas clair aussi que cette conjonction de partenaires rendrait plus facile, le jour venu, d'élargir mon champ d'action et d'accroître mes moyens en capital bien au-delà des montants engagés au départ – et qui peuvent à bon droit paraître aujourd'hui dérisoires?

Ainsi m'étaient livrées dès l'origine, par l'amitié mais aussi par la prudence de mes premiers associés, certaines clefs des développements futurs : le désir des uns et des autres de n'affronter qu'en groupe les risques de toute nouveauté, la nécessité d'élargir ce groupe à mesure que nos opérations changeraient de dimension (un jour j'allais pouvoir parler d'œcuménisme), en même temps qu'aucune protection ne nous était assurée contre la concurrence de nos partenaires eux-mêmes. Ce dernier trait nous affrontait à un défi sévère, contestable en équité, inévitable en termes de rapports de forces, contrepartie des concours financiers, bien rémunérés sans doute mais de plus en plus massifs, que nous allions solliciter. Ce défi nous contraindrait, à mesure que nos initiatives entreraient davantage dans les mœurs et que se généraliserait parmi les banques, et d'abord chez nos partenaires, le regret de nous avoir attendus, à un effort constant de perfectionnisme pour nous permettre de maintenir notre avance. En termes d'intérêt général il s'agissait donc d'une saine règle du jeu. Elle me paraissait devoir être acceptée par nous sans arrière-pensées.

*
* *

Les circonstances de l'époque ne suffisent pas à expliquer ce mélange de bénignité et de rigueur de la part de nos partenaires. Une certaine suffisance intellectuelle, propre aux professionnels de la Banque, peut en rendre compte, au moins pour partie. « Si quelque chose de réellement important restait à inventer, ne l'aurions-nous pas fait nous-mêmes? » pensaient-ils sans doute. « Au surplus notre présence autour de la table que nous acceptons de voir ce sympathique jeune homme présider nous permettrait d'endiguer ses débordements éventuels. »

Commune, à l'époque, à la plupart des banquiers de la planète une telle assurance d'avoir une fois pour toutes fait le tour de leur métier pouvait, ailleurs qu'en France, être considérée comme de simple orthodoxie. A Paris elle confinait à l'aveuglement.

Tout comme l'ensemble humain dans lequel il s'insère un système bancaire tend à évoluer en réponse aux défis auxquels il est confronté. Sa vocation est d'anticiper le futur, d'en rendre l'accomplissement plus rapide et moins heurté. Il se trouve donc beaucoup plus sollicité de faire preuve de créativité, de mettre en place des structures et des mécanismes dynamiques dans les ensembles en expansion forte que dans ceux qui tendent vers la stabilité. Chaque économie finit par être dotée du système bancaire qu'elle mérite.

La démographie joue ici comme dans bien d'autres domaines un rôle déterminant. Les pays à forte croissance de population doivent développer sans relâche leurs infrastructures, leurs industries. Il leur faut accroître à un rythme semblable leur parc de logements et, par voie de conséquence, faire une large place aux particuliers dans leurs mécanismes de financement. Ils ne peuvent attendre de la seule formation progressive d'une épargne stable les moyens de satisfaire les besoins de crédits à long et moyen terme. Leurs banquiers se doivent donc de faire preuve d'un dynamisme que leurs confrères de pays à population plus lentement croissante peuvent être tentés de juger aventureux.

Or depuis la seconde moitié du XIXe siècle – laquelle a vu naître la plupart des grands établissements bancaires d'aujourd'hui – l'évolution démographique a connu, en Occident, des allures très contrastées. Au cours des cent années qui ont précédé la Deuxième Guerre mondiale la population des États-Unis a plus que triplé, la population allemande augmenté de quelque 60 %, celle du Royaume-Uni de 30 %, alors que la croissance française dans ce domaine n'a été que de 12 %. Nul besoin de chercher plus loin pour savoir quels systèmes bancaires allaient faire preuve de vitalité, quels de sclérose.

Aux États-Unis, en Angleterre, en Allemagne, les organismes financiers, très diversifiés, avaient de longtemps compris que l'épargne liquide était la source naturelle de prêts au logement dont leurs occupants devaient être les bénéficiaires et de crédits à l'industrie conçus en fonction de programmes échelonnés sur plusieurs années. En France, au contraire, la hantise de leur liquidité propre continuait d'inspirer la politique des banques dont le principal souci était d'attirer vers elles sans les rémunérer pour autant les disponibilités de trésorerie des entreprises et des particuliers et d'être constamment à même de faire face à toute crise de confiance de la part des déposants analogue à celle qui avait, en son temps, provoqué le krach de l'Union générale. La plus grande part de l'épargne liquide rémunérée s'accumulait ainsi dans les Caisses d'Épargne pour y servir, par le truchement de la Caisse des Dépôts et Consignations, à financer le déficit chronique des finances publiques.

Les banques françaises étaient, au surplus, animées par la tranquille certitude que les particuliers ne pouvaient constituer, pour des établissements conscients de leurs responsabilités, des débiteurs qualifiés. S'agissant de leurs besoins pour accéder à la propriété de leur logement le refus des engagements à long terme constituait une dissuasion suffisante. Quant aux crédits de durée plus courte, tels que prêts personnels ou financements d'achats à crédit de biens mobiliers, une sorte de moralisme bourgeois (« épargne d'abord, n'achète qu'ensuite ») amenait les banquiers français à méconnaître leur rôle moteur dans le développement des marchés et l'élévation progressive des niveaux de vie. Leur distribution était considérée comme peu digne d'établissements de premier ordre.

Notre système bancaire s'assignait ainsi comme mission principale de faire tourner les encaisses des particuliers et celles des entreprises dans des opérations à court terme d'escompte commercial. La technique de celles-ci constituait l'alpha et presque l'oméga du savoir dispensé aux jeunes collaborateurs. Les possibilités de réescompte à l'institut d'émission en étaient l'ultima ratio. Et les subtilités du droit cambiaire – largement ignorées hors de nos frontières – pouvaient accréditer l'illusion qu'il existait une science de la banque considérée de façon indépendante de ses finalités économiques. De cette science ésotérique la place de Paris restait la vraie gardienne, encouragée en cela par le respect admiratif d'un certain nombre de collègues étrangers auxquels son exemple inspirait quelques inquiétudes quant aux suites de leurs propres audaces. Je garde en mémoire, à ce sujet, un propos d'Henri Granjean, directeur général du Crédit Suisse, se lamentant sur les nationalisations qui venaient d'intervenir en France : « Pensez, même le Crédit Lyonnais y est passé. C'était pourtant la plus belle Banque au monde » et, pour répondre à mon interrogation muette : « ...oui, la seule qui pouvait toujours se liquider dans les 24 heures. » Fécond exemple en effet.

La survivance – et même la confortation – d'une orthodoxie aussi étroite au cours de l'entre-deux-guerres n'est pas un vain thème de méditation. Comment les expliquer après l'effort financier exigé par la reconstruction, après le grand brassage humain dont notre territoire avait été le théâtre et qui avait pour la première fois suscité l'intérêt de nombre de nos compatriotes pour les modes de vie du peuple américain?

Comme Renan l'avait compris dès 1871, alors que la France était dans une situation inverse de celle qu'elle connaissait en 1918, en matière de renouveau intellectuel et moral la défaite est parfois plus féconde que la victoire.

Sortie de quatre ans de guerre à la fois exsangue et orgueilleuse, ayant prouvé sa capacité d'assumer le principal fardeau des batailles les plus meurtrières de l'histoire, la France ne ressentait pas le besoin de s'inspirer d'exemples étrangers. Quant aux charges de la reconstruction l'idée simple que l'Allemagne paierait dispensait d'autre imagination financière. Des établissements « ad hoc », au destin sans doute provisoire, auraient pour mission de répartir la manne en provenance d'outre-Rhin, voire d'en faire l'avance sous forme de prêts à long terme nourris par des émissions obligataires, sans que notre système bancaire, dans son ensemble, ait à subir la contamination d'opérations aussi peu conformes à ses principes tutélaires.

Ces derniers semblèrent trouver, de surcroît, une éclatante confirmation lorsque, dans la tourmente bancaire déclenchée en Europe centrale par la crise économique de 1929 et qui gagna rapidement la plupart des grandes places occidentales, celle de Paris se trouva de toutes la moins éprouvée. Il apparut comme une évidence qu'elle le devait à sa sagesse traditionnelle et que les imprudences commises par les banques étrangères, leur insuffisant souci de la liquidité, leur abus du crédit, notamment en matière de long terme et de prêts aux particuliers, non seulement étaient à l'origine des difficultés rencontrées par beaucoup d'entre elles mais avaient une large part dans la genèse de la crise elle-même. Les banquiers français vécurent donc l'épreuve des autres comme une démonstration expérimentale du bien-fondé de leur dogmatique vétuste. Ils firent de cette vétusté vertu et n'eurent guère d'occasion, au cours de quatre années d'occupation, de réviser les fondements théoriques de leur doctrine.

Au contraire l'inflation rapide détruisant bonne part de leurs actifs ils se trouvèrent de plus en plus dépendants des concours de la banque centrale pour poursuivre leur activité sur la base de chiffres d'une importance nouvelle auxquels n'avait pas eu le temps de s'adapter le montant de leurs dépôts. Seuls juges naguère du choix de leurs risques ils se trouvèrent transformés en avocats de leur clientèle, vis-à-vis du prêteur en dernier ressort qu'était l'institut d'émission.

Ainsi le métier de banquier se trouvait-il en quelque sorte émasculé au moment même où, pour la seconde fois en quelque vingt-cinq années, les problèmes de la reconstruction et du redémarrage de notre économie conduisaient à attendre de sa part dynamisme et imagination.

Comme l'a conclu un jour Robert Lattès, devant qui j'avais développé cette analyse, venait l'heure des inconscients et des iconoclastes cherchant à pénétrer de l'extérieur dans le système et n'y subissant pas le poids du passé : « Ils ne savaient pas que c'était impossible, alors ils l'ont fait. »

***

Que l'on veuille bien me pardonner un prétentieux à la manière de Charles de Gaulle : « Dans ce monde bancaire archaïque et compliqué j'arrivais avec des idées simples. » Tout en marquant vis-à-vis de l'orthodoxie ambiante la révérence de principe qui s'imposait j'étais bien décidé à en remettre en cause, dans les faits, les recettes les plus éprouvées et, puisque aucune technicité acquise ne m'encombrait, à me fier d'abord à mon simple bon sens dans le choix des domaines d'intervention, dans la mise au point des modes opératoires, comme dans les actions de conviction que je serais amené à entreprendre.

L'expérience a montré que c'était, à l'époque, un parti pris judicieux. La même démarche pourrait-elle, aujourd'hui, conduire à des résultats analogues? Ainsi formulée la question appellerait une réponse négative, ce qui ne signifie nullement que le monde bancaire me paraisse désormais fermé aux entreprises de jeunes hommes animés par le goût de la création. Mais la conjonction de circonstances définissant en 1946 les chances qui m'étaient offertes, et qui peut expliquer l'efficacité d'une approche plus instinctive que raisonnée, a depuis lors perdu toute actualité.

Les secteurs les plus retardataires d'une économie sont ceux où les évolutions les plus spectaculaires ont tendance à se produire. Depuis trente ans la banque, en France, a été de ceux-là et je me flatte de ne pas y avoir été tout à fait étranger. Certes la place de Paris reste en retard en tant que grand centre financier international. Faute d'une monnaie moins dépendante des aléas de politique interne et d'une infrastructure de communications planétaires rodée par une longue pratique les principaux mouvements de capitaux n'ont pas tendance à y transiter. Les banques françaises n'en ont pas moins pris conscience des impératifs de modernisation auxquels elles étaient confrontées. Sans doute notre système bancaire, en l'an 2026, sera-t-il aussi différent de celui d'aujourd'hui que ce dernier de son antécédent de 1946. Ses processus d'évolution dans l'intervalle n'en seront pas moins différents. Les initiatives individuelles continueront certes d'y jouer un grand rôle. Elles ne pourront plus être aussi primesautières que l'ont été les miennes; elles seront plus immédiatement exposées aux réactions de la concurrence. Les progrès d'ores et déjà réalisés par les uns et par les autres, l'obsolescence reconnue des vieilles orthodoxies, le comblement des créneaux naguère béants conduisent à chercher ailleurs les nouveaux espaces à explorer. Les révolutions informatique et télématique, bien loin d'être achevées, rendent nécessaires, à l'appui de toute création nouvelle, des apports de capitaux financiers et de savoir technique sans commune mesure avec ceux qu'ont exigés la naissance et le développement du groupe de la Compagnie Bancaire. Si celui-ci demeure un incomparable instrument d'innovation c'est parce qu'il en a, d'année en année, accumulé les moyens tout en entretenant son inspiration d'origine. Sa place n'est plus à prendre.

Les nouveaux entrepreneurs bancaires et financiers n'auront donc pas la même latitude que celle dont j'ai bénéficié pour recruter leurs équipes et créer leurs organisations propres. Les champs d'action nouveaux ne leur feront pas défaut, que ce soit du fait de l'internationalisation des marchés – propice à l'explosion de jeunes talents – ou comme conséquence d'évolutions technologiques transformant en profondeur le métier des banquiers dans leurs rapports avec leurs véritables clients de base, qui sont les particuliers. Plus de savoir-faire et de connaissances professionnelles que naguère seront toutefois requis des candidats à l'innovation. Ils devront s'appuyer sur des organisations plus évoluées, à même de leur procurer une logistique de base que nul ne concevait il y a quelque quarante années, capables aussi d'évoluer rapidement pour maintenir des avances toujours plus vivement concurrencées.

L'évolution future de la banque dépendra donc pour partie de l'aptitude des institutions en place à ménager au dynamisme des jeunes hommes les plus créatifs des occasions de s'épanouir dans une suffisante autonomie. Elle peut dépendre aussi des choix qu'exerceront les meilleurs d'entre eux entre l'honneur de créer, récompense d'une longue patience et les opportunités plus vite avantageuses que leur présenterait telle ou telle opération de marché visant des entreprises existantes.

Je ne saurais aujourd'hui leur proposer en exemple mes choix et ma démarche en tant que débutant. Les mêmes voies que naguère ne leur sont pas ouvertes. Il leur appartient de découvrir par eux-mêmes les cheminements disponibles. Ce qu'ils peuvent retenir de mon expérience passée ce ne sont pas des recettes d'action. C'est seulement la conscience des pouvoirs propres de l'initiative individuelle dans l'évolution des institutions même les plus figées et des chances qui, de ce fait, lui sont toujours offertes.

III

Petite enfance et première maladie

Je n'ai jamais eu de goût pour les itinéraires bien préparés, moins encore pour demander à d'autres mon chemin. L'imprévu est ce qui stimule le mieux mes facultés créatrices, sa logique après coup ce qui satisfait le mieux mon goût de l'humour. Chaque matin de ma vie, aujourd'hui encore où j'écris ces lignes, le rideau s'est levé pour moi sur les chances inédites d'une autre journée.

Cette disponibilité optimiste aurait pu se traduire, à la longue, par une dangereuse désinvolture. Elle s'est heureusement doublée, aussitôt mise au monde ma première entreprise, par un sentiment exigeant de mes responsabilités vis-à-vis des partenaires et des collaborateurs qui m'avaient fait confiance. Les satisfactions du moment ne m'ont, de ce fait, jamais occulté les difficultés prévisibles dans le futur. Au prix, parfois, de mon sommeil, j'ai compris sans délai qu'une sorte de vocation à être patron résultait de ces traits contrastés de mon caractère.

Nos débuts furent très favorables. Dès son premier exercice l'UFEFE allait réaliser des profits égaux au montant, mince il est vrai, de son capital. Je ne me cachais pas pour autant que la maladie d'enfance guettant toute entreprise nouvelle de façon aussi inéluctable que les jeunes humains présenterait dans notre cas une singulière gravité. Il ne s'agirait en effet de rien de moins que d'une perte progressive de notre raison d'être initiale au fur et à mesure que les réserves officielles de change de la France, en se reconstituant, rendraient moins nécessaires les crédits privés en devises dont nous assurions la gestion. Dans l'incertitude du moment où ce seuil serait franchi – et l'intérêt général interdisait de le souhaiter trop tardif – je ne pouvais concevoir qu'une politique : renforcer sans délai notre être pour nous rendre plus aptes à y persister.

***

La diversification de nos sources de crédit et celle des thèmes d'opérations proposées à notre clientèle étaient les voies qui s'offraient à nous pour mettre en œuvre une telle politique sans nous écarter trop vite de notre ligne initiale. Nous pouvions y trouver l'occasion de développer nos relations et notre notoriété en même temps que d'élargir quelque peu notre connaissance du milieu bancaire à l'intérieur duquel nous venions de nous installer dans une niche étroite.

Une fois trouvés, auprès de grandes banques suisses, les concours de base nécessaires à nos opérations c'est à Londres qu'il me sembla opportun d'en chercher les premiers compléments. Nombre de matières premières nécessaires à nos industries exportatrices étaient en effet originaires de la zone sterling. Au surplus l'administration par la City à l'UFEFE d'un sacrement de baptême où des crédits en sterlings tiendraient lieu d'eau lustrale me semblait importante pour l'admission de la nouvelle catéchumène dans la communauté financière internationale.

Sur le conseil de plusieurs de mes partenaires c'est vers l'Hambro's Bank que je me dirigeai. Je garde en mémoire mon entrée dans le vaste salon où chacun des quatre associés avait son bureau. Le style anglais, nuancé en l'espèce de quelques réminiscences scandinaves, s'exprimait ici avec une élégante absence de faste.

L'accueil fut très amical. Mes partenaires français avaient, à l'évidence, fort bien préparé ma venue. Mais il était clair aussi que mes hôtes, d'une autre génération que la mienne, loin de me considérer a priori comme un blanc-bec, avaient de la sympathie pour le jeune patron que je voulais être – peut-être aussi pour mon attitude pendant la guerre. Toujours est-il qu'ils me traitèrent d'emblée d'égal à égal, ce qui flatta fort agréablement mon amour-propre, mis à l'épreuve au cours des mois précédents.

Très vite un accord de principe me fut donné sur l'ouverture d'un crédit d'acceptation de plusieurs millions de livres par un syndicat de maisons de la City dont Hambro assurerait la constitution et la gestion. L'objet précis et les modes opératoires du syndicat avec l'UFEFE, ses partenaires et ses clients devaient faire l'objet d'un protocole que le directeur général de la banque était chargé d'établir avec moi. Deux ou trois jours paraissaient nécessaires pour élaborer cet accord. Vu la pénurie de chambres d'hôtel à Londres, à cette époque, Sir Charles Hambro m'invita tout de go à séjourner à son domicile personnel. Ce climat contrasta si fortement avec celui auquel je devais me trouver confronté, quelques mois plus tard, lors de mes premiers contacts avec les maisons de Wall Street que je prends aujourd'hui encore plaisir à l'évoquer comme à en remercier une nouvelle fois mes hôtes.

Le protocole une fois signé je fus convié par eux, dans un grand hôtel de Londres, à un dîner congratulatoire. Le technicien de haut grade avec lequel j'avais établi le texte n'y était pas présent. J'eus l'incongruité de m'en étonner. La surprise amusée de mes hôtes me fit comprendre qu'il ne convenait pas ici de confondre démocratie politique avec égalitarisme social.

Dans les mois et les quelques années qui suivirent,

l'accord signé avec Hambro devait fonctionner de façon tout à fait satisfaisante pour les deux parties. Son principal bienfait fut pourtant d'ordre humain.

Les associés de l'« acceptance house » anglaise avaient en effet désigné l'un des leurs, Sir John Hugh Smith, pour entretenir les contacts avec nous. C'était à l'époque un charmant vieil homme – beaucoup plus jeune néanmoins que je ne le suis moi-même aujourd'hui – fort imprégné de culture française et grand connaisseur de l'histoire de Paris. Il arrivait de temps à autre dans mon bureau de la rue Tronchet et plaisantait affectueusement au sujet de notre installation, contrastant par sa modestie avec le volume d'opérations que nous traitions. La vendeuse de dixièmes de la Loterie nationale en faction sous notre porte cochère – et que j'avais dotée d'une cabane montée sur roulettes, pour qu'elle pût poursuivre son petit commerce mais libérer le passage aux entrées et sorties de ma voiture – suscitait en particulier sa verve humoristique. Après quelques échanges de vues sur nos opérations nous en venions à parler littérature. Il me révéla les travaux d'Hillairet sur le vieux Paris. Je l'invitai à lire Proust, devant lequel il avait jusqu'alors reculé, et ce fut pour lui l'occasion d'enthousiasmes renouvelés, bientôt entretenus par son ami Pinter qui avait fait de *La Recherche* le thème favori de ses études. Nous allâmes ensemble par un beau jour d'été en pèlerinage à Illiers. En parcourant la maison fort évocatrice de tante Léonie il désira visiter le cabinet exigu où le petit Marcel avait autrefois donné libre cours à ses fantasmes juvéniles.

Chaque fois que John Hugh Smith séjournait à Paris, il faisait le tour des relations bancaires qu'y entretenait l'Hambro's Bank. Je ne saurais dire quel rôle ont joué ses propos et son amitié à la fois protectrice et un brin admirative dans l'aura générale de sympathie qui s'est peu à peu développée autour de nous. J'ai le sentiment qu'il ne fut en rien négligeable. Il faut de tout pour faire une réputation.

C'est à Stockholm qu'après Londres je poursuivis ma quête de crédits. Les relations de la Stockholms Enskilda Bank avec nos partenaires français et nos relations suisses, celles de la famille Wallenberg avec la famille Hambro et mes contacts personnels avec l'ambassadeur de Suède à Paris facilitaient pour moi l'approche. Un accord – de dimensions modestes – fut bientôt conclu, qui ne devait pas être appelé, toutefois, à de bien substantiels développements.

Cette assise européenne une fois établie je jugeai bon d'aller rechercher à New York une consécration supplémentaire et l'ouverture sur de nouvelles perspectives. J'ai gardé un mauvais souvenir heureusement amendé lorsque je pus, dans la suite, les aborder en égal, de cette première expérience avec les banquiers de Wall Street. Le prestige de l'inspection des Finances était, de toute évidence, lettre morte pour la plupart. Ils ne se faisaient pas scrupule de s'étonner ouvertement qu'une société aux fonds propres aussi minces que la mienne pût nourrir les ambitions dont je faisais état et qu'elle eût pu obtenir auprès de leurs collègues européens l'audience dont je me targuais. Les plus policés condescendaient à réfléchir, quitte à me faire part quelques jours après de leurs conclusions négatives. Les autres se cachaient mal d'avoir peu de temps à perdre avec un funambule de mon espèce.

Qui pis est, le cercle des banquiers de Wall Street ayant exercé à Paris m'invita à participer à son déjeuner mensuel qui se trouvait prendre place durant mon séjour. Le thème final de l'allocution de bienvenue que me fit le président de table était une interrogation sur la date à laquelle la France devrait plier bagage en Afrique du Nord. On était, rappelons-le, en 1948. J'exprimai – en mauvais américain – des convictions que plus tard on pourrait considérer comme très « Algérie française ». J'eus droit, en disant au revoir à mes hôtes, à maintes bourrades cordiales mais d'un scepticisme apitoyé.

Au cours du sombre week-end qui suivit je pus mesurer le poids de la solitude dans l'immense ville désœuvrée. Une fois épuisés les charmes de la déambulation solitaire et du cinéma je me rencognai dans ma chambre d'hôtel sans même songer à retourner au Metropolitan Museum. Il me semble aujourd'hui que je me laissais aller à une bouderie d'enfant trop gâté. Le seul accueil sympathique que j'eusse reçu était celui de David Rockefeller, futur Chairman de la Chase Bank, que j'avais connu naguère lors de mon bref passage à Alger, alors qu'il y était conseiller politique de Dwight Eisenhover. Encore ses affirmations de bon vouloir ne furent-elles suivies d'aucune conclusion positive. Banal certes, salubre peut-être, ici l'on ne pesait vraiment que son poids affiché de dollars. Les hiérarchies plus subtiles de la vieille Europe avaient quand même du bon. Je n'étais resté qu'une dizaine de jours à New York. C'est pourtant avec la joie de retrouver bientôt le sol natal que j'embarquai sur l'avion du retour.

***

L'accueil négatif des banques américaines ne devait pas gêner la marche de nos affaires. Après quelque dix-huit mois de grande activité, nos opérations initiales avaient plutôt tendance à plafonner tant du fait d'un plus grand libéralisme des autorités responsables en matière de licences d'importation qu'en raison d'un certain développement de la concurrence. Quelques banques disposant de succursales à l'étranger reconstituaient en effet peu à peu leurs disponibilités en devises et trouvaient bon de les consacrer sans notre concours au type même d'opérations dont nous avions mis au point les formules. Nous n'avions rien à y redire, même lorsqu'il s'agissait de quelqu'un de nos partenaires, les uns et les autres ayant toujours refusé d'aliéner leur liberté sur ce point et les brevets de fabrication n'existant pas dans le domaine financier. C'est donc la clientèle qui risquait de nous faire défaut à plus ou moins longue échéance plutôt que les moyens financiers de la servir.

Sans changer de thème général (il était assurément trop tôt pour cela) une diversification de nos types de concours en devises était nécessaire. Aux crédits à terme relativement rapproché il convenait d'adjoindre des crédits plus longs; le financement d'importations de matières premières devait être complété par celui d'équipements. Mettant à profit une disposition administrative autorisant les exportateurs à utiliser librement, pour de telles acquisitions, quelque 20 % de leurs rentrées en devises nous mîmes au point – d'accord avec nos bailleurs de fonds et nos partenaires – des opérations de mobilisation immédiate de ces disponibilités futures. Il s'agissait de crédits unitairement plus importants que les précédents et d'une durée nettement plus longue. Ils étaient donc plus risqués et ne pouvaient être proposés qu'à une clientèle « haut de gamme ». Ils ne tardèrent pas à se développer, contribuant à l'évolution favorable de nos résultats immédiats et confortant nos perspectives à plusieurs années d'échéance.

Enfin, suivant des schémas techniques plus compliqués et qu'il serait oiseux de détailler ici, il nous parut possible de venir en aide non plus seulement aux industries exportatrices mais à nos grandes maisons de commerce international cherchant à retrouver leur place traditionnelle sur les marchés extérieurs. Ces opérations, dites « triangulaires », nous mirent en contact avec des firmes de haut niveau; accompagner par nos crédits leurs transactions complexes devait grandement enrichir notre savoir.

*
* *

Quel que pût être l'intérêt immédiat de ces développements, il n'en était pas moins clair que la libération par étapes du marché des changes qui, fort heureusement, se dessinait à l'horizon, tendrait bientôt à éliminer l'UFEFE des circuits financiers où un régime d'étroit contrôle avait prêté tant d'opportunité à nos interventions. A compter du moment où nous n'aurions plus qu'à surveiller la bonne fin de nos opérations en cours (soit dit en passant nous ne devions y enregistrer aucune défaillance) nos jours seraient comptés. Dès 1949, un peu moins de trois ans après la fondation de notre société, il n'apparaissait pas prématuré d'envisager cette maladie fatale et de préparer notre reconversion.

D'accord avec nos partenaires initiaux nous avions, en 1947, jugé bon d'élargir notre « tour de table » et de multiplier par quatre notre capital nominal. Le Crédit Lyonnais, la Société Générale et la Banque de l'Union parisienne nous avaient rejoints à cette occasion. Les nouveaux participants, les anciens et quelques autres des plus notoires (Paribas, la Banque de l'Indochine, le Crédit Commercial de France et la Société Générale de Belgique) se trouvaient déjà réunis autour d'une telle table de conseil : celle de la Banque Française d'Acceptation (BFA). Le Président de cette dernière approchait de l'âge de la retraite. Son équipe était des plus restreintes. Comme l'équipage de la *Belle Nivernaise* dans le conte d'Alphonse Daudet elle ne comportait qu'un seul opérateur, déjà quelque peu blanchi sous le harnois et qui faisait, avec une experte monotonie, tourner les disponibilités de la maison (fonds propres et lignes de crédit à court terme) en opérations de réescompte de Bons du Trésor, lesquelles permettaient d'équilibrer bon an mal an le compte d'exploitation. Malgré l'agrément des rencontres interbancaires le Conseil finissait par se poser quelques questions sur la vocation réelle d'une telle maison.

J'avais moi-même, dès la constitution de l'UFEFE et lors du recrutement de mes principaux collaborateurs, évoqué, comme voie possible de développement, l'éventualité que notre jeune équipe fût appelée à reprendre un jour en main ce fonds de commerce de banque à l'humeur si végétative. En 1949, le moment me parut venu de donner une actualité à ce vague projet et je m'en ouvris à ceux de mes partenaires qu'il concernait de part et d'autre.

Créée en 1929 avec le vaste dessein de développer à Paris un marché des acceptations de banque concurrent de celui de Londres, la Banque Française d'Acceptation en avait vu la réalisation définitivement compromise par la crise bancaire internationale des années 30, puis par la guerre. Elle vivotait depuis lors sans fonds de commerce réel, son capital initial, fort important pour l'époque, perdant au fil des dévaluations du franc bonne part de sa valeur réelle, laquelle demeurait toutefois plus de deux fois plus élevée que celle de nos fonds propres.

Il n'est pas surprenant, dans ces conditions, que nos actionnaires communs comme leurs partenaires aient jugé valable la perspective que je leur proposais de donner vie à une entreprise mort-née. C'était pour eux, à l'évidence, un type de solution beaucoup plus honorable qu'une liquidation, inévitable à terme rapproché en l'absence d'initiative nouvelle.

En janvier 1950 l'UFEFE et la BFA fusionnèrent. Le nouvel organisme prenait le nom d'Union française de Banques. Son capital de 150 millions de francs et ses réserves de 22 millions avaient meilleure allure que les 10 millions de l'UFEFE à sa naissance. J'étais nommé président-directeur général et mes deux principaux collaborateurs directeur et secrétaire général.

Au moment où les questions se faisaient plus pressantes concernant notre vocation future cette conjonction avec un organisme plus ancien mais qui avait dès le départ perdu la sienne et n'en avait pas depuis lors retrouvé d'autre ne réglait en elle-même aucun des deux problèmes. J'y voyais néanmoins pour ma part de substantiels avantages.

Tout d'abord nous acquérions le statut de banque, ce qui étendait le champ des activités auxquelles nous pouvions prétendre. L'élargissement de notre tour de table, l'accroissement substantiel de nos moyens propres conféraient à notre entreprise une sorte de droit à la durée et confirmait l'engagement dans ce sens, à nos côtés, des plus grandes banques. Elles ne pourraient désormais trouver mauvais que nous prétendions à occuper tel ou tel des espaces de l'activité bancaire et financière que, de façon plus ou moins délibérée, elles laissaient vacants.

Les opérations de trésorerie sur le marché monétaire que nous héritions de la Banque française d'Acceptation pourraient être développées à mesure que nos activités de départ se réduiraient. Elles nous permettraient d'assurer les relais nécessaires dans nos comptes de résultats en attendant le démarrage d'activités nouvelles, encore à définir; elles nous fourniraient aussi l'occasion de former à leurs disciplines des collaborateurs dont l'activité serait, en tout état de cause, précieuse par la suite.

Et surtout l'attitude de la place bancaire dans cette affaire confirmait vis-à-vis de tous la confiance qu'en peu d'années notre équipe s'était acquise. La valeur de cette équipe comme son crédit propre constituaient les actifs les plus solides et les plus déterminants pour l'avenir que nous eussions accumulés en quelques années.

IV

Naissance d'une équipe

On n'a pas conscience, au moment où l'on crée une entreprise nouvelle, que, plus ou moins près de soi, nombre de personnages déjà rencontrés ou tout à fait inconnus s'interrogent eux aussi sur leur avenir et que certains vont devenir vos compagnons pour le meilleur et pour le pire. Avec eux, dans le sens le plus ancien du terme, il va falloir constituer une famille. C'est l'aspect le plus émouvant de l'aventure et l'aborder dans cet esprit vous donne vos meilleures chances de la mener à bien.

Cela est vrai dans tous les domaines d'activité. Ce l'est plus encore dans celui des services – et en particulier des services financiers – où les contacts humains avec la clientèle et l'adaptation à ses besoins, les relations de confiance avec les apporteurs de fonds et l'édification d'un crédit sur les différents marchés de capitaux sont de loin prioritaires par rapport aux problèmes, décisifs dans le secteur industriel, des investissements de base et des techniques de production.

Il faut des années pour étendre cette audience, pour édifier ce crédit, quelques minutes pour les réduire à néant. L'une et l'autre seront conditionnés par les mille rumeurs de la place – à Paris comme à Londres ou Francfort, à Tokyo comme à New York – sur laquelle, en permanence, sont jaugées et jugées les personnes.

C'est par une alchimie essentielle – dont la mission première du patron est de se faire le catalyseur – qu'un groupe d'hommes divers, émules si ce n'est rivaux, parvient à former une équipe cohérente, dotée d'une personnalité propre distincte de chacune des leurs et capable de perdurer malgré l'inévitable renouvellement des individus. L'état natif, par les grâces de fraîcheur qui lui sont propres comme par les doutes et les épreuves dont il n'est pas avare, est le plus favorable de tous à cette élaboration.

Lorsque je constate, sans craindre le démenti, à quel point le temps, les problèmes de succession dont il a déjà été porteur – par l'effet du malheur ou de la simple loi de l'âge – ont pu laisser intactes les vertus originelles de l'équipe Compagnie Bancaire, je ressens un réel émerveillement devant cette continuité et cette volonté de se dépasser de la part de ceux qui ont pris le relais. Et j'ai tendance à m'enorgueillir de ce qui a été ma contribution la plus valable à l'œuvre qu'ils poursuivent : les avoir choisis, les avoir aidés à privilégier en eux-mêmes l'exigence de la qualité, leur avoir, en temps voulu, laissé le champ libre. La leçon la plus significative que je puisse donc tenter de transmettre aujourd'hui c'est de décrire comment s'est formée l'équipe initiale, quelles personnalités riches et diverses s'y sont agrégées, quel fut l'apport spécifique de chacun à la naissance d'une âme collective, quels ingrédients s'y sont ajoutés pour lui donner rigueur et charme, efficacité et gentillesse, pour composer son style si peu imitable.

*
* *

Au moment d'évoquer cette part, la plus précieuse de mon expérience, je retiens mon souffle. Ce n'est pas, en effet, sans une angoisse rétrospective avivée par l'impact de certaines disparitions encore récentes, que je suis conduit à envisager l'hypothèse dans laquelle tel ou telle de ceux qui furent des nôtres aurait pu choisir un autre destin. Imaginée après coup la blessure d'une seule absence dénature l'harmonie de l'ensemble. A l'évidence nous serions aujourd'hui différents et moins heureux. Et si je cherche selon quels critères désigner les membres de l'équipe je n'en puis trouver de plus probant que ce halo d'irremplaçabilité qui, dans ma pensée, entoure certains visages.

L'équipe n'est pas composée des seuls personnages clés que l'organigramme désigne à l'attention des tiers. Elle transcende les hiérarchies; ses contours – disons plutôt ses franges car il ne s'agit pas d'une frontière nettement tranchée – ne sont pas perceptibles de l'extérieur. Elle est la communauté de ceux qui, à leur place de rang élevé ou plus caché, ont voué à la maison une part de leur âme et, par leur rayonnement personnel comme par leur pouvoir de relayer l'influx émanant du centre, entretiennent ce climat par lequel aucune entreprise n'est semblable à aucune autre. Bien plus que la fonction exercée ce qui détermine donc l'appartenance à l'équipe ce sont des liens affectifs, l'engagement personnel et, pour tout dire, ce pacte féodal tacite avec le patron où trouve ses racines l'une des variétés les plus nobles de l'amitié.

***

Dans un pays de longue date aussi embourgeoisé que la France, où chacun tend à considérer l'aventure comme bonne pour les autres, non pour soi, il n'est pas, a priori, facile de recruter des collaborateurs disposés à renoncer à la sécurité d'une position acquise pour jouer leur chance sur le destin d'une entreprise de dimensions aussi modestes que celle dont je mettais en place les premiers éléments. Le climat propre aux années d'après la Libération devait cependant m'y aider. En effet, comme il venait de le faire pour moi-même, le magistral remue-ménage de la guerre et de ses séquelles avait décapé bien des conformismes, remis à nu les aspirations novatrices. Par l'ébranlement propagé à travers tout le corps social il avait déconsolidé les situations acquises et les idées reçues comme les projets personnels les plus assurés. Fertile en occasions pour chacun de s'élever au-dessus de son niveau moral quotidien, il avait relativisé le risque, exalté l'exigence de liberté. Bref, il se trouvait, dans le Paris de la fin de 1946, plus de gens que je ne l'aurais imaginé prêts à préférer l'aventure et ses chances à la sécurité sans imprévu.

La première à m'en apporter la surprise fut ma secrétaire du ministère, Pierrette de l'Écluse. Nous avions travaillé ensemble pendant dix-huit mois, dans mon sombre et solennel bureau du rez-de-chaussée, rue de Rivoli. L'hiver nous avions souvent souffert du froid, engoncés dans nos épais manteaux, mais n'en poursuivant pas moins étude des dossiers et réunions tard dans la journée. Ses appréhensions du début, inspirées par ma réputation de mauvais caractère, s'étaient dissipées à l'expérience de notre collaboration. Pourtant à 28 ans, mère de deux enfants, abandonner son poste de fonctionnaire titulaire aux notes prometteuses d'avenir pour me rejoindre au 35 rue Tronchet, dans les cinq pièces d'un appartement sans prestige, siège social d'une société dont la constitution n'était pas encore acquise, était un projet d'une témérité manifeste. Je savais bien quels services elle était capable de me rendre. Pourtant, lorsqu'elle vint me voir pour me proposer de me seconder, je lui fis valoir avec conviction toutes les solides raisons qu'elle avait de ne pas donner suite à cette velléité. Je terminai en lui exprimant mon hésitation personnelle devant la responsabilité dont elle voulait me charger à son égard. Mes sages discours la trouvèrent impavide dans sa décision. N'avait-elle pas le droit de secouer la poussière de l'administration à ses risques et périls, comme j'étais en train de le faire pour mon propre compte? J'aurais eu bien mauvaise grâce – et j'aurais été bien mal inspiré – si j'avais insisté. Quelques jours après elle me rejoignait dans le bureau exigu où je mettais au point les derniers détails techniques de mon affaire en même temps que je recevais les candidats qui m'étaient signalés par les uns ou les autres pour m'aider à constituer la future société. Nous étions loin d'imaginer qu'après plus de quarante années d'un travail en commun toujours poursuivi malgré ma retraite et la sienne ce serait encore elle qui mettrait en place les premiers exemplaires de ce texte.

Pour l'heure son exemple semblait communicatif à la direction des Relations économiques extérieures.

Bien que se disant communiste – plus par fidélité au souvenir de son fils disparu comme tel peu avant la Libération que par conviction bien ancrée – mon chauffeur du ministère, Jean Veillet, ne tarda pas à nous rejoindre. Mon huissier, Giafferino Piccinini, le suivit aussitôt. Il ressemblait à s'y méprendre au maréchal Pétain et mettait une note de haute dignité dans une antichambre par ailleurs dépourvue du moindre faste. Je ne suis pas près d'oublier le caractère quasi paternel de sa déférence lorsqu'il m'accueillait le matin. Sa tête chenue et sa belle prestance ont, j'en suis sûr, rassuré plus d'un candidat qu'auraient pu rebuter les plâtres de nos modestes travaux d'installation tombant, comme par un fait exprès, sur leur meilleur costume.

Ces deux vieux amis ont dû prendre l'un et l'autre leur retraite dans les dix années qui ont suivi. Le successeur de Veillet, Pierre Dréan, m'a entouré sans défaillance du même dévouement. Il est toujours auprès de moi et sa retraite seule pourra espacer notre commerce amical.

Le rôle des collaborateurs personnels d'un patron dépasse de loin leur fonction propre. Dès le premier bonjour matinal ils contribuent à donner pour lui sa couleur au long jour de travail qui commence. A travers eux une part familière de son personnage se manifeste aux autres.

Pour sa part, Mme de l'Écluse, par ses qualités de cœur, par son intelligente sensibilité, aura été au fil des jours mon témoin vis-à-vis des membres de l'équipe mais aussi l'interprète à mon usage et en temps opportun de leurs états d'âme. Elle m'aura aidé à les comprendre, à apporter à leurs problèmes les solutions dont je pouvais disposer, à canaliser leurs inévitables rivalités. Et que dire du rôle qu'elle a su jouer vis-à-vis de mes amis personnels, dont elle comprenait d'instinct quel poids particulier chacun avait dans mon cœur? Que dire enfin du soin qu'elle sut toujours prendre d'isoler ma famille comme mon milieu professionnel des turbulences d'une existence intime où l'unité n'a régné qu'au terme de maints avatars et dont, spectatrice étonnée mais toujours compréhensive, elle aura été la seule à connaître les secrets?

Seule une femme pouvait assumer ces divers rôles. Encore fallait-il qu'elle possédât cette qualité qui n'a pas d'autre nom que la Qualité. Sans doute est-ce en hommage à celle-ci qu'au cours de plus de quarante années, et malgré l'usage tendant à s'instaurer ailleurs, je n'ai jamais appelé ma collaboratrice pourtant la plus proche par son prénom. Les membres de l'équipe ont, pour leur compte, pris le même parti, leurs relations avec Mme de l'Écluse restant toujours empreintes d'affectueuse révérence. Du temple de notre fortune commune elle fut, par une élection tacite, désignée comme la prêtresse.

***

On ne s'est pas bousculé à la porte de la rue Tronchet pour faire partie de l'équipe initiale de direction. Incités par quelques amis ou par des administrateurs de la société en formation croyant pouvoir pronostiquer que j'étais un « cheval jouable » un certain nombre de candidats sont néanmoins venus s'enquérir des offres que j'étais en mesure de leur faire.

Je ne leur dorais pas la pilule. Mon discours était de nature à mettre à l'épreuve leur détermination : « Je serais bien en peine de vous faire quelque promesse que ce soit et de vous laisser entrevoir un profil de votre carrière future. Je tente une aventure que beaucoup de personnes sages jugent déraisonnable. Ma nouvelle société est très petite au départ, même si ses actionnaires sont de qualité. Les opérations que nous entreprenons sont, je le crois, d'une grande utilité immédiate pour l'économie française et notre balance des paiements. Mais au fur et à mesure que cette dernière s'améliorera, elles perdront de leur actualité. Il faudra alors faire autre chose. Je ne sais pas encore quoi. J'ai bien dans l'idée de fusionner un jour avec la Banque française d'Acceptation, dont nos participants actuels sont eux-mêmes actionnaires, et qui a des problèmes d'avenir. L'arrivée d'une nouvelle équipe pourrait aider à les résoudre. Nos fonds propres s'en trouveraient accrus, notre tour de table élargi. Mais l'élaboration de projets nouveaux n'en serait que plus nécessaire.

« Ayez donc conscience du risque que vous prendrez si nous tombons d'accord. Votre avenir dépendra de notre réussite commune. Si l'aventure devait tourner court votre seule sécurité dépendrait du bon vouloir de nos actionnaires, qui ne m'ont fait à ce sujet aucune promesse. »

C'était donc ma chance personnelle et la leur propre à mes côtés que mes interlocuteurs étaient invités à apprécier. Je ne saurais décrire à leur place les motivations profondes de ceux qui ont fait un pari positif. Il n'existe certes pas de formule type pour inspirer confiance ni pour paraître né sous une bonne étoile. Je n'ai pas de doute, par contre, quant aux critères de mes choix parmi les différents candidats qui se présentèrent au cours des premières années.

J'ai toujours éprouvé une certaine allergie vis-à-vis des bêtes à concours. L'origine en remonte peut-être à mon parcours universitaire quelque peu nonchalant. J'observe toutefois que ma qualité de « major de l'Inspection » ne l'a pas ensuite atténuée; elle l'a en quelque sorte authentifiée en écartant tout soupçon de complexe. C'est donc avec une tranquille assurance que je me suis attaché, dans le choix de mes collaborateurs, à scruter les caractères plus qu'à peser les diplômes. La volonté d'action, l'acceptation du risque tempérée de prudence, la capacité de faire équipe, la qualité morale m'importaient au premier chef, la pertinence du jugement ne pouvant que suivre ces préalables. Quelques connaissances bancaires n'étaient sans doute pas sans importance, ne fût-ce que pour compenser mes propres manques. Mais pour la plupart des membres de l'équipe, à commencer par moi-même, notre spécialisation de départ nous laisserait la latitude d'apprendre en temps utile les techniques du métier.

A vrai dire, eussent-elles été plus exigeantes mes ambitions quant au cursus honorum des candidats n'auraient pas eu grand-chance de se réaliser. L'état natif attire les insatisfaits plus que les lauréats trop assurés de leurs droits à un brillant avenir. Les nantis ont rarement l'âme de pionniers. L'effet par lui-même sélectif du défi qu'il me fallait proposer à mes futurs équipiers a dû jouer un rôle aussi grand que ma propre perspicacité pour conférer leur pertinence à mes choix.

***

Bien qu'ils soient, fort heureusement, toujours vivants pour la plupart c'est au passé que je parlerai des mousquetaires – je veux dire de ceux qui devaient devenir en premier les responsables des principales entités du groupe. Avec la croissance majestueuse de celles-ci ils sont devenus, révérence gardée, des maréchaux et jouissent en cette qualité d'une retraite honorée. Mais c'est tels qu'ils étaient lors de nos débuts et non pas tels qu'ils sont devenus que je voudrais tenter d'esquisser ici ceux de leurs traits qui me semblent avoir été le plus décisifs pour l'accomplissement de notre œuvre commune, ceux par lesquels ils ont mérité de rester exemplaires.

Les mousquetaires étaient d'un âge voisin du mien. Ils avaient vu leurs études ou leurs débuts de carrière perturbés par la guerre, l'occupation ou la captivité et n'avaient pas trouvé, de ce fait, une assise professionnelle leur offrant de prometteuses perspectives. Ils étaient donc plus disposés que d'autres à en rechercher de telles à travers les risques d'une entreprise en cours de création.

Aucun ne pouvait exciper de titres universitaires de premier plan ou de concours prestigieux. A l'exception d'un seul aucun n'avait plus que moi la moindre pratique des techniques bancaires. Mais tous brûlaient de prouver – et d'abord à eux-mêmes – une valeur dont ils savaient bien qu'elle les habitait. Et tous étaient animés par le même goût du travail bien fait, le même souci de qualité morale et le même dévouement exclusif à l'œuvre commune, dont une émulation un peu jalouse ne pouvait occulter la réalité fondamentale. Traitera-t-on d'égocentrisme le fait que j'évoque ici leur fidélité à mon égard? J'en ai recueilli trop d'émouvantes preuves pour me sentir en droit de la passer sous silence.

Raymond Mathély, pour sa part, nous a d'abord fait bénéficier de ses connaissances d'ancien inspecteur du Crédit Industriel et Commercial pour donner à nos opérations la touche de technicité bancaire dont elles avaient besoin. Mais son apport personnel le plus marquant aura été de savoir toujours concilier la loyauté sans faille vis-à-vis de l'équipe, l'« esprit groupe », avec un dynamisme impétueux dans l'exercice de ses responsabilités propres. Malgré son tempérament communicatif de battant il s'est ainsi montré le collaborateur le plus fidèle et le plus discipliné. L'estime unanime qu'il gagna peu à peu sur la place ne l'a jamais grisé, ne lui a jamais inspiré la moindre tentation centrifuge. Ce grand garçon infatigable dont la chaleur humaine était d'emblée communicative aurait dû être invulnérable à la maladie. Qu'il en ait été autrement me semble une grande injustice. Ce n'est pourtant qu'une fois la retraite en vue et son œuvre accomplie qu'il a dû déposer les armes. La silhouette de ce preux chevalier se projette tout de suite sur l'écran de ma mémoire lorsque je tente de passer en revue les chances insignes dont m'a gratifié le sort. A tout créateur d'entreprise je souhaite un compagnon de même trempe.

C'est par la richesse de sa palette et de ses contrastes que la personnalité de Boris Méra aura marqué notre image collective. A la fois sportif de tempérament et vulnérable de sensibilité, un peu slave par le sang, un peu anglo-saxon par les hasards de l'implantation familiale, authentique Français de naissance et de cœur, ami inconditionnel mais camarade d'équipe partagé entre la volonté de solidarité et le désir inavoué d'exclusivité, il aura su, pour affirmer un engagement sans réserves à nos côtés, refouler une nostalgie tenace de n'avoir pas – comme plusieurs de ses meilleurs compagnons de jeunesse ou de captivité – fait carrière dans un grand corps de l'État.

Excellent entraîneur d'hommes ayant gardé dans sa maturité beaucoup de l'idéal de son adolescence, il aura marqué de son empreinte plusieurs filiales du groupe. Dans le même temps il aura été l'un de nos meilleurs traits d'union avec nos partenaires français et demeure incomparable dans son rôle de prédilection d'explorateur-ambassadeur hors de l'hexagone. Si l'équipe de la Compagnie

Bancaire a bientôt bénéficié d'une sympathie assez unanime, si la qualité de ses motivations n'a jamais été mise en doute, si le bon aloi de sa réputation a gagné les marchés étrangers et perduré à travers les nécessaires relèves qu'a imposées le temps, elle le doit pour une bonne part au capital de bienveillance accumulé grâce à la gentillesse active et au rayonnement de Boris Méra.

Avec lui et Raymond Mathély nous étions ainsi, au bout de peu de mois, Trois Mousquetaires. Michel Fétizon fut le quatrième et le plus qualifié sans doute pour porter ce titre d'allure martiale puisque ensemble – lui d'active et moi réserviste – nous avions fait la campagne d'Italie, chacun à la tête d'une batterie du même groupe d'artillerie. Nous avions côte à côte vécu l'hiver dans les Abruzzes, la percée du Garigliano, l'avance rapide en Toscane jusqu'à notre retrait pour revenir en France. Ensemble nous avions connu les repos du guerrier à Rome et même à Sorrente. Et nous étions devenus de fraternels amis. Lorsque je l'invitai à tenter sa chance à nos côtés je n'entendais certes pas mettre à contribution ses connaissances financières ou bancaires mais bien son exceptionnelle valeur humaine dont maintes péripéties m'avaient donné l'occasion d'être à tout jamais convaincu. De fait, s'il se révéla parfaitement apte à maîtriser les techniques bancaires les plus ésotériques et obtint par exemple de brillants résultats dans le domaine des opérations dites « triangulaires » que je lui avais confié, c'est, avec la croissance du groupe, dans l'organisation et la gestion de ses services centraux qu'il devait se montrer bientôt irremplaçable. Tâche fort délicate compte tenu de la forte personnalité des autres membres de l'équipe et de leur instinct d'autonomie auquel devait fatalement se heurter tout gestionnaire commun. Michel Fétizon sut par la droiture évidente de toutes ses démarches s'assurer le consentement de tous. La nuance de discipline quasi militaire qu'en présence des autres il maintenait dans son comportement à mon égard évita que l'intimité de nos liens amicaux fût pour eux objet de jalousie. Dès lors il lui fut loisible de s'en prévaloir pour le bon accomplissement de sa mission comme pour aider à la bonne entente de tous. Au surplus, pour lui permettre de se défouler après de tels exercices d'équilibre, la charge qu'il avait de fournir le groupe en locaux d'exploitation révéla en lui une vocation de bâtisseur et d'organisateur. Il avait toujours, à cet égard, une vision d'avenir en avance sur la mienne. Elle l'a conduit à nous doter en temps utile d'un patrimoine immobilier à la fois fonctionnel et de haute qualité.

Le respect de la chronologie pourrait me déterminer à ne parler que plus tard d'autres hommes dont l'arrivée à nos côtés fut un peu plus tardive. Pourtant le rôle majeur qu'ils ont joué et le désir de rendre perceptible, à travers la diversité des personnages, l'unité profonde de l'équipe qui a édifié notre maison me conduisent à évoquer ici leur nom et leur image ainsi qu'à les baptiser mousquetaires comme ceux dont j'ai déjà tenté de tracer le portrait.

Que ce soit par le même souci d'élégante discrétion qui pousse à porter ses fourrures de prix comme doublure plutôt que tournées vers l'extérieur, ou bien par un réflexe de défense conditionné par des traumatismes anciens, Hubert de Nonneville a toujours caché sous des dehors quelque peu bourrus les richesses de son affectivité. Ceux qui ont su gagner sa confiance et franchir ces premières défenses savent bien pourtant quelles sont la force et la fidélité de ses attachements. Et ces collaborateurs, même de niveau modeste, ne s'y sont pas trompés, dont le dévouement amical ne lui a jamais fait défaut.

Tel qu'il est toujours aujourd'hui, tel il était lorsqu'il nous rejoignit au début des années 50. Plusieurs mois passés naguère comme « poulain » dans une de mes « écuries » de l'Inspection des finances l'avaient convaincu d'abandonner à mon égard ses méfiances naturelles et c'est à moi qu'il s'était décidé à venir confier un projet d'organisme de crédit aux acquéreurs de logements que ses fonctions à la Fédération nationale du bâtiment l'avaient amené à concevoir. C'est donc son initiative qui a été l'occasion de notre entrée, d'abord ponctuelle puis étendue à une large gamme d'opérations, dans le domaine du logement, de la construction et de l'aménagement urbain. Sa connaissance lucide des diverses professions concernées et de leurs hommes, sa sagacité mais aussi son sens un peu paysan de l'argent et sa méfiance des beaux parleurs ne tardèrent pas à y faire merveille. Mieux protégé que beaucoup d'autres par l'équilibre de son jugement contre la tentation de mégalomanie qui est le propre de tant de bâtisseurs – sans doute parce que c'est eux-mêmes qu'ils croient voir statufiés sous les espèces des tours plantées sur le terrain – il a su non seulement traverser sans dommages les crises conjoncturelles que connaît périodiquement l'immobilier mais encore intervenir efficacement pour pallier les mécomptes des autres. En ce sens il fut sans doute le meilleur banquier d'entre nous et notre groupe lui doit, en tout état de cause, de n'avoir jamais été discuté dans le secteur pourtant le plus exposé de ses activités. L'appréciation générale de son crédit doit beaucoup à ce parcours sans faute.

Raymond Mathély, Boris Méra, Michel Fétizon, Hubert de Nonneville : ces quatre hommes ont assuré la mise en place des organes vitaux du groupe, le démarrage et le développement de ses sociétés de base. Ils ont droit à en être considérés comme les co-fondateurs. Un cinquième les rejoignit au bout de quelques années dont la contribution devait, elle aussi, se révéler de tout premier ordre.

Camarade de captivité de Boris Méra, Jean Chicoye m'apparut, dès le premier contact, comme un garçon doté d'un exceptionnel équilibre, d'un bon sens à toute épreuve, de l'intelligence et des facultés d'adaptation les plus spontanées, enfin de cette forme entre toutes aimable du courage qui s'appelle la gaîté. Par rapport à ces qualités fondamentales, composant le profil même du collaborateur idéal tel qu'il s'était fixé dans mon jugement, son absence de culture financière importait fort peu. En découvrant sur le tas son métier il le connaîtrait bientôt de la façon la plus authentique.

De fait, après quelques années en seconde position, Jean Chicoye ne tarda pas – les circonstances aidant – à s'imposer à mon choix pour occuper la première place dans notre société de « crédit à l'équipement des particuliers » où une sérieuse reprise en mains se révélait nécessaire. Il y fit vite merveille, rééditant bientôt l'exploit lorsque, par exception de mes principes, j'acceptai, à la demande de nos principaux actionnaires, de reprendre dans le groupe la société COFICA, en proie à une sévère crise d'organisation.

A la faveur de l'état natif, un grand professionnel était né. Il ne devait pas se laisser griser par ses étonnantes performances. Épris avant tout de joies intimes trouvant leur épanouissement dans son terroir d'origine, il a voulu prendre sa retraite bien avant l'heure fatidique, en pleine possession de ses facultés de bonheur, mais non sans avoir mis en place le successeur qu'il s'était choisi. Quel trait de son personnage nous a été le plus précieux? La fécondité de ses talents ou l'exemple de sa sagesse?

***

Les bons sentiments ne sont pas, dit-on, les ingrédients d'une bonne littérature. Je me devais pourtant de fixer telle que je la connais l'image de mon équipe, des vertus communes à tous comme des caractéristiques propres à chacun dont s'est enrichie notre personnalité collective. Ce qu'ensemble nous avons fait s'inscrit dans le patrimoine économique et financier du pays, dans les modes de vie de millions d'individus. Les hommes qui y ont œuvré méritent d'échapper à l'anonymat et je ne saurais, sans trahir leur vérité sous prétexte de la faire mieux admettre, affadir la louange ni forcer le trait de la critique.

N'est-ce pas, au surplus, par leurs soins qu'ont été recrutés tant d'hommes et de femmes auxquels nous lie une fierté réciproque qu'ils soient des nôtres, trop nombreux pour que je puisse citer ici leur nom? Comme les chefs de file dont je viens d'esquisser le profil, la plupart d'entre eux ont su s'adapter avec une aisance étonnante à la croissance rapide de la maison. Ils ont fait face sans apparent problème à des charges de travail de jour en jour plus lourdes et plus complexes que personne n'avait prévues telles lors de leur embauche.

Certains exemples furent à cet égard trop significatifs pour ne pas être nommément évoqués. Tel Émile Quénet, comptable recruté par moi dans les tout premiers jours et qui, après avoir tenu de sa propre main le Journal et le Grand Livre de nos origines, sut si bien maîtriser, lorsqu'il le fallut, les techniques de la mécanographie puis de l'informatique. Tel aussi Augustin Navarro, orienté vers nous trois ans plus tard par l'un de mes amis. Jeune sous-officier pied-noir, ses nombreuses citations furent pour moi la plus décisive des recommandations. Sa formation financière était inexistante. Moins de dix ans plus tard il se retrouvait dans le poste clef de trésorier de la Compagnie Bancaire et ses confrères de la place de Paris le portaient bientôt, en hommage à ses qualités professionnelles et humaines partout reconnues, à la présidence de leur amicale.

Des réussites aussi peu prévisibles prouvent que les talents individuels les moins décelables de prime abord, les moins consacrés par les diplômes, n'attendent parfois que des occasions propices, des défis exaltants, pour donner leur mesure. Elles témoignent aussi du fait que l'état natif est plus qu'aucun autre fertile en telles occasions et tels défis en même temps que générateur d'une chaleur communautaire aidant chacun à se surpasser.

V

Occasions d'une percée

La constitution de l'Union française de Banques à partir de l'UFEFE et de la BFA, sa gestion confiée à notre équipe par un tour de table élargi à la plupart des grandes banques de la place, n'avaient pas seulement démontré l'étendue de la confiance que nous avions acquise. Elles nous avaient dotés d'une plus grande liberté d'action, de moyens financiers renforcés et d'un domaine plus vaste où rechercher les activités bancaires nouvelles correspondant aux besoins d'une économie en mal de modernisation. L'exploration en restait à faire.

J'avais au cours de ces années d'apprentissage, et notamment à l'occasion de mes voyages hors de France – aux États-Unis en particulier –, acquis une compréhension plus explicite des archaïsmes de notre système bancaire, des créneaux qu'ils laissaient ouverts aux nouveaux venus. C'était là, bien sûr, qu'il convenait d'appliquer la force d'intervention que plusieurs années de travail en contact avec l'ensemble de la place avaient permis de roder. Fidèle pourtant à une attitude déjà familière je m'abstenais de chercher à forcer le destin en élaborant un plan d'action systématique et me tenais, avec la plus grande disponibilité, à l'affût des occasions.

Une psychologie de la chance déjà confirmée par l'expérience dictait sur ce point mon comportement. Je me la représentais trop féline de caractère pour risquer de l'effaroucher en tendant de façon délibérée la main vers elle. Si je me bornais à l'épier du coin de l'œil, d'elle-même elle viendrait me trouver.

Je savais aussi qu'une idée, même excellente en soi, ne devient exploitable que grâce au concours de bons vouloirs divers et de circonstances favorables. Je guettais donc, avant d'engager notre équipe dans des voies nouvelles, l'apparition de telles conjonctions.

De fait les occasions ne tardèrent pas à me solliciter. Ne m'étant pas mis en position demandeur, je fus à même d'en écarter certaines et de retenir celles dont la qualité me convenait. Je mettais à l'étude, avec circonspection, les propositions qui m'étaient présentées. Comme il était prévisible elles concernaient pour la plupart les secteurs sous-développés de notre système bancaire et financier. La qualité des hommes impliqués, l'étendue prévisible des champs d'activité dans lesquels ils nous offraient l'opportunité de nous insérer furent les critères décisifs de mes choix.

C'est selon ce processus qu'ont trouvé leur vocation l'une après l'autre, au cours des premières années 50, les quatre entreprises qui devaient devenir les piliers de base de notre groupe, avant que la Compagnie Bancaire elle-même ne vînt après coup conférer à l'ensemble sa logique structurelle. La séquence en paraît aujourd'hui si naturelle, la concurrence en a si bien consacré la banalité, qu'il est difficile de considérer ces choix d'activités nouvelles comme marqués au coin de l'inventivité et de l'audace.

Ne semble-t-il pas fort évident aujourd'hui que les urgences d'une période de reconstruction et de redémarrage économique devaient nous proposer pour thèmes successifs :

– le financement de l'équipement professionnel, notamment celui des petites et moyennes entreprises, clientèle peu recherchée par les banques classiques;

– le financement du logement, à moyen puis à plus long terme, et d'abord celui de l'accession à la propriété, seul ressort possible d'une politique nouvelle de construction;

– le financement des particuliers pour l'équipement de leur logement, domaine dans lequel n'existaient encore que des organismes de faible importance, aux procédures lourdes et onéreuses.

Telles furent bien, en effet, les espèces des divers poissons qui vinrent, de leur propre mouvement, faire plonger le bouchon de ma ligne à pêcher la chance. J'étais décidé à rejeter à l'eau les prises les moins bien venues mais ne limitais pas en principe le nombre de celles à retenir. Je n'entendais pas, en effet, me cantonner à un secteur trop restreint comme j'avais dû le faire au départ. Et je concevais peu à peu l'ambition de constituer un groupe d'affaires à vocations multiples dont l'unité d'inspiration finirait néanmoins par faire une banque d'un type nouveau.

En 1951, un projet de loi allait rendre possible l'affectation en gage, au profit de la banque ayant fait les crédits nécessaires, du matériel acquis par une entreprise. Des conversations avec nos partenaires me convainquirent qu'ils n'utiliseraient pleinement la procédure nouvelle ainsi créée que si un organisme spécialisé en assumait le risque avec eux et prenait en charge l'étude des dossiers, la mécanique administrative nécessaire ainsi que les contacts commerciaux avec la clientèle concernée, laquelle était peu familière aux grands réseaux bancaires. La structure de l'Union française de Banques la désignait fort bien pour cette activité. Sitôt la loi promulguée, elle s'y engagea fort activement. La suite a prouvé qu'elle pouvait constituer dans ce domaine un fonds de commerce durable. Ayant fait le choix de la diversité je restais pourtant en alerte.

C'est donc avec le préjugé le plus favorable que j'accueillis Hubert de Nonneville, secrétaire général de la Fédération nationale du bâtiment. Il désirait, m'avait-il dit, m'exposer les lacunes du système d'accession à la propriété mis au point par les pouvoirs publics et le Crédit Foncier de France ainsi que les initiatives qu'il lui paraissait désirable de prendre pour tenter de les combler. Aidés par nos anciennes relations de « chef d'écurie » à « poulain » au cours d'une année de préparation au concours de l'Inspection des finances nous ne tardâmes pas à nous entendre. Sa connaissance des gens du bâtiment, la mienne des milieux bancaires, nous désignaient bien pour rapprocher l'une de l'autre deux catégories de professionnels nourrissant de longue date une méfiance réciproque explicable par de profondes oppositions de tempérament, par des différences congénitales dans leur appréciation des risques.

Nous décidâmes bientôt de tenter en ce sens une première approche en proposant à nos amis respectifs de constituer en commun un organisme de « prêts complémentaires » aux « prêts spéciaux » du Crédit Foncier de France. Ce point de départ d'une grande actualité nous paraissait indiqué pour aborder le vaste domaine des financements immobiliers. Malgré leurs réticences initiales les partenaires de l'UFB se laissèrent finalement convaincre, entraînés par ceux d'entre eux que leur classification « d'affaires » rendait moins réticents que les autres à s'aventurer hors du chemin battu des opérations à court terme. Aucun n'augurait cependant pour la nouvelle « Union de Crédit pour le Bâtiment » (UCB) des comptes d'exploitation bien prospères. Dès les premiers bilans de fin d'année elles commencèrent à réviser leur jugement.

Notre crédibilité en tant qu'innovateurs se trouvant ainsi confortée nos partenaires acceptèrent sans difficulté de s'associer à l'étape suivante malgré le caractère ésotérique des techniques que je leur proposais d'y mettre en œuvre.

Mon attention avait été attirée par Jacques Brunet, alors président du Crédit national, sur les préoccupations que faisait naître chez les autorités responsables de la protection de l'épargne, la déconfiture inévitable de plusieurs organismes de crédit différé. Je me piquai de résoudre personnellement le problème. Le rôle déjà joué par l'UCB dans le domaine de l'accession à la propriété m'en créait, me semblait-il, l'obligation morale. En conséquence, au terme d'une assez longue étude, je mis au point une sorte de théorie générale du crédit différé et des garanties financières dont il convenait de l'assortir. Un actuaire éminent, Jules Dubourdieu, mis à ma disposition par la Banque de Paris et des Pays-Bas, voulut bien démontrer le bien-fondé mathématique de mes propositions et préparer leur mise en œuvre pratique par des calculs des plus lumineux.

Pour aller plus avant sur un terrain miné par nombre d'initiatives plus inconséquentes que malhonnêtes mais qui avaient donné à la notion même de crédit différé une connotation de mauvais aloi j'estimais nécessaire le concours du vénérable Crédit Foncier de France. C'est de ce côté que les négociations se révélèrent le plus ardues malgré l'accueil d'emblée positif du gouverneur Henri Deroy. Je n'étais plus en effet le modeste débutant de 1946 et certains, au Crédit Foncier même, craignaient de prêter la main aux entreprises d'une équipe que son dynamisme pourrait entraîner à concurrencer quelque jour un monopole centenaire.

La Compagnie française d'Épargne et de Crédit (CFEC) n'en fut pas moins constituée en 1954 suivant le modèle que je proposais. La négociation avait été longue, une loi sur le crédit différé ayant dû intervenir pour consacrer l'approbation par l'administration puis le parlement des conceptions que nous allions mettre en œuvre. Le capital de la nouvelle société (600 millions) témoignait du chemin parcouru depuis la fixation initiale à 10 millions des fonds propres de l'UFEFE. Dans le cadre d'un accord négocié avec le Trésor et qui s'est exécuté avec ponctualité la CFEC fut à même d'éviter toute perte aux épargnants qu'allait déposséder, sans son intervention, la défaillance inévitable des organismes de crédit différé existants. Son intérêt moins circonstanciel était de doter notre système bancaire d'un instrument pour allonger la durée des crédits au logement, permettant ainsi d'attendre l'époque où le renouveau du marché financier autoriserait la mise en œuvre de procédures moins sophistiquées. Le succès fut immédiat. Il me surprit par sa rapidité comme par son ampleur. Aujourd'hui encore je m'étonne de la vitalité dont continuent de faire preuve nos opérations de crédit différé malgré la modification radicale des conditions de marché qu'elles avaient pour objet de pallier. Les procédures financières persistent parfois dans leur être en changeant en chemin de justification.

Au cours de la longue gestation de la CFEC l'idée s'était imposée à mon esprit qu'il convenait de compléter notre palette de services offerts à notre clientèle en mettant au point des formules modernes de crédit pour faciliter l'équipement des logements dont nous aidions par ailleurs les acquéreurs. Des approches avaient été faites en ce sens auprès de moi par des professionnels du meuble. Faute d'avoir, au cours de nos premières négociations, senti naître entre nous la confiance nécessaire, je les avais orientés vers d'autres groupes financiers en cours de constitution. Par contre l'équipement électroménager, alors fort loin du degré de saturation auquel il se trouve aujourd'hui parvenu, me semblait un domaine où je pourrais m'appuyer sur de plus solides structures professionnelles. J'allai donc trouver Henri Davezac, délégué général du Syndicat de la construction électrique. Il était parfaitement conscient de l'insuffisance des moyens de financement existant dans ce domaine et m'accueillit à bras ouverts. Les constructeurs de son syndicat firent de même, tout en formulant de sérieuses réserves – dont l'avenir devait démontrer le bien-fondé – quant à ma prétention de réaliser une part appréciable de nos opérations selon la technique du crédit différé.

Cette dernière idée n'en avait pas moins son attrait et contribua au bon accueil que le nouvel organisme, rapidement créé, reçut de la part des autorités compétentes. Du fait qu'elle impliquait une épargne préalable, elle atténuait en effet le caractère inflationniste qu'étaient encore supposées avoir les opérations de crédit à la consommation. Ainsi baptisé carpe dans une période de relative abstinence financière, notre Cetelem connut rapidement une brillante carrière d'animal à sang chaud. Ce succès même allait placer notre équipe en face d'un utile défi : celui de financer au coût le plus faible possible de très nombreuses ventes à crédit d'un montant moyen bien inférieur à celui des opérations pratiquées par les organismes existants, dont le domaine de l'automobile constituait le marché quasiment exclusif. Le Cetelem allait jouer de ce fait, dans nos développements ultérieurs, le rôle fécond de tête chercheuse des techniques opératoires les plus élaborées.

Ainsi quatre ans après la constitution de l'Union française de Banques, celle-ci avait trouvé un intéressant domaine pour ses activités propres et présidé à la création de trois organismes financiers nouveaux : l'Union de Crédit pour le Bâtiment (UCB), la Compagnie française d'Épargne et de Crédit (CFEC) et la Compagnie pour le Financement des Équipements électroménagers (Cetelem). Chacun des quatre organismes avait un objet social différent. Chacun aussi avait un actionnariat composé en fonction de cette vocation particulière. A l'UCB, la Fédération nationale du bâtiment, ceux de nos partenaires ayant le statut de banques d'affaires, à la CFEC, le Crédit Foncier de France et plusieurs grandes compagnies d'assurances, au Cetelem, le syndicat général de la Construction électrique et les principaux établissements de crédit témoignaient par leur représentation à la table du conseil de la spécificité propre de chaque société et de son autonomie par rapport aux autres. Leur ensemble constituait un groupe original et décentralisé dont l'unité était néanmoins attestée par la présence dans chacune d'elles de l'UFB et de ses partenaires en tant qu'actionnaires et de la mienne propre en tant que fondateur assumant la présidence ou la vice-présidence.

Au 31 décembre 1956, le capital total des sociétés du groupe exprimé en francs de l'époque était passé du chiffre initial de 10 millions en 1946 à un montant de quelque 2 milliards. Notre monnaie ayant été, en valeur réelle, dévalorisée de plus des deux tiers dans l'intervalle, le multiple en « francs constants » était supérieur à soixante. Nos crédits distribués et toujours en cours se montaient à quelque 35 milliards en « francs courants ». Enfin notre effectif était passé à 465 personnes.

Bien que ces chiffres aient connu depuis lors une croissance spectaculaire (plus de 40 fois en francs constants pour les fonds propres et pour les encours, de l'ordre de 15 fois pour les effectifs) ils paraissaient, à l'époque, fort importants déjà. Et l'attitude générale vis-à-vis du « Groupe Fouchier », comme beaucoup le baptisaient alors, était passée de la sympathie souvent condescendante à la considération parfois étonnée. Notre déménagement du 35 de la rue Tronchet au 25 de l'avenue Kléber confirmait cette dignité nouvelle.

L'apparente facilité de cette rapide évolution a de quoi surprendre, bien que moins exceptionnelle dans le domaine financier que dans tout autre, les pesanteurs matérielles y étant moindres. Il convient de comprendre que la croissance d'une entreprise doit franchir des seuils successifs avant lesquels elle tend à se ralentir, passé lesquels elle s'accélère.

La maladie d'enfance est le premier de ces seuils. J'ai déjà dit comment nous l'avions franchi. Nous nous retrouvions, de l'autre côté, nantis d'un solide acquis expérimental en matière d'innovation financière, de l'autorité que nous avait value le déroulement sans aucun incident de nos importantes opérations de financement extérieur, d'une connaissance intime de la place bancaire et de ses hommes, enfin et surtout d'une équipe à la qualité partout reconnue. Sa réputation ayant dépassé le seul milieu bancaire elle se complétait avec facilité à mesure que notre croissance l'exigeait. C'était assez pour assumer avec aisance une accélération soutenue au cours de la seconde étape.

Quel serait le prochain seuil? De toute évidence, et sans qu'aucun chiffre critique pût être énoncé d'avance, il se situerait au moment, dont je pressentais la venue relativement prochaine, où nos partenaires se lasseraient de nos incessantes augmentations de capital et de nos appels à leurs concours pour donner à nos opérations la base nécessaire en fonds propres et leur assurer un financement sans aléas. Ils l'avaient fait volontiers au départ, compte tenu des modestes montants concernés, confortés par l'idée que l'expérience en valait la peine et ne risquait pas d'être bien onéreuse. Ils s'étaient, au vu des premiers résultats, engagés plus avant, désireux de ne pas laisser passer les occasions fructueuses que nous leur offrions, voire même jaloux de n'abandonner au profit des autres aucune part de leur position dans nos barèmes. Pourtant je percevais chez ceux d'entre eux dont les moyens étaient le moins développés un début d'essoufflement qui ne manquerait pas de gagner les autres peu à peu. Décidé à ne ralentir en rien notre rythme de développement – car je tenais à acquérir sans retard les dimensions faisant de nous une institution définitivement implantée sur le marché – il me fallait donc mettre en place les moyens d'une plus grande indépendance par rapport à nos partenaires. Le nouveau seuil une fois franchi, quel serait le suivant? Le développement de la concurrence, sans doute, de la part de ceux dont nous serions parvenus à desserrer la tutelle amicale. Ensuite?...

ensuite nous verrions bien : il convient certes de regarder en avant, mais pas trop loin.

La prévision du prochain seuil et la mise au point d'une stratégie pour le franchir dans les meilleures conditions possibles m'ont toujours paru ma mission première en tant que patron d'une entreprise en développement. Je leur ai consacré beaucoup de mes réflexions au cours des heures de veille que les caprices de mon sommeil m'ont, la plupart des nuits, ménagées. Mes activités diurnes étaient intellectuellement moins ardues. Une bonne part en était absorbée par les relations avec nos actionnaires et nos bailleurs de fonds ainsi qu'avec nos diverses autorités de tutelle (Banque de France, Conseil National du Crédit, direction du Trésor, ministère du Logement et de l'Équipement...). Une autre à me faire rendre compte de la progression et des éventuelles difficultés de parcours des quatre sociétés du groupe. Une autre enfin, façon agréable et paresseuse de paraître travailler, à la tenue des nombreux conseils et comités qu'il faut bien réunir pour satisfaire un légitime besoin de « participation ».

En fait j'avais pu donner à chacun des mousquetaires la responsabilité d'une société distincte. Je savais pouvoir leur faire une large confiance pour son pilotage. Je comptais aussi – à juste titre comme la suite l'a montré – sur leur émulation pour les empêcher de se reposer sur de premiers succès. Je pressentais enfin que les forces vitales spontanément en œuvre dans une entreprise en création grâce à la motivation exceptionnelle de chacun seraient les facteurs les plus décisifs pour obtenir des résultats auxquels je prétendais.

Beaucoup de témoins extérieurs m'imaginaient voué à un labeur sans répit. Pourtant, malgré ma volonté de participer jusqu'au détail à la vie de chacune des sociétés que j'avais fondées, à l'élaboration de leurs tactiques comme de leurs modes opératoires, je n'ai jamais eu le sentiment de travailler avec intensité davantage qu'un nombre limité d'heures chaque jour. Le reste de mon temps était consacré à des activités d'allure plus détendue. L'image mythique du fondateur d'entreprise bourreau de travail a beau avoir la vie dure, pour ma part j'ai toujours eu la conviction qu'une vie extraprofessionnelle assez riche était indispensable à mon équilibre intellectuel et moral, donc à la qualité de mes initiatives. Je n'ai que très rarement sacrifié aux soi-disant urgences du métier le temps de loisir dont j'éprouvais le besoin. Et j'ai toujours considéré avec une nuance d'effroi ceux de mes congénères qui déclaraient n'aimer pas les vacances.

Aussi bien n'ai-je jamais fait passer quelque ambition professionnelle que ce soit avant les exigences propres de ma vie personnelle.

VI

Le dynamisme organisateur

Les textes de grands scientifiques ont été, de longue date, l'une de mes lectures de prédilection. J'aime le climat intellectuel qu'ils créent en moi, fait de compréhension partielle, d'intuitions sans doute illusoires, de familiarité progressive avec un langage ésotérique. C'est un livre de Louis de Broglie, *Matière et Lumière,* qui, par son style limpide, par l'élégance du concept de mécanique ondulatoire et de son appellation, m'a le premier fait accéder à ces austères enchantements. Bien d'autres livres ont suivi, souvent ardus, parfois suspects de simplifications vulgarisatrices. Les diverses explorations de Mr Tompkins, maintenues avec tant d'élégance par George Gamow à mi-distance de ces deux pôles, ont fait partie de ma culture de profane.

L'une de mes premières lectures de ce genre concernant la biologie avait un titre qui a sans doute marqué ma mémoire davantage que son contenu : *L'Œuf et son dynamisme organisateur.* J'en ai retenu qu'une fois incarné l'élan vital l'évolution de l'embryon est déterminée par des mécanismes naturels qui déjà y sont inclus. Dynamisme organisateur! Cette superbe expression me semble fort bien qualifier aussi le processus fondamental de croissance des entreprises que j'ai créées. C'est lui qu'après coup je vois à l'œuvre dans la façon dont les divers organes du groupe ont étendu, par bourgeonnements successifs, leur domaine d'opération, dans le style commun suivant lequel – malgré les dissemblances de leurs principaux responsables – ils ont développé leur culture d'entreprise, dans la mise en place des moyens nécessaires pour assurer leur cohésion durable et conquérir ensemble leur autonomie financière.

*
* *

La diversification de ses domaines d'intervention peut être pour une entreprise la meilleure et la pire des politiques.

La pire si elle est inspirée par la conviction présomptueuse de posséder une vocation naturelle au succès quel que soit le métier où l'on prétende s'introduire. Le destin de maint conglomérat, les mécomptes ayant affecté des entreprises pourtant des plus brillantes pour s'être aventurées trop loin de leur domaine d'excellence pourraient illustrer ce propos. Par contre la diversification par ramifications successives d'un même tronc est la loi même de la vie. C'est elle qui permet la création d'ensembles équilibrés et capables de supporter sans atteinte vitale le dépérissement éventuel de telle ou telle de leurs branches.

L'Union française de Banques, première en place, fut la première à en donner l'exemple. Ayant pour ses crédits d'équipement cherché d'abord sa clientèle parmi les petites et moyennes entreprises industrielles – dans leur ensemble connues de nos partenaires et qu'il était donc aisé pour eux d'orienter vers nous, mais aussi de retenir à leur seul profit quand il leur semblerait désirable – la constitution d'une clientèle propre lui parut bientôt nécessaire.

Elle la rechercha du côté des transporteurs, des entrepreneurs du bâtiment et des travaux publics, du petit et moyen commerce, toutes professions considérées avec quelque méfiance par les banques traditionnelles. Puis elle ne tarda pas à se tourner aussi vers les professions libérales. Le renouvellement de l'équipement radiologique, par exemple, était à l'époque un impératif pour les professions de santé et devait d'ailleurs perdurer en raison de la sophistication croissante de l'imagerie médicale et de l'utilisation thérapeutique des rayonnements.

Enfin l'agriculture elle-même, bien que dotée d'un système de crédit spécialisé, mais par ailleurs tout à fait négligée par les grands réseaux bancaires, parut bientôt offrir aux méthodes d'intervention de l'UFB un domaine prometteur. La rapidité de décision – dont elle avait fait son premier impératif – et la discrétion dans l'enquête préalable au crédit que permettait le nantissement du matériel financé contrebalançaient en effet dans l'esprit de la clientèle agricole les avantages tarifaires de prêts privilégiés.

Dans tous ces secteurs la négociation d'accords avec les principaux fournisseurs d'équipements (constructeurs ou intermédiaires) permettait au surplus d'étendre, en dehors des banques, les réseaux de clientèle. Ces accords n'allaient pas, parfois, sans concours financiers consentis par nous à ces nouveaux partenaires.

Ainsi l'UFB constituait-elle un fonds de commerce original et de plus en plus diversifié, conduite de ce fait à développer ses connaissances propres de chaque marché concerné et à mettre en place pour l'exploitation de chacun d'eux un personnel spécialisé.

Les mêmes exigences vitales se sont spontanément exprimées dans la croissance de l'Union de Crédit pour le Bâtiment. Son thème de départ (la distribution de crédits complémentaires aux Prêts spéciaux à la construction consentis par le Crédit Foncier de France) conduisit, par un cheminement qui paraît aujourd'hui tout naturel, à d'autres interventions dans un domaine élargi mais toujours centré néanmoins sur la construction et le logement. La première extension évidente concernait les prêts immobiliers non aidés par l'État. Il ne s'agissait plus alors de prêts complémentaires mais de prêts principaux d'un montant plus élevé, concernant des immeubles d'un prix de construction supérieur aux normes légales. La manne des prêts spéciaux absorbant la plus grande part de ses moyens humains et financiers le Crédit Foncier de France, dont le secteur traditionnel subsistait néanmoins, ne pouvait plus prétendre y exercer un quelconque monopole. L'UCB s'introduisit avec prudence dans ce domaine, consciente de l'importance qu'il allait présenter pour elle à l'avenir.

Le marché des immeubles anciens – des prêts nécessaires à leurs changements de mains, à leur entretien et leur rénovation – devait, compte tenu de ses interactions avec celui des constructions nouvelles, attirer l'UCB comme par l'effet d'une sorte de nécessité interne.

Enfin, ayant connaissance, par sa clientèle d'acquéreurs de logement, de nombreux programmes de construction sur l'ensemble du territoire, l'UCB entrait par la force des choses en contact avec les promoteurs de ces programmes. La connaissance globale du marché immobilier qu'elle acquérait ainsi la rendait particulièrement apte à intervenir dans le financement des projets eux-mêmes, dont les acquisitions de sa clientèle de particuliers assureraient un jour le dénouement.

Métier certes plus risqué – portant sur des montants unitaires de crédit sans commune mesure avec ceux de nos opérations initiales – mais où la sagacité d'Hubert de Nonneville et des collaborateurs qu'il avait formés devait bientôt nous assurer une place de choix. La participation de l'UCB au financement d'un projet devait bientôt être considérée par les autres établissements bancaires comme une sorte de label de qualité (notion qui devait d'ailleurs inspirer, comme on le verra, l'une de nos initiatives ultérieures).

Pour la Compagnie française d'Épargne et de Crédit, conçue dès le départ comme un moyen de prolonger sur le long terme les concours à moyen terme de l'UCB aux acquéreurs de logement, elle contribuait puissamment à accroître la clientèle potentielle de cette dernière en même temps que ses propres réseaux commerciaux (directeurs locaux du Crédit Foncier de France et agents d'assurances notamment) en assuraient une prospection systématique, entraînés par l'impulsion sans relâche de Raymond Mathély. Une symbiose très efficace agissait donc entre les deux organismes, multipliant l'un par l'autre le dynamisme propre de chacun.

Quant au Cetelem – dont tout le monde devait oublier bientôt au profit de son seul sigle la raison sociale développée –, ayant fait son apparition sur la place pour financer les ventes à tempérament d'équipements électroménagers, il devait de proche en proche étendre avec succès à des concours d'importance unitaire plus substantielle les techniques opératoires très évoluées que le faible montant moyen de ses interventions initiales l'avait contraint à mettre en place. Le marché des récepteurs de télévision, celui de l'ameublement, novation la plus substantielle celui de l'automobile, des caravanes et des bateaux de plaisance s'ouvrirent successivement à lui.

Mais, en profondeur, l'évolution la plus importante du Cetelem fut celle qui le conduisit à développer d'année en année, à côté d'une clientèle orientée vers lui par les vendeurs de matériel « agréés » – lesquels assuraient à l'origine la quasi-totalité de ses affaires – une clientèle « directe » venue à lui par le canal de son propre réseau, qui représente aujourd'hui la part la plus importante de ses concours aux particuliers. Définie dès les toutes première années et poursuivie avec la plus grande constance, cette orientation devait un jour doter le groupe d'un moyen de diffusion autonome de ses différents produits financiers.

Elle lui permettrait ainsi de faire face par ses seuls moyens à une concurrence suscitée par ses propres succès puis généralisée suivant les lois de contagion et de pugnacité parfois suicidaire propres à toute concurrence.

***

Le trait le plus digne de retenir l'attention dans ces évolutions parallèles poursuivies à cadence élevée me semble être l'unité dans le style d'action qui s'y est exprimée. D'elle, je ne saurais le cacher, provient l'essentiel de la fierté que je crois pouvoir tirer de mon parcours bancaire. Si le style que je voudrais ici tenter de caractériser fut en effet largement déterminé, comme les modalités mêmes de notre croissance, par le dynamisme interne de nos entreprises et par les contraintes de son environnement, c'est tout de même dans cette élaboration que le « facteur commun » constitué par ma propre personne a joué le rôle le plus marquant. C'est aussi, pour cette raison même, le point dont j'ai le plus de difficultés à parler sans détour.

Notre style d'action s'est d'abord manifesté dans le caractère non conventionnel des techniques opératoires adoptées par nous. Ma méconnaissance personnelle des procédures traditionnelles et ma capacité d'étonnement à leur sujet y furent sans doute pour beaucoup. D'emblée la signature de « chaînes de traites » par nos clients, puis leur escompte par nos partenaires banquiers, jusqu'alors l'alpha et l'oméga des méthodes usitées dans les domaines voisins des nôtres, me sont apparues comme génératrices d'une paperasserie anachronique, intolérable à grande échelle. Les appels à la prudence venant des augures les plus expérimentés ne nous ont pas fait défaut et les premières difficultés de gestion que nous avons rencontrées auraient pu nous conduire à regretter d'avoir passé outre. Une fois réglés ces problèmes il est devenu fort évident que notre option conditionnait les possibilités techniques d'une large diffusion de nos opérations.

Dans le même temps, et au grand dam de certains, notre politique tarifaire et la définition des garanties dont nous assortissions nos opérations étaient conçues en fonction d'ambitions à long terme négligeant l'attrait de profits trop rapides pour n'être pas éphémères. C'est une clientèle durable que nous entendions nous attacher. Il était de première importance qu'elle comprît notre souci de ses intérêts et de sa sécurité. Assurances-vie, assurances-maladie et, pour les crédits de longue durée, reports automatiques d'échéances en cas de perte d'emploi, ont, dès nos premiers contacts avec la clientèle des particuliers, fait partie des conditions de crédit qui leur étaient proposées et incluses dans leur coût. Fort critiquées au départ ces petites révolutions n'en ont pas moins rapidement fait école. Le Crédit Foncier de France, tout le premier, prit le parti de faire bénéficier ses emprunteurs de contrats d'assurances identiques à ceux dont nous avions établi le modèle.

De même avons-nous mis rapidement en place une politique de recouvrement de nos créances très inspirée du souci de tenir compte des situations individuelles, nous efforçant de retarder dans toute la mesure du possible les procédures contentieuses et d'entretenir, dans l'intervalle, des conversations amiables avec nos débiteurs en difficulté. Une telle option, fort onéreuse en frais généraux, a été déterminante pour la qualité de notre image de marque.

Des charges de cette importance n'auraient pu être assumées sans un effort constant de simplification, de mécanisation, plus tard d'informatisation de tous nos services. La concurrence que nous commencions à voir poindre, non seulement de la part d'entreprises comparables aux nôtres mais de la part des grandes banques de dépôt entretenant un réseau serré d'agences sur le territoire, imposait – si nous voulions y résister dans de bonnes conditions – que nous prenions dans ce domaine la plus forte avance possible et y recherchions l'excellence. C'est encore aujourd'hui notre constant effort et la plus moderne de nos allures.

Ces approches de la clientèle et ces techniques sont si bien rentrées dans les mœurs que les opérateurs d'aujourd'hui hésiteront à penser qu'elles aient pu présenter naguère un caractère original. L'innovation financière se manifeste rarement par de bouleversantes découvertes. C'est un art mineur et tout d'exécution. La copie y est de rigueur. Les « tours de main » nouveaux n'étant pas brevetables leur paternité cesse vite d'être identifiable.

De fait, ce ne sont pas les traits originaux de nos techniques qui, de la façon la plus durable, seront retenus comme caractéristiques de notre style. C'est bien plus le climat social du groupe et le ton assez peu imitable de ses relations avec la place bancaire et financière qui frappent aujourd'hui encore le nouvel arrivant et lui donnent le sentiment d'une différence entre notre maison et les autres.

Comme chacun peut le comprendre, l'état natif est favorable au consensus social dans l'entreprise. Celle-ci est, au départ, d'importance trop mince pour que les états-majors syndicaux y prêtent attention. Pour leur part les collaborateurs ayant accepté de jouer leur sécurité et leur avenir sur une entité encore fragile identifient si bien leurs chances personnelles avec les siennes qu'il est évident, même pour ceux d'entre eux à qui l'instinct de revendication n'est pas étranger, que l'heure n'en est pas venue. Mes débuts en tant que patron furent donc, à cet égard, sans problèmes. Aujourd'hui encore mes successeurs n'en connaissent pas de beaucoup plus difficiles.

J'ai parlé de mon expérience en tant que capitaine commandant une unité en campagne. Elle se transposait de façon spontanée vis-à-vis des collaborateurs qui nous rejoignaient au fil des jours pour les combats de la croissance. Dans les premières années, je connaissais chacun.

Je les recevais périodiquement pour commenter avec eux la qualité de leur travail. Un lien chaleureux s'établissait entre nous à cette occasion. Comment le qualifier? Paternaliste, pourquoi pas? Peut-être fraternaliste paraîtra-t-il moins provocant pour une certaine dialectique. Peut-être au surplus est-il plus juste.

Toujours est-il que, sans que je l'eusse le moins du monde calculé, chacun de ces hommes, chacune de ces femmes avec lesquels j'avais de tels entretiens – et lorsque je n'aurais plus le temps de les recevoir moi-même Mme de l'Écluse, en tant que confidente de leurs problèmes personnels, assurerait mon relais – allaient devenir, pour nos compagnons plus récents, les zélateurs d'une certaine fidélité inconditionnelle.

J'avais pour principe – non pas délibéré mais spontané – que tout ce qu'il était en mon pouvoir de leur consentir sans compromettre le brio financier de nos sociétés devait être mis en place sans attendre qu'ils le demandent. L'ensemble de l'équipe en était d'accord avec moi. Je tenais pour certain que les exigences premières du personnel – conscientes ou non – portaient sur son temps de vacances, la fiabilité du service médical et sa vocation d'aide au personnel plus que de contrôle de ses absences, enfin le rapport qualité/prix des repas servis dans les restaurants d'entreprise. Nous fûmes les premiers – et personne à l'extérieur n'y prêta attention avant que nous n'eussions beaucoup grandi – à octroyer à tous nos collaborateurs d'abord trois semaines, ensuite un mois plein de congés payés, enfin à moduler le décompte des jours suivant les saisons choisies. Mon ami intime, le professeur Roger Viguié, accepta d'organiser un service médical conforme à mes vues et qui reste aujourd'hui, sous les ordres de son successeur, le docteur Léon-Philippe Rey, un modèle du genre. Enfin Paul Rigollet, mon ancien maréchal des logis chef fourrier de la campagne d'Italie, sut, sous la supervision de Michel Fétizon, organiser avec grande efficacité, parfaite probité, et une fidélité sans défaut malgré les nombreuses propositions de débauchage venues de l'extérieur, les restaurants successifs du groupe.

Le mouvement était désormais donné et les premiers ingrédients d'un bon climat social mis en place. Lorsque chacune des sociétés atteignit l'effectif à partir duquel elle devait légalement être dotée de délégués du personnel, puis d'un comité d'entreprise, il nous fallut, au départ, susciter des candidatures qui ne se manifestaient pas spontanément et ce n'est que peu à peu et sans agressivité à l'encontre de la direction que les centrales syndicales s'en préoccupèrent. Un peu plus tard lorsque anticipant de plusieurs lustres sur la législation, et contrairement à la position des instances patronales, je décidai de créer – sous l'appellation d'association d'entraide – un véritable comité d'entreprise intergroupe, je n'eus à me heurter qu'à la seule opposition de la CGT et, passant outre, pus mettre en place un organisme assurant dans toutes les sociétés l'unité de statut du personnel et la gestion à son profit d'un budget social important et diversifié.

Nous nous sommes efforcés, depuis lors, de maintenir notre avance en la matière et n'avons pas, en particulier, traîné les pieds pour mettre en œuvre une politique généreuse de participation au capital, d'intéressement et d'épargne collective. Nos successeurs, sur ces points, ne laissent rien à désirer par rapport à leurs aînés. Si j'ajoute que le groupe n'a jamais licencié personne pour raison économique, des activités nouvelles ayant toujours été mises en place pour compenser en termes d'emploi celles qui déclinaient, il paraîtra compréhensible que notre culture d'entreprise ait pour base première un consensus social de qualité assez rare.

La tonalité atypique de nos relations avec l'extérieur, en particulier avec l'ensemble des institutions bancaires et financières françaises, en est une autre base. Une analyse rétrospective montre qu'elle tire d'abord son origine des rapports de confiance et d'amitié développés d'année en année entre, d'une part, moi-même (à tout seigneur tout honneur) ainsi que les autres membres de l'équipe et, d'autre part, les administrateurs de l'UFEFE, puis de l'UFB et des autres sociétés du groupe, enfin de la Compagnie Bancaire.

Le plus souvent fort bien placés dans l'état-major des établissements partenaires, ces hommes se révélèrent, pour la plupart, capables d'attachement puis d'un vif intérêt pour notre aventure commune. Avec plusieurs d'entre eux je ne tardai pas à être lié par de vrais sentiments d'amitié – dont les affaires avaient sans doute été l'occasion mais qui s'étendaient, de la façon la plus authentique, bien au-delà de ce domaine. Ils prenaient plaisir à nous aider et se réjouissaient de nos succès. Cinq d'entre eux – Marcel Wiriath, Jean Patey, Robert Labbé, mon frère aîné Louis-Charles, Jacques Ferronnière – ont été qualifiés publiquement par moi – selon un vocabulaire qui nous est propre – de « pères de la patrie ». La plupart s'élevaient dans leur propre carrière à mesure que nous-mêmes grandissions, si bien que le conseil de la Compagnie Bancaire put être considéré un jour comme une sorte de club réservé aux présidents des banques de la place. Peut-être ce club fonctionnait-il quelque peu, sans que ce fût prémédité, comme une sorte de syndicat d'admiration mutuelle. Il n'est rien de tel qu'un centre de rayonnement chaleureux de cette nature pour diffuser à l'extérieur et se réchauffer soi-même de ses propres vertus communicatives. De proche en proche notre audience tendit donc à s'élargir comme le prouve l'assistance croissante à notre dîner d'assemblée, sorte de messe annuelle des finances parisiennes, à laquelle ne dédaignent pas de participer les plus éminentes personnalités, tant publiques que privées, de la banque, de la bourse, de l'assurance, de l'administration et des organisations professionnelles.

Cette ambiance singulière a résisté à l'explosion de la concurrence, au réaménagement de notre actionnariat et à mon passage de dix années à la présidence de Paribas dont je vais bientôt parler, enfin aux avatars des nationalisations puis des privatisations. Les yeux fermés tout habitué de nos réunions la reconnaîtrait bientôt. Elle fait partie de notre être aussi bien que notre ambition de définir par approches successives une forme différente de banque.

***

L'action du dynamisme organisateur peut être facilitée, on vient de le voir, par l'attitude favorable de tel ou tel secteur de l'environnement. Les contraintes auxquelles il est confronté d'autre part n'en sont pas moins à l'origine de ses accomplissements les plus décisifs. C'est un défi d'une particulière sévérité qui nous a conduits à donner au groupe sa structure définitive et ses moyens d'action les plus élaborés.

Nos partenaires banquiers avaient assorti leurs concours de conditions tant soit peu draconiennes. Nous devions nous abstenir de toute initiative indépendante d'eux en matière de collecte de ressources. Pour leur part ils se réservaient le droit d'intervenir sans notre concours s'ils le jugeaient opportun pour leur politique d'emploi de fonds, dans tous les domaines où nous opérions. C'était nous imposer un diktat de non-concurrence à sens unique, léonin et pourtant légitime puisqu'ils en avaient fait la condition de la participation que nous sollicitions de leur part; supportable tant qu'ils garderaient pour l'essentiel une position d'observateurs de nos expériences et nous laisseraient prendre sur eux une large avance; nécessairement évolutif à mesure que le poids de notre groupe s'affirmerait et qu'eux-mêmes sortiraient de leur réserve avec plus de détermination.

L'équipe n'était pas unanime à partager face à cette menace ma relative sérénité. Mes propos quant au rôle des défis dans la genèse des grandes civilisations, des canons les plus rigoureux dans celle des œuvres d'art ayant le mieux résisté au temps, laissaient certains de ses membres quelque peu sceptiques quant à la pertinence de leur transposition à notre modeste niveau. Chaque opération qui nous échappait, récupérée par un établissement de notre « tour de table », était pour le responsable de la société frustrée l'occasion de chercher à réveiller ma pugnacité. Tout en prêchant le calme je ne laissais pas de méditer aux divers moyens d'élargir sans trop tarder un carcan déjà mal supporté.

L'un d'entre eux était d'ouvrir le cercle de nos actionnaires à des non-banquiers. Ç'avait été le cas des grandes organisations professionnelles : Fédération du bâtiment à l'UCB, syndicat général de la Construction électrique au CETELEM, celui du Crédit Foncier et du Crédit National à la CFEC. Pour cette dernière je parvins, au surplus, à vaincre les réticences des banques, fort vétilleuses quant à la concurrence éventuelle des compagnies d'assurances, et à faire participer les plus importantes de ces dernières au capital de la société. C'était ainsi constituer, pour chaque catégorie d'activité, un centre de profit autonome en y associant des partenaires nouveaux dont les intérêts, distincts de ceux des banquiers, devraient bien être pris en compte.

Il ne s'agissait là, toutefois, que d'un palliatif dont l'efficacité n'était pas immédiate. La rapide croissance des quatre sociétés multipliait à rythme élevé leurs besoins en fonds propres et en lignes de crédit. Les concours de nos partenaires étaient de plus en plus nécessaires alors que leurs réticences s'accroissaient devant la lourdeur des participations en capital sollicitées. Peut-être aussi certains commençaient-ils à prendre ombrage de notre encombrante vitalité. Retrouver vis-à-vis d'eux plus de liberté d'allure exigeait une initiative leur permettant de récupérer une partie de leur investissement dans notre groupe par le canal du marché financier. S'ils pouvaient, au surplus, réaliser au passage un profit substantiel notre aspiration à plus d'indépendance leur apparaîtrait plus légitime.

Pourtant aucune des quatre sociétés existantes n'était encore de dimension suffisante ni assez diversifiée dans ses risques pour que ses titres puissent recueillir la faveur du public.

Ces évidences dictaient la voie à suivre. La constitution d'une nouvelle société, dans le portefeuille de laquelle serait regroupé le capital des quatre autres, mère puînée de ses filles pré-existantes, permettrait de résoudre à la fois le problème de la dimension souhaitable et celui de la division des risques. Nos partenaires banquiers seraient invités à apporter leurs titres des sociétés de base en échange d'actions du nouvel organisme à constituer puis, après le délai nécessaire pour que celui-ci accède à quelque notoriété, une partie de son capital pourrait faire l'objet d'une introduction en Bourse.

Une fois défini et testé sur l'équipe puis sur certains de nos partenaires, ce thème de manœuvre me sembla riche en prolongements prometteurs, de la même façon qu'en fignolant la démonstration d'un théorème on lui découvre parfois nombre de corollaires. La nouvelle compagnie ne serait pas seulement un holding. Elle jouerait, vis-à-vis des sociétés du groupe, le rôle de centrale de financement et de services communs. Elle serait la société mère non seulement des quatre filles déjà existantes mais de toutes nos créations futures. Le statut de banque d'affaires lui était donc nécessaire. Au fur et à mesure que ses filles se développeraient et diversifieraient leur propre activité, une part de leur capital pourrait être offerte au marché, de manière à réalimenter le groupe en fonds propres. Enfin, grâce à l'ampleur croissante de sa surface et de son crédit la Compagnie pourrait prétendre trouver sur les marchés monétaire et financier – et pourquoi pas sous la forme d'émissions obligataires malgré le tabou désuet en considération duquel les banques s'abstenaient d'y intervenir pour leur compte – une part croissante de ses moyens de financement. Notre position de solliciteur vis-à-vis de la place bancaire s'atténuerait ainsi de façon progressive, faisant place à une autonomie bien méritée.

Enfin s'élaboraient avec précision dans mon esprit le dessein initial et les virtualités futures de cette institution dont j'avais fini par rêver d'être le fondateur à force d'en rassembler, d'occasion en occasion, des pièces détachées de bonne qualité. Il ne restait plus qu'à obtenir les accords nécessaires, de nos partenaires d'abord, des autorités financières aussi pour réduire au minimum la charge fiscale des apports. Je n'avais pas le sentiment glorieux d'inventer mais celui beaucoup plus modeste de découvrir soudain une logique de la nécessité demeurée jusqu'alors cachée sous le pragmatisme au jour le jour de mes initiatives successives. Elle m'imposait si fortement son évidence que je n'y concevais pas d'opposition possible. N'en va-t-il pas ainsi devant des hasards heureux de l'évolution biologique?

Il fallait proposer un nom pour le nouvel organisme. Des raisons sociales quelque peu verbeuses avaient jusqu'alors habillé d'emphase la modestie de nos débuts en même temps que délimité, pour le repos d'esprit de nos participants, la portée de nos initiatives. La concision s'imposait pour rendre perceptibles au public de demain un nouvel ordre de grandeur et des ambitions moins spécialisées.

A la suite d'une série d'essais – par la voix et l'écrit – dans lesquels figuraient à chaque fois les termes « Compagnie » et « bancaire », assortis de quelque spécification technique ou géographique, mon frère aîné me suggéra « Compagnie Bancaire » tout uniment. L'équipe l'adopta d'enthousiasme. Avant même de voir le jour mon dernier enfant, celui qui conférait son unité à l'ensemble et dont l'avenir me semblait le plus prometteur, se trouva ainsi baptisé.

Le dynamisme organisateur avait fait son œuvre. Un peu de stratégie raisonnée allait devoir prendre le relais.

VII

L'état-major

Ici va entrer en scène pour y tenir un emploi majeur un personnage dont la première apparition, pour brève qu'elle eût été, n'en avait pas moins marqué ma mémoire. Je veux parler de mon camarade plus jeune de l'Inspection des finances, Pierre Besse, dont les conseils m'avaient été précieux lors de la séance du Conseil national du Crédit statuant sur la demande d'enregistrement comme établissement financier présentée, dans un environnement difficile, par l'UFEFE nouvelle née. Douze ans plus tard c'est à lui que j'allais proposer de m'aider pour mettre sur pied la Compagnie Bancaire et constituer son état-major.

Après avoir vécu les années de la création et les premiers développements en contact direct avec toute l'équipe, il n'était pas facile d'intercaler entre elle et moi, en qualité de directeur général de la future société mère du groupe, une sorte de capitaine en second. L'élu devrait prendre autorité sur mes compagnons des premiers temps et, à travers eux, sur les quatre filiales déjà « grandettes » comme on dit si joliment en Provence. Pourtant le dilemme classique entre promotion interne et parachutage d'un nouveau venu pour une fonction de ce niveau n'avait dans le cas présent d'autre issue valable que la seconde alternative. Choisir l'un des quatre mousquetaires, dont chacun pouvait se croire qualifié par tel ou tel des talents qui le distinguait des autres mais aucun ne pourrait être par eux reconnu comme tel, c'était rompre un pacte d'égalité confirmé par des accomplissements comparables et fondement de leur bonne entente.

Au surplus les dimensions nouvelles que j'entendais donner à notre groupe me semblaient imposer la présence à mes côtés d'un personnage plus complémentaire parce que plus différent de moi, avec lequel le dialogue serait vraiment contradictoire. Je le souhaitais de formation générale et d'audience comparables aux miennes, mais de structures intellectuelles plus conformes aux normes consacrées.

Moins désinvolte que moi vis-à-vis du savoir théorique, plus prêt à conduire des travaux de prévision tant soit peu systématiques, plus qualifié de ce fait pour parler le langage nouveau de l'énarchie naissante, il m'aiderait à éviter des initiatives conduisant à une impasse, à gagner pour les autres le respect des esprits sérieux.

Le nom de Pierre Besse s'imposa rapidement à moi. Non seulement en vertu de la gratitude à laquelle il avait droit mais par ses fortes compétences en matière monétaire et par les fonctions qu'il avait exercées auprès de la Banque de France. Les unes et les autres, comme la tournure d'esprit que je lui connaissais, le qualifiaient pour devenir le complémentaire recherché. Son évidente loyauté et sa fermeté de caractère lui permettraient aussi, me semblait-il, de prendre à la tête du groupe, quand il le faudrait, la succession, par nature difficile, de son fondateur.

Après une négociation délicate avec mon ami Joseph Huré, président de la Société française des Pétroles BP, qui l'avait, à ma suggestion, recruté quelques années auparavant en qualité de directeur financier, j'obtins l'accord très spontané de Pierre Besse à qui cette nouvelle orientation parut comme à moi-même correspondre mieux que toute autre à sa formation, à son expérience, voire à ses inclinations. Ainsi prit naissance entre nous deux une collaboration qui devait durer assez longtemps pour que notre maison pût pleinement en tirer le bénéfice, mais être interrompue par la maladie avant que lui-même en eût recueilli toutes les légitimes récompenses.

La personnalité de Pierre Besse était d'une autre facture que la mienne. Pour désirable que m'en fut apparu le principe cette différence n'allait pas sans mettre à l'épreuve mon caractère et son dévouement. J'admirais l'étendue encyclopédique de son savoir, je respectais son acharnement au travail. Pourtant mon impatience naturelle, les données immédiates de ma conscience de fondateur, mon goût invétéré des intuitions rapides, s'accommodaient mal parfois de ses approches méthodiques.

Il ne manquait pas pour autant d'ambition dans ses anticipations de notre avenir. La prudence quasi paysanne dont se doublait ma fougue ne le déterminait pas à mettre en doute, malgré leur ordre de grandeur parfois surprenant, ses prévisions chiffrées. Il voyait moins vite mais plus loin que moi. Et la suite des événements lui a largement donné raison. La relation Fouchier-Besse fut donc parfois quelque peu paradoxale. C'était moi, le président, qui piaffais dans l'immédiat tout en me gardant de toute mégalomanie pour l'avenir. C'était lui, le directeur général, qui se montrait indulgent à mes humeurs tout en m'incitant à ne pas sous-estimer la portée possible de ce qu'il continuait d'appeler mon œuvre en dépit de la part croissante qu'il y prenait.

Il reste que nous éprouvions l'un pour l'autre une amitié et une estime transcendant de bien loin nos divergences caractérielles. Et notre couple mérite sans doute d'être cité en exemple pour la fidélité réciproque qui a donné à ses contrastes leur fécondité. Lorsque, dans la collaboration entre deux hommes, les chances les mieux agencées côtoient des risques insidieux, c'est le cœur, toujours, qui fait la différence.

*
* *

Comme il était inévitable, l'arrivée du nouveau venu n'avait pas été sans provoquer certains remous parmi les mousquetaires. Leur jugement les portait à admettre le bien-fondé de ma décision, la qualité de mon choix. La fibre sentimentale faisait parfois dominer une note de frustration durable. Mon propre comportement, toujours transparent, rendait trop perceptibles mes mouvements d'humeur. Asseoir son autorité ne fut pas une tâche aisée pour Pierre Besse. Il s'y consacra avec vigueur et une inlassable patience. Les succès obtenus grâce à son action lors de la constitution de la compagnie et de la négociation de son statut fiscal furent par tous portés à son actif.

Il avait vite fait sienne ma conception selon laquelle les sociétés existantes du groupe, plus encore demain les nouvelles venues, devaient, grâce à la Compagnie Bancaire, pouvoir disposer de services fonctionnels animés par des collaborateurs qu'aucune d'entre elles ne pourrait prétendre, pour son compte propre, recruter au même niveau de qualité. Cette ligne d'action s'imposait pour le service du personnel, l'unité de statut de tous les collaborateurs du groupe – malgré les conventions collectives différentes applicables à leurs sociétés de rattachement – ayant été par moi érigée en principe. Le souci d'efficacité l'imposait aussi pour les immeubles et le matériel et pour l'informatique alors en gestation.

C'est à la constitution d'un service d'études peuplé d'éléments de grande valeur que Pierre Besse apporta le plus de soin. Sans doute y voyait-il l'occasion de constituer sa propre équipe comme l'avaient fait les mousquetaires à leur niveau opérationnel. C'était aussi le seul moyen d'assurer le contrôle de la société mère sur des filiales fatalement animées de tentations centrifuges, ainsi que de poursuivre les recherches permanentes en matière d'innovation que j'avais prescrites non sans quelque nostalgie pour la fructueuse pêche à la ligne des origines. Peut-être, de ce fantasme, cherchais-je à me défouler lorsque je me laissais aller à ironiser sur les « petits génies » venus « plancher » l'un après l'autre devant nos comités de direction. Le plus souvent d'excellente qualité, il arrivait néanmoins que leurs exposés me laissent un sentiment d'inconfort. Non pas qu'ils fussent doctes. Non pas, bien au contraire, que leur logique fût fragile. Mais j'appréhendais que, se trouvant cernée par un tel appareil rationnel, ma gracieuse compagne, la chance, ne fût effarouchée.

Ces réactions irraisonnées n'allèrent jamais jusqu'à me faire remettre en cause les structures d'étude chères à Pierre Besse. Bien m'en a pris : celles-ci constituèrent, sans conteste, l'une de ses contributions les plus positives au devenir de notre maison.

Ce qui fait belle une aventure est de fournir l'occasion de leur épanouissement aux hommes qu'elle attire dans son sillage. Le service d'études de la Compagnie Bancaire devint bientôt une pépinière de cadres d'avenir. Grâce notamment aux suggestions amicales de Jean Guéroult – dont la compagnie d'organisation nous avait aidés à maîtriser les maladies d'enfance du CETELEM et qui s'est toujours affirmé comme un perspicace découvreur d'hommes – on y vit converger des talents fort divers. Henri Charrière, Robert Carvallo, Jacques Lesigne, Gérard Senouillet, Didier Browne, Paul Villemagne, combien d'autres devaient, avant d'essaimer dans les entités opérationnelles du groupe, enrichir de leurs fortes personnalités l'état-major fonctionnel voulu par Pierre Besse.

*
* *

Attiré par l'ambiance de l'avenue Kléber et désenchanté des carrières administratives, mon ami le plus proche, Claude Gruson, me rappela ma promesse – datant de quelque vingt ans – de lui réserver une place à mes côtés si le développement de mes entreprises le permettait un jour. Grand théoricien de la prévision économique en même temps qu'insigne praticien de la comptabilité nationale dont il avait inventé les techniques, il quittait, pour nous rejoindre, la direction générale de l'INSEE. Voué par de telles compétences à entretenir les relations constantes avec notre service d'études, il prit le titre de conseiller économique du président.

Nos philosophies respectives avaient pourtant divergé avec le temps. Obsédé par les iniquités de la condition humaine, Claude avait la certitude que des actions raisonnées et concertées, partant des disciplines d'un plan global, étaient l'unique recours pour les atténuer. Il me semblait, pour ma part, que la libre initiative était seule apte à créer des zones de bonheur : et j'avais tendance à préférer l'action ponctuelle à la compassion universelle. Sans doute avais-je pu, en y participant moi-même, constater l'utile effet pédagogique – pour les représentants syndicaux en particulier – des travaux préparatoires à la mise en forme des plans successifs. Quant à leur principal objet je n'en étais pas moins dubitatif. Même placé sous le signe de la souplesse un modèle proposé d'en haut à la multitude d'individus dont sa mise en œuvre dépend ne risque-t-il pas d'émousser leurs facultés les plus décisives : leur imagination novatrice, leur perception des périls, leur capacité de réponse à l'imprévu? Et les méprises d'un scénario global, dont on a bien vu qu'elles sont dans la nature des choses, ne risquent-elles pas de peser beaucoup plus lourd que la part négative cumulée des libres décisions de chacun?

Malgré la forte dialectique qu'il mettait en œuvre pour les défendre, les dogmes de Claude Gruson ne firent pas beaucoup d'adeptes parmi nos collaborateurs. Pourtant la dimension de son esprit et l'extrême gentillesse de sa personne éveillèrent d'emblée leur sympathie. La confrontation de points de vue opposés était, en tout état de cause, fort stimulante. Au surplus la supervision de nos activités informatiques en rapide expansion – tant à notre usage qu'à titre de service aux tiers – devait fournir à mon ami les thèmes d'un travail efficace et ne mettant pas en cause ses engagements doctrinaux. C'est à lui qu'est due la création de notre filiale de services informatiques, la SIS (Société d'Informatique et de Systèmes) à la présidence de laquelle devait lui succéder un excellent camarade de la campagne d'Italie, Pierre Guidetti.

Il faut de tout pour faire un monde, surtout le monde indulgent de l'amitié. En octobre 1938, nous avions, Claude et moi, rédigé en commun puis tenté en vain de publier un long article où s'exhalait notre commune réprobation des accords de Munich. Quelque quarante années plus tard, dont les dix dernières de présence à la Compagnie Bancaire, devenu comme il se définit lui-même militant d'Église, Claude écrivait *Programmer l'Espérance*. Pour ma part, agnostique et libéral l'un et l'autre bien tempérés, je projetais d'écrire, à la faveur de ma future retraite, un livre que j'allais intituler *Le Goût de l'improbable*. Quelle distance entre nos aboutissements à partir d'un même départ!

Ma compagne favorite, dans l'entre-temps, s'était montrée moins ombrageuse que je n'avais pu craindre devant les apparents manques de foi qui m'avaient conduit à me laisser entourer d'experts en prospective. Avec la complicité de Jean Riboud elle avait mis sur mon chemin André Lévy-Lang. J'avais trouvé celui-ci désireux de quitter Schlumberger – où il occupait pourtant un poste convoité – pour éviter d'avoir à s'établir trop longtemps outre-Atlantique au détriment de l'éducation française qu'il désirait donner à ses enfants. Ce souci flattait mon chauvinisme naturel et l'homme, fort jeune d'allure, faisait grande impression par sa maturité et sa liberté d'esprit. Utilisant une fois de plus notre service d'études comme structure d'accueil je le recrutai sans barguigner. Pierre Besse se vit confier le soin d'orienter sa carrière au mieux de ses intérêts et des nôtres. Bien que major de polytechnique – et même super-major – et malgré les hésitations que je n'ai pas manqué d'éprouver avant de confier une fonction de commandement à une si grosse tête, il est aujourd'hui mon successeur à part entière et l'une des plus sûres cartes d'avenir dans le jeu de la Compagnie Bancaire. Bienfaits conjugués de la main bienveillante qui s'est toujours maintenue sur mon épaule comme du dévouement à ses hommes et des dons pédagogiques de Pierre Besse.

VIII

Stratégie pour une institution

A maints égards, la pratique des longues navigations à voile est de nature à vous préparer à la conduite des affaires mieux que les écoles techniques les plus pointues. Elle affine l'instinct tout en affermissant le caractère.

Sans doute au prix d'une assez longue familiarité avec la mer, de quelque flair météorologique aidé de prévisions parfois crédibles, est-il possible d'apprécier la probabilité d'un grain, de disposer le lest en conséquence, de prendre d'avance quelques ris pour éviter de se laisser surprendre. Mais bien barrer au milieu des vagues c'est aborder chacune d'elles sous le bon angle en percevant le tempo de leur succession. Le gros temps apaisé, le bateau parvenu sous un ciel plus clément il est tentant de louer le navigateur de sa sagacité. C'est d'abord son art de négocier la vague qu'il faut créditer pour l'heureux aboutissement du voyage. De même, en affaires, le succès peut-il paraître, de façon rétrospective, attribuable à une stratégie élaborée de longue date alors que rien ne saurait remplacer une suite d'opportunes décisions au jour le jour.

Comparaison suivie est bientôt déraison. Je ne saurais pourtant, mieux que par celle-ci, illustrer pour le lecteur – voire pour moi-même dans ma réflexion après coup – l'incertaine délimitation, dans le pilotage du groupe après la création de la Compagnie Bancaire, entre la part de l'instinct et du bon sens immédiat et celle des stratégies concertées, étayées de prévisions à plus ou moins long terme. La seule certitude est que sans les premiers les secondes seraient tout à fait inopérantes.

Lester le bateau

La création de l'UFEFE avait procédé de mon soudain besoin d'évasion hors des servitudes de l'administration. La suite de l'aventure m'avait fait découvrir qu'être chef d'entreprise répondait, pour moi, à une authentique vocation. La conception de la Compagnie Bancaire me dotait enfin d'une ambition digne d'être substituée à mes fantasmes d'adolescent. Le moment était venu de cingler vers le large et de lester le navire pour lui donner une bonne tenue par gros temps.

Sans qu'il fût besoin de divination pour le prévoir celui-ci s'annonçait à l'horizon. La concurrence se durcissait. Nos partenaires eux-mêmes la maîtrisaient mal. Leurs jeunes collaborateurs avaient parfois tendance à leur reprocher d'avoir laissé le champ libre à notre groupe et d'avoir aidé celui-ci à s'installer sur les jachères les plus fertiles en persistant à privilégier dans leurs préoccupations – et à se disputer entre eux – des terroirs autrefois réputés mais désormais de plus maigre rapport. Bref, nos initiatives avaient fait école, le passéisme et l'atonie qui nous avaient si bien servis bientôt ne seraient plus de mode. La concurrence, encore localisée, allait gagner de proche en proche. Il ne suffirait plus d'être en avance. Il faudrait se montrer les plus solides et les meilleurs face à des rivaux dotés de moyens que nous ne possédions pas, j'entends de ressources moins onéreuses pour eux que celles auxquelles nous avions accès.

Les négociations entre partenaires préalables à la création de la Compagnie Bancaire avaient comporté l'élaboration d'un protocole entre l'organisme en cours de constitution et ses actionnaires futurs pour baliser ses zones de liberté. Ce pacte écrit semblait encore bien contraignant. Il comportait pourtant de substantiels assouplissements par rapport à la règle du jeu qui nous avait été imposée jusqu'alors. Il prévoyait l'introduction de nos actions et de celles de nos filiales sur le marché boursier ainsi que la latitude, pour nous, d'y rechercher de nouveaux fonds propres. Il nous reconnaissait le droit de procéder à des émissions obligataires, ce qui nous avait été concédé d'autant plus aisément que nos partenaires n'envisageaient pas encore, pour leur part, que des banques dignes de ce nom puissent y procéder pour leur compte. Mais, plus encore, il nous laissait la liberté d'intervenir sur le marché monétaire, à court ou moyen terme, voire même d'y placer des bons ou certificats de dépôt – à cinq ans de terme ou plus – ce qui paraissait à l'époque une vue purement théorique.

J'avais, pour ma part, compris à l'expérience que dans toute grande banque commerciale existaient en fait deux catégories d'exploitation bien différentes. La première, disons la banque classique, assurait la collecte des dépôts et distribuait le crédit à travers un réseau, fort onéreux en frais généraux, de succursales et d'agences. Ses opérations étaient soumises à l'autorisation d'instances hiérarchiques successives. C'était avec ces exploitations-là que nous étions constamment en rapports. C'était d'elles que nous sollicitions les concours dont nous avions besoin pour poursuivre notre croissance, ce qui nous imposait, au rythme de plusieurs fois par année, de longues négociations au cours desquelles nos partenaires se consultaient entre eux pour adopter vis-à-vis de nous des positions communes. Mais il existait aussi, chez chacun d'eux, une autre banque, celle que gérait le directeur de la trésorerie et des opérations de change – on dirait aujourd'hui la banque de marchés. Auprès de celle-là des emprunts, d'abord au jour le jour, puis à échéance de quelques mois – voire de plusieurs années – pouvaient être négociés en quelques minutes, parfois pour des montants plus importants qu'auprès de la première en plusieurs semaines. Certes ces concours-là n'ayant pas reçu l'onction des hautes directions ne présentaient pas pour nous les mêmes sécurités de renouvellement une fois venues à terme. Elles étaient, par nature, vulnérables aux évolutions des marchés. Mais j'étais convaincu qu'en les diversifiant et les échelonnant habilement dans le temps, tout en maintenant d'ailleurs, pour une part toujours importante de nos opérations, nos modes initiaux de financement, nous pourrions concilier notre besoin d'autonomie sans rien concéder quant à nos exigences prioritaires de liquidités. Au surplus les banques de marché ne manqueraient certainement pas de prendre une place croissante dans leurs établissements et de diversifier leurs modes d'intervention. N'étaient-elles pas les plus rentables?

Auprès des banques « classiques », d'où provenaient les administrateurs présents à nos conseils, la qualité de l'accueil que nous recevions dépendait pour beaucoup de la plus ou moins grande chaleur amicale de leur représentant et de sa confiance en notre équipe. Auprès des « banques de marchés » seule compterait notre surface financière et le consensus général des opérateurs quant au caractère indiscutable de notre crédit.

Le destin boursier de notre groupe devait jouer à cet égard un rôle majeur. Constituée en 1959 la Compagnie Bancaire fut introduite en Bourse en 1961, dès que furent perceptibles des signes probants de sa notoriété. Le succès fut d'emblée brillant; il dépassa même par la suite ce qui me paraissait raisonnable. Offerte à 280 francs notre action atteignit bientôt un cours supérieur à 400, jusqu'à franchir le seuil de 1 000 après quelques mois. J'avais souhaité que nos partenaires fussent remboursés de leur mise grâce aux seuls 20 % de leurs titres cédés sur le marché et que les 80 % qu'ils en conservaient fussent pour eux générateurs d'importantes plus-values potentielles. Mission remplie, étape importante dépassée. Sans jamais oublier la gratitude que je devais à ceux qui m'avaient fait confiance au départ je pouvais désormais prétendre, au nom de l'intérêt de mes nouveaux actionnaires et des satisfactions apportées aux anciens, conquérir peu à peu mon autonomie d'action.

Ne pénétrais-je pas ainsi au cœur même du système? Couronnant quinze années d'enfance et de jeunesse l'onction du marché faisait de nous des adultes à part entière. Et peu importait que le spectacle du Palais Brongniart parût désuet par rapport à ce que j'avais pu voir à Wall Street, peu importait la qualité personnelle de tel ou tel intervenant ; à travers eux je me soumettais au plébiscite quotidien qui légitimerait ou non sur la longue durée mon saut dans l'inconnu de 1946 et la façon dont depuis lors j'avais piloté le groupe. Ceux qui n'ont pas ainsi porté leur propre enfant sur la corbeille baptismale ne peuvent réaliser avec autant de force le caractère vital de l'appréciation qui s'y exerce à travers des canaux d'opinion ramifiés à l'infini. Toujours est-il que date de ce moment le vœu fait par notre équipe de toujours considérer comme un objectif prioritaire la qualité de notre crédit boursier. Il ne s'agissait pas, pensions-nous, d'un problème d'image publicitaire; nous avons toujours été fort discrets sur ce point. Il s'agissait, sur la longue distance, de créer un climat d'estime et de confiance se propageant de bouche à oreille.

De là procède le choix que j'ai fait dès ce moment, et maintenu depuis lors contre vents et marées, d'une politique de distribution caractérisée par la constance à niveau modéré du dividende – destinée à satisfaire le goût de sécurité du revenu subsistant en chaque épargnant – et la distribution périodique d'actions gratuites – destinée à lui faire percevoir de façon concrète la réalité de ses gains en capital, corrélative à sa part de profits mis en réserve et contribuant à l'autofinancement de l'entreprise. Une telle politique correspondait bien aux besoins d'un groupe en croissance rapide. De façon plus permanente, je pense qu'elle était de nature à trouver un écho dans un public peu entraîné aux abstractions financières en même temps qu'amateur de compter ses sous. Au fil des années il me semble que nos actionnaires, dont certains m'appelèrent bientôt Monsieur 8 %, ont apprécié de pouvoir faire l'addition des titres reçus par eux gratuitement et que ce fut un élément important de la faveur rencontrée auprès d'eux.

*
* *

Une brève parenthèse doit trouver ici sa place. Elle fait écho à l'analyse du « facteur commun » à laquelle j'ai cru devoir procéder dans mon compte à rebours. Si j'y reviens ce n'est en rien pour me disculper de je ne sais quelle recherche du profit personnel, laquelle, après tout, eût pu apparaître comme une nécessaire incitation à mon action puis une légitime récompense de son aboutissement. C'est pour montrer que les doctrines de base du capitalisme libéral doivent être nuancées et qu'une efficacité supplémentaire peut être recherchée, parfois, à travers certaines formes de désintéressement.

Au cours des mois suivant l'introduction en Bourse de la Compagnie Bancaire nombre d'amis me félicitèrent de son sucès. Et parmi eux les plus exubérants s'esclaffaient : « Alors, te voilà milliardaire! » J'avais la plus grande peine à les détromper, à les convaincre que le nombre de titres en ma possession avait toujours été dérisoire. Et ceux qui me croyaient se montraient plutôt déçus.

J'ai déjà dit que l'idée de « faire fortune » n'a jamais été pour moi une motivation. En toute objectivité je n'y ai même jamais pensé. Cette sorte de distraction fondamentale s'est transformée pour moi en doctrine d'action, que d'aucuns pourront juger tout à fait naïve.

Appréciant sans modestie l'importance de mon autorité morale pour le devenir de mes entreprises, j'ai toujours eu le sentiment que l'absence manifeste – dans mes choix – de toute motivation patrimoniale personnelle en était la meilleure sauvegarde. Je me suis donc rangé de mon propre chef dans une catégorie assez singulière : celle des entrepreneurs pour l'amour de l'art, se satisfaisant d'un salaire confortable et dédaigneux de l'enrichissement. Sans aucun regret j'y appartiendrai jusqu'au dernier jour.

Je ne pense pas que mon dynamisme en ait souffert. Il me semble que ma crédibilité – vis-à-vis de mes collaborateurs, de mes partenaires, de l'administration – et mon indépendance d'allure – vis-à-vis de tous et de chacun – y ont trouvé un supplément d'âme. Je ne dédaigne en rien les avantages que vous procurent des revenus confortables. Pourtant c'est vis-à-vis de l'argent qu'il importe de pouvoir proclamer : « Vive la Liberté. »

*
* *

La création de la Compagnie Bancaire et les soins que sa mise en orbite appelait de notre part n'avaient en rien distrait notre équipe de ses préoccupations initiales. Devenues filiales les quatre sociétés de base poursuivaient leur développement; leur nouveau statut n'avait pas édulcoré leur émulation. Pour ma part, je guettais le moment où chacune d'elles atteindrait le degré de diversification et la dimension globale lui permettant de faire bonne figure à la cote des agents de change. J'y voyais l'occasion de mobiliser une part du portefeuille de la Compagnie Bancaire, de réaliser des plus-values latentes et d'accroître la masse de nos fonds propres. Les introductions se succédèrent entre les années 63 à 68. A chaque fois j'éprouvais un certain pincement au cœur à soumettre un nouveau rejeton à cette épreuve initiatique. Pourtant la faveur du public ne se démentit pas. Plus-values réalisées et plus-values latentes vinrent conforter notre bilan. Par l'effet de ce processus cumulatif le prestige de notre Compagnie continuait de s'affirmer sur le marché. Notre capitalisation boursière globale nous classait déjà dans un rang enviable.

Il nous semblait néanmoins désirable de réaliser, sur le capital même de la Compagnie Bancaire, une opération d'importance consacrant l'efficacité des structures financières que nous venions d'édifier. Une classique augmentation de capital, que nous suggéraient nos partenaires désormais mis en appétit, ne me paraissait pas attrayante. Je n'avais nulle envie de laisser partir en fumée – sous forme de droits de souscription négociés par les porteurs de nos titres – une part notable de notre valorisation. Et je m'entêtais à penser que le public serait séduit par toute offre d'une formule nouvelle de participation – intermédiaire entre l'action et l'obligation – et permettant de ce fait d'émettre les nouveaux titres à un prix voisin du cours de Bourse et non plus intermédiaire entre celui-ci et la valeur nominale de l'action. Bref j'en étais venu à désirer fortement que, pour la première fois en France, nous puissions procéder à une émission d'obligations convertibles, sur le modèle de ce qui était pratique courante sur les marchés anglo-saxons.

La législation ne le permettait pas, les autorités financières et la Chancellerie ne paraissaient pas prêtes à prendre l'initiative des nouveaux textes qui semblaient nécessaires. Pourtant je n'acceptais pas de renoncer à mon idée et cherchais par quelle voie tourner les impossibilités apparentes. Une opération montée par le Crédit Suisse pour son propre compte m'apporta l'idée de base dont j'étais en quête. J'entrepris aussitôt de l'adapter aux données françaises du problème et d'en soumettre le schéma aux directions financières de nos principaux partenaires.

La technique ainsi élaborée est aujourd'hui périmée, une nouvelle formulation du droit des sociétés commerciales ayant rendu licites les formes les plus variées d'émissions que l'on peut baptiser intermédiaires ou composites et une nouvelle génération de financiers en ayant usé avec ingéniosité. Bornons-nous à noter que devait intervenir un « tiers souscripteur » d'une augmentation de capital immédiate tenant ses actions à la disposition des porteurs d'obligations d'un type nouveau, ayant pour leur part le droit d'en demander, au moment choisi par eux, l'échange titre pour titre. D'où le nom d'obligations « échangeables » et non pas « convertibles » du nouveau type de valeurs mobilières qui seraient ainsi proposées au public.

Je n'infligerai pas au lecteur l'énumération des résistances successives qu'il fallut vaincre, au cours d'un combat de près de deux années, pour faire admettre le bien-fondé et l'opportunité de cette méthode, obtenir l'assentiment des spécialistes du droit commercial les plus chevronnés, convaincre l'administration, réunir des candidats au rôle de tiers-souscripteurs conscients du bénéfice qu'ils pouvaient y trouver et du faible risque qu'il comportait. Beaucoup de mes interlocuteurs comprenaient mal mon entêtement à innover – en quelque sorte pour le plaisir puisqu'une opération classique eût été si facile – dans un domaine où leur longue expérience leur avait enseigné l'irremplaçable vertu des formules les plus simples et les plus éprouvées. Après un parcours d'obstacles assez accidenté pour plaire à de vrais sportifs la première émission d'obligations échangeables sur le marché français fut proposée au public, en 1965, par la Compagnie Bancaire. Elle rencontra le succès immédiat que j'escomptais, si bien qu'un an plus tard une émission de même type – et d'un montant analogue – put être faite au profit de l'Union de Crédit pour le Bâtiment et connaître un sort identique. Dans l'intervalle des deux opérations un texte législatif avait consacré – après coup – le droit à l'existence des obligations échangeables. Il ne faisait en fait qu'anticiper la loi qui devait donner peu après droit de cité aux obligations convertibles.

Ainsi le mouvement avait-il été démontré en marchant. L'autorité de la Compagnie Bancaire avait été affirmée dans un domaine où nul ne l'attendait. Sa crédibilité pour des opérations futures sur le marché obligataire comme sur celui des actions se trouvait établie. Le bateau se trouvait enfin lesté pour la haute mer.

Je m'étais moi-même intoxiqué plus que d'autres du virus que j'avais prétendu inoculer au marché et devais avoir tendance par la suite à voir dans les titres intermédiaires une sorte de panacée à toutes les situations financières concevables pour une entreprise. Manie plutôt inoffensive, mais, semble-t-il aujourd'hui, communicative.

S'appuyer sur le vent

Comment se forgent les convictions? Comment, pour parler de façon plus modeste, s'élaborent les opinions?

Au terme d'une adolescence plutôt nonchalante face à l'effort d'apprendre mais éprise d'absolu quant aux choix de l'esprit, j'en étais venu à penser que l'expérience – dont mes aînés se réclamaient si volontiers mais dont quelque souci d'autojustification semblait inséparable – fausse de façon insidieuse le jugement. Peut-être, s'agissant de choix éthiques, voire même métaphysiques, n'avais-je pas tout à fait tort. Pourtant, dans un domaine plus politique, à tel point dépendant des caprices de la conjoncture et des humeurs humaines, je veux dire en matière économique et financière, comment attribuer à des spéculations doctrinales une quelconque crédibilité?

Il me faut l'avouer : je n'ai, avant d'y avoir agi moi-même en position de responsabilité, exercé aucune option ferme entre les différentes tendances qui me sollicitaient. Le goût de la logique et quelques illusions juvéniles sur la nature humaine, d'une part, de l'autre le tempérament et une allergie croissante aux mécanismes étatiques me tiraient à hue et à dia. C'est l'engagement de plus en plus irrévocable dans l'action qui m'a dicté sans ambiguïté mes choix. En être conscient m'a évité de les assortir d'aucun sectarisme.

Certains pourront prétendre que j'entendais justifier après coup une démarche guidée par la nécessité davantage que par le libre arbitre. Je n'y contredis pas. Le contact avec une réalité sans concessions n'est-il pas, là où j'ai prétendu faire œuvre, l'indispensable épreuve du jugement, le vrai point de départ de la salutaire redécouverte des lieux communs? Penser avant d'avoir agi n'est-il pas un leurre?

Sans doute faut-il croire que dans les sphères les plus hautes au commencement était le Verbe. Dans les sphères inférieures du chef d'entreprise, du politique aussi sans doute, au commencement est l'action.

*
* *

Ces remarques permettent de comprendre l'esprit dans lequel j'accueillis la proposition qui me fut faite, en 1961, par notre toute nouvelle recrue, Simon Gorlin, de publier un bulletin périodique gracieusement distribué à un large public – à commencer par les journalistes économiques et financiers – pour diffuser les idées que nous inspirait notre expérience – et dont dépendait notre avenir. A la suggestion d'Hubert de Nonneville, le Centre d'information sur l'épargne et le crédit fut conjointement créé par les sociétés du groupe qui se répartiraient ses frais de fonctionnement. Chargée de l'élaboration du bulletin cette nouvelle entité se trouvait naturellement désignée pour jouer le rôle de centre de documentation, à la disposition de la Compagnie Bancaire et de ses filiales. Bien entendu cette appartenance serait clairement rappelée sur chacune des livraisons dont la plus grande part serait constituée d'informations purement factuelles concernant les marchés sur lesquels nous opérions, un éditorial devant toutefois être consacré à des études de principe, orientées si l'actualité en apportait l'occasion vers la défense et illustration de nos propres activités.

A l'heure où j'écris ces lignes, le bulletin du CIEC a quelque vingt-cinq années d'existence. Ses articles de pure information et ses prises de position ont été souvent répercutés par la Presse. Leur objectivité n'a jamais été mise en doute. Faut-il voir, dans cette constatation de fait, le témoignage qu'est implicitement reconnue la légitimité intrinsèque d'une défense de ce qui s'est créé, qui a trouvé la voie de la croissance et veut y poursuivre? Un brin de prétention philosophique conduirait à baptiser ce mode de démonstration « la preuve par la vie ».

Avec mon application coutumière lorsqu'il s'agit d'engager ma plume, j'ai rédigé et signé un certain nombre d'éditoriaux. Pierre Besse a suivi la même voie, avec la vigueur pédagogique dont il faisait toujours preuve. André Lévy-Lang a pris la suite; sa clarté d'analyse et son style concis font merveille. Les uns et les autres nous avons, d'un même mouvement, défendu les mêmes thèmes : l'utilité de la coexistence entre organismes spécialisés en matière de services financiers et banques à vocation générale (on devait dire, par la suite, banques à tout faire), la nécessité de rendre plus loyale une concurrence trop souvent biaisée par des privilèges de fait accordés à certains – voire, plus simplement, par la moindre exigence de profit caractérisant les organismes publics –, le caractère non inflationniste mais au contraire incitateur d'épargne d'un crédit aux particuliers distribué avec sagesse, la vocation normale de l'épargne liquide à financer les investissements – et notamment les investissements immobiliers. Je me rappelle en particulier l'un de mes textes, que j'avais intitulé « Les Comptes des ménages », où j'avais tenté d'aller en peu de phrases vers ce que je croyais être le cœur du problème, et dans lequel un lecteur attentif pouvait trouver, peut-être, quelques indications quant à nos projets d'avenir.

Cet article eut quelque retentissement et Jacques Rueff qui présidait à cette époque un comité d'experts désigné par le gouvernement m'écrivit pour m'exprimer son intention de s'en inspirer. Certains membres de l'équipe eurent alors le réflexe de m'inciter à moins de prosélytisme. Pourquoi, pensaient-ils, ne pas garder pour nous de façon plus jalouse ce qu'ils pensaient être notre avance intellectuelle? La montée en puissance de la concurrence n'était-elle pas déjà assez évidente? Convenait-il d'exhiber nos armes au risque de l'inciter à y conformer les siennes?

Une telle réserve n'aurait pas été conforme à mon caractère. Je n'arrivais pas à la croire opportune. Avais-je fait mien le précepte politique de vouloir ce qu'on ne saurait empêcher? De façon beaucoup plus viscérale j'avais la conviction que mettre sous le boisseau des idées que je croyais d'intérêt général pour tenter de protéger plus longtemps notre position particulière eût été trahir une part de moi-même à laquelle je tenais et faire montre au surplus de très courte vue. Les autres les concevraient bien sans nous et n'en seraient que plus tentés de les mettre en œuvre contre nous. Nous étions assez grands désormais pour affronter des marchés plus compétitifs et plus tôt seraient mises à l'épreuve nos facultés de réagir moins nous risquerions d'être pris quelque jour au dépourvu.

Cet état d'esprit inspirait déjà mes interventions à la commission de financement du Plan, dont j'étais membre depuis quelques années. Il me porta à solliciter d'être entendu par le comité réuni sous l'autorité de Maurice Lorain, président de la Société Générale, et que le gouvernement avait chargé de faire des propositions concernant le financement des investissements.

Mon audition eut lieu dans les premiers jours de 1963. J'avais consacré huit jours d'un travail personnel très intense à établir moi-même, de toutes pièces, le rapport et les tableaux chiffrés que j'y présentai. Mettant à profit la trêve des confiseurs j'entrais en loge tôt le matin pour n'en sortir que tard dans la nuit. La plume à la main, entouré de multiples documents où j'allais chercher moi-même les chiffres significatifs, j'étais récompensé par un sentiment de travailler vraiment que ne me donnait pas mon métier quotidien. L'analyse comparative des systèmes bancaires en France, aux États-Unis, en Angleterre et en Allemagne (le temps n'était pas encore venu de se référer au modèle japonais qui eût été pourtant fort significatif) me permit de démontrer de façon concluante ce que je pressentais. La transformation de l'épargne liquide en prêts de durée adéquate était dans trois sur quatre de ces pays la source principale du financement des investissements. La France faisait exception par la vertu d'institutions et de principes datant du XIXe siècle.

Lorain m'avait écouté avec grande attention. D'autres membres de la commission se montrèrent ébahis, voire scandalisés. Dominique Leca vint me trouver après la séance : « votre communication ira loin », pronostiqua-t-il.

De fait les précisions que j'apportais parurent si surprenantes aux autorités compétentes que la Banque de France dépêcha l'un de ses inspecteurs aux États-Unis avec mission de soumettre à l'examen le plus critique des données dont il lui semblait inconcevable qu'elles eussent échappé à ses services d'études. Il faut croire que les idées reçues avaient occulté le regard des spécialistes les plus avertis. Au terme d'un séjour de plusieurs mois l'envoyé de l'institut d'émission revint assez penaud mais confirma mes dires avec loyauté. Et le rapport du comité Lorain put leur donner largement écho.

Désormais les tableaux de financement élaborés par le commissariat général au Plan attribuèrent à l'épargne liquide une place qu'ils ne lui avaient jusqu'alors jamais réservée. Pour que ces prévisions puissent passer dans les faits la loi bancaire de 1967 apporta les modifications nécessaires à la réglementation en vigueur. Elle donnait à l'ensemble des banques une beaucoup plus grande liberté d'action, ouvrant à toutes, tant en matière de ressources que d'emplois, les domaines du moyen et du long terme. La notion de « banque à tout faire » devint à l'ordre du jour. En quelques mois le choc de la concurrence nous atteignit de plein fouet. Nous devions surmonter vaillamment l'épreuve; elle n'en fut pas moins rude.

Faut-il penser que j'avais joué les apprentis sorciers? Si c'était vrai je ne saurais le regretter compte tenu des effets bénéfiques de la réforme au plan général. Mais il convient d'apporter à cette question une réponse plus modeste. Les idées viennent à leur heure, à l'appel des circonstances. Je n'étais ni le seul ni même le premier à avoir compris le rôle possible de l'épargne liquide. François Bloch-Lainé, à la Caisse des Dépôts et Consignations, transformait déjà chaque jour en concours à long terme une part des dépôts à vue dans les Caisses d'Épargne. Ma contribution se limitait donc à avoir pressenti la généralisation possible d'une telle démarche et, le premier, mis en lumière la place qu'elle tenait dans les procédures financières des principales nations industrielles. Elle n'aura fait que hâter une prise de conscience à laquelle, poussés par l'urgence de mettre au point des solutions pratiques aux problèmes du moment, maints énarques des finances n'auraient pas manqué de parvenir d'eux-mêmes. L'équipe de la Compagnie Bancaire y aura gagné d'aborder les yeux grands ouverts un obstacle que, de façon peut-être moins lucide, elle aurait rencontré tôt ou tard.

***

Je n'ai jamais su approfondir mes idées que la plume à la main. L'élaboration de ma communication au Comité Lorain m'avait fourni, à cet égard, une occasion de grande valeur. En contrepoint d'une réflexion sur un sujet d'intérêt général elle m'avait conduit à remettre en cause mes attitudes d'esprit quant au destin particulier de notre maison. J'avais jusqu'alors beaucoup compté sur sa logique spontanée d'être vivant, fait confiance à la chance et à mon propre instinct. Le moment n'était-il pas venu d'assigner à la Compagnie Bancaire dans une évolution générale dont je pensais avoir perçu certaines lignes directrices, une finalité plus délibérée?

L'idée me taquinait parfois d'une sorte de vocation de notre groupe à donner – à titre d'avatar final – naissance à une grande banque des particuliers. Je concevais celle-ci comme un établissement sans guichets, dont les contacts quotidiens avec sa clientèle seraient entretenus par voie postale et téléphonique. Sans doute une telle vision n'était-elle pas dépourvue de toute portée pratique. Certaines de ses applications devaient, dix ans plus tard, passer dans les faits à Paribas sous la forme de Télébanque, et vingt ans plus tard, avec un rapide succès, grâce à la création de Cortal par la Compagnie Bancaire. Dans ces premières années de la décennie 1960, elle ne tarda guère à m'apparaître doublement prématurée : d'une part au regard des techniques de communication alors disponibles, d'autre part dans le contexte de nos relations avec nos partenaires qui n'auraient pas manqué d'y déceler de sérieux risques de dérapage par rapport à la ligne de notre pacte. Au surplus, et si désirable qu'il pût paraître de proposer de notre maison une image simple, motivante pour l'ensemble du personnel en même temps qu'aisément accessible au grand public, n'aurions-nous pas risqué d'amputer par là même une part des chances d'avenir qui nous restaient encore cachées? En un mot ne risquions-nous pas de contrarier une évolution naturelle encore riche d'imprévus par des prétentions volontaristes hors de saison.

En exergue de ce livre j'ai placé une pensée d'Alain : « L'avenir n'a de sens qu'à la pointe de l'outil. » Dans le propos, intitulé « Doctrine de l'Action », où elle est formulée de façon lapidaire, un commentaire l'illustre : « On ne conçoit pas Boucicaut fondant le Bon Marché; il l'a fait, c'est une tout autre méthode. » C'est récemment que mon vieil ami André Amar a placé ces lignes sous mes yeux, en se léchant les babines à la pensée de mon propre plaisir. Je n'ai pas, en effet, manqué de m'émerveiller qu'un grand professeur de philosophie ait pu avoir une intuition d'une telle pertinence et d'une aussi grande portée dans un domaine tout à fait étranger au sien. Si vingt ans avant j'avais connu ce texte, daté – oserai-je y voir un intersigne? – d'un 18 juin, vingtième anniversaire de ma naissance, je n'aurais pas manqué d'y voir un encouragement à poursuivre, sans trop m'attarder en interrogations, dans la ligne déjà tracée par notre court passé.

C'est la conclusion à laquelle, bientôt, je parvins de moi-même. La silhouette et la stature de la Compagnie Bancaire commençaient à peine à se profiler entre nos mains. L'heure des remises en cause n'était pas venue.

Sans doute n'étions-nous pas en train de construire une vraie banque de type classique avec ses grandeurs et ses servitudes. Tant pis pour le secret désir – tapi dans mon subconscient – de damer le pion à quelques pontifes dont la superbe avait pu m'agacer. Mais tant mieux peut-être pour notre prospérité future. Nous étions maintenant installés dans la place comme un groupe déjà important de services financiers spécialisés. Or la banque française commençait tout juste à percevoir la nécessité pour elle d'une cure de rajeunissement. L'innovation financière, le développement en France de techniques ayant fait ailleurs leurs preuves, n'en étaient qu'à leur début. Que d'occasions n'y pourrions-nous pas trouver d'enrichir notre palette de nouveaux types d'activité, de démontrer l'efficacité de nos méthodes de développement. Groupe de services financiers spécialisés nous resterions donc : le plus grand déjà sur la place de Paris, le plus grand, demain peut-être, sur le continent. Et foin du snobisme des « grandes » banques qui commençaient à célébrer, d'un bout de l'Europe à l'autre, le centenaire de leur fondation.

***

Le parti ainsi adopté pouvait paraître moins ambitieux qu'un autre. Il était celui du réalisme. Il n'était pas pour autant celui de la paresse. Il ne signifiait pas seulement le développement de nos activités existantes. Il supposait aussi d'en compléter la gamme sans laisser échapper les bonnes opportunités. Peut-être cependant pouvions-nous montrer moins de hâte que par le passé à occuper les premiers tel ou tel créneau. Notre faculté d'innovation n'étant plus à démontrer nous pourrions nous permettre, parfois, d'en laisser d'autres essuyer les plâtres à notre place.

A côté de nos quatre filiales de base, nous avions créé en 1956 une société moins importante, la SEGECE (Société d'Étude et de Gestion des Centres d'Équipement), pour financer et piloter la création à Rueil du premier Centre commercial en région parisienne. Cette réalisation, de dimensions trop modestes, avait donné une image de notre prudence plus que de nos dons d'anticipation. D'autres, beaucoup plus importantes, devaient néanmoins suivre, à Rungis, Créteil et Marne-la-Vallée et, pour la province, à Rouen, Nantes, Marseille, Clermont-Ferrand et Bordeaux.

En 1961, constatant les imprudences commises par certains grands promoteurs immobiliers, et les mécomptes qui allaient en résulter pour les souscripteurs de leurs programmes, parmi lesquels nombre d'emprunteurs de l'UCB et de la CFEC, il m'apparut que la Compagnie Bancaire se devait d'intervenir. Un organisme se donnant mission d'accompagner les professionnels en participant à leurs risques et de garantir vis-à-vis de la clientèle la bonne fin de leurs projets pourrait, me sembla-t-il, jouer un rôle très utile pour assainir le marché immobilier et restaurer la confiance compromise. Ce serait là une nouvelle dimension à donner à notre groupe. L'expérience acquise par l'UCB dans le financement de l'accession à la propriété, étendue par la suite à celui des opérations de promotion immobilière, nous donnait les qualifications nécessaires pour tenter cette aventure nouvelle. Celle-ci exigeait la réunion de fonds propres importants. Pour constituer le capital de la SINVIM (Société d'Investissements Immobiliers de France) vinrent se joindre à la Compagnie Bancaire, outre plusieurs de ses actionnaires d'origine, le Crédit Foncier, la Fédération nationale du bâtiment et plusieurs grandes compagnies d'assurances.

Notre équipe put vérifier à cette occasion la vérité de l'adage selon lequel le succès attire le succès. Pour réunir des souscriptions plus importantes en une seule fois que celles investies par nos actionnaires au long des quinze années précédentes, il ne nous fallut que quelques semaines. Et pourtant notre nouvelle initiative, même en atteignant parfaitement son objectif, ne pouvait, par sa nature même, promettre à ses participants des satisfactions aussi substantielles que les précédentes. Elle n'en fut pas moins très bénéfique au plan général comme pour la réputation du groupe. Hubert de Nonneville, à qui j'avais demandé d'assumer la direction générale de la SINVIM, sut, en effet, grâce à son sens aigu du risque immobilier, à sa connaissance du marché et des hommes qui y opéraient, non seulement traverser sans dommage pour la société la première et sévère crise de l'après-guerre, mais aider à se dénouer de façon honorable nombre de projets en fâcheuse posture auxquels elle n'avait pas, à l'origine, participé.

D'autres entités sociales nouvelles allaient être constituées au cours des années suivantes pour compléter la gamme de nos activités. Des sociétés américaines de leasing nous avaient proposé de nous associer à elles pour introduire en France cette technique. Je n'avais trouvé urgentes pour la Compagnie Bancaire ni de telles associations ni une telle spécialité. Cependant Boris Méra, pour le compte de l'UFB, puis Raymond Mathély, pour celui de l'UCB, constatant les initiatives dans ce domaine de certains de leurs concurrents, se montrèrent soucieux de ne pas les y laisser prendre trop d'avance. Locabail fut donc constituée en 1967, à l'initiative du premier, Locabail immobilier en 1968, à celle du second. A l'un comme à l'autre le développement de chacun des deux organismes devait donner raison.

Dans tous ces cas, dont l'énumération peut sembler fastidieuse, il s'est agi de création de sociétés nouvelles. Bien que plusieurs fois sollicité d'absorber des affaires existantes, à caractère régional le plus souvent, nous n'avons pu nous résoudre à adopter cette stratégie de croissance, en apparence pourtant la plus rapide et la plus facile. J'y suis pour ma part allergique, par un réflexe analogue à celui qui m'a toujours conduit à ne pas signer de texte que je n'aie moi-même rédigé. Le même scrupule d'auteur me pousse à considérer que comme aux dames souffler n'est pas jouer, aux jeux de l'entreprise acquérir n'est pas construire. Je conçois bien qu'en matière industrielle ce puisse être le moyen de se doter d'instruments de production encore valables et d'en éviter la déshérence entre les mains de gestionnaires aux médiocres performances. Mais les actifs d'une société financière sont d'autre nature. Ils se composent d'une clientèle dont la qualité ne peut être vérifiée qu'à l'expérience, d'un portefeuille de créances et de titres constitué par d'autres en fonction de leurs propres critères, d'une réputation parfois discutée. Rien de tout cela ne m'a jamais paru assez attractif pour me convaincre d'assumer la responsabilité de personnels que nous n'avions ni recrutés ni formés, d'exploitations dont les méthodes et les mœurs différaient des nôtres. Et je n'ai pas eu de mal à convaincre notre équipe de choisir pour voie de développement l'extension progressive du champ d'action des sociétés existantes – toutes, en fait, y ont procédé – ou la création *ex nihilo* d'organismes nouveaux.

Nous n'avons fait d'exception à cette démarche constante, à laquelle est due la grande homogénéité de notre groupe, qu'en acceptant en 1970, sur l'insistance de ses actionnaires dont la plupart étaient aussi les nôtres, d'acquérir Cofica (Compagnie pour le Financement de l'Industrie, du Commerce et de l'Agriculture). Cet organisme avait constitué en vingt ans un important fonds de commerce mais sa rentabilité semblait compromise par l'inadaptation de sa gestion aux problèmes posés par la généralisation de la concurrence. Au prix d'une refonte complète de ses méthodes et d'une redistribution des fonctions entre elle et les autres sociétés du groupe l'intégration de Cofica ne tarda pas à se révéler largement profitable.

Je suis loin d'avoir évoqué de façon exhaustive toutes les composantes actuelles de la Compagnie Bancaire.

J'aimerais simplement faire comprendre qu'une telle prolifération d'organismes divers ne doit pas étonner ni être considérée comme la marque d'une exceptionnelle créativité. Par une loi de croissance analogue à celle d'un arbre un jeune groupe d'affaires tend spontanément à occuper la plus grande part possible de l'espace libre où il s'est implanté. Il pousse ses branches dans les diverses directions possibles et chacune porte en elle l'appel à se ramifier. C'est ainsi qu'il parvient à s'équilibrer comme à donner les exutoires nécessaires au goût de la responsabilité et à l'instinct d'émulation des hommes qui le servent. Il faut encourager ces montées de sève, laisser grandir les ramures, les élaguer quelquefois. Passés les premiers temps héroïques le métier de l'équipe dirigeante évolue avec les années. La fonction créatrice y cède quelque terrain à la fonction gestionnaire. Sa part intangible reste l'entretien de l'ambition collective et la sauvegarde du style.

Si l'on considère la vigoureuse Compagnie Bancaire telle qu'elle se campait dans le paysage français à la fin des années soixante on peut s'étonner de la voir si strictement hexagonale, alors que la semence placée en terre avait été nourrie par les crédits de Banques étrangères et que la première banque greffée sur sa jeune pousse avait pour objet social une activité de nature internationale. Pourtant la configuration du terrain à l'époque avait conduit notre équipe à chercher son meilleur impact dans l'occupation des créneaux laissés béants par notre système bancaire. Pour y procéder nous nous étions trop inspirés des pratiques anglo-saxonnes pour prétendre leur faire franchir dans l'autre sens le Channel ou l'Atlantique tant que nous ne les aurions pas nous-mêmes retransformées ou rénovées.

Malgré les incitations de Boris Méra, toujours amateur d'utiliser à l'extérieur ses talents diplomatiques et son excellent anglais, je limitai donc nos ambitions immédiates hors de nos frontières aux pays auxquels nous pouvions prétendre apporter le bénéfice d'une expérience qu'ils n'avaient pas. L'Espagne, où quelques superbes journées de chasse au perdreau m'avaient fait contracter avec de grands fusils, néanmoins grands banquiers, de fort plaisantes amitiés, fut assez longtemps le seul point d'application de cette conception.

L'ouverture des frontières et la compétition de plus en plus vive en France en même temps que la conscience de disposer désormais de techniques opératoires dignes d'être exportées invitent désormais à généraliser à l'ensemble de l'Europe cette première expérience. C'est une œuvre que nos successeurs ont d'ores et déjà entreprise.

Adapter le gréement

Si notre cap restait inchangé c'est dans un climat en rapide transformation qu'il nous fallait le maintenir. Avant même que la loi bancaire de 1967 ne lui apporte de nouvelles incitations la concurrence se faisait chaque jour plus agressive sur les marchés où nous avions pu prendre une place de choix en ne rencontrant, au départ, que des oppositions sporadiques.

Dans cette concurrence venue de divers horizons, celle que nous avions le plus de peine à accepter d'une âme égale était le fait de nos propres partenaires, instruits de nos méthodes et de notre politique commerciale par leur participation à nos conseils d'administration et à nos comités de crédit. C'était aussi la plus dangereuse car, nous fournissant – avec une marge pour eux fort confortable – une part lentement déclinante mais encore essentielle de nos ressources, ils étaient bien placés pour en connaître le coût et pour le maintenir à des niveaux nous obligeant à pratiquer vis-à-vis de la clientèle des tarifs supérieurs aux leurs. C'était là une situation à première vue intenable. Nous pensions néanmoins que notre souplesse de gestion beaucoup plus grande, la qualité de nos services, la rapidité de nos décisions nous permettraient de faire face et de poursuivre notre progression sans trop sacrifier sur nos propres marges bénéficiaires, lesquelles nous permettraient d'accroître nos fonds propres au rythme nécessaire. Et nous avions aussi la conviction que les ardeurs néophytes se calmeraient quelque peu à l'expérience, une fois constatés les déboires à retardement qu'elles ne pouvaient manquer d'entraîner et mieux prise la mesure de coûts opératoires difficiles à analyser à partir des comptes d'exploitation générale d'établissements aux activités très diversifiées.

C'est bien ce qui finit par se produire. Aidés, il faut le reconnaître, par une politique d'encadrement du crédit dissuadant toutes les banques de rechercher une expansion trop rapide sur de nouveaux marchés, nous opposâmes à un assaut très général une résistance efficace. Le fléchissement de nos résultats bénéficiaires ne fut que passager. Le choc n'avait pas moins été assez brutal pour me contraindre à remettre en cause non pas ma philosophie générale, inspirée de Toynbee, concernant la valeur exaltante de tout défi, mais son application ponctuelle à nos relations paradoxales avec nos partenaires.

*
* *

Avec le sens de l'opportunité à retardement qui caractérisait sa politique le Comptoir national d'Escompte, seule des grandes banques commerciales nous ayant boudés depuis l'origine, avait, au cours de 1965, jugé bon de nous demander une place dans le financement de nos opérations. Nous avions accueilli avec honneur cet ouvrier de la onzième heure. A l'occasion du dîner suivant notre assemblée annuelle, je pus de ce fait me féliciter de l'œcuménisme ainsi réalisé autour de la Compagnie Bancaire. Ce ne fut pas sans une sourde ironie, la notion me semblant en voie de passer de mode en ce qui nous concernait.

Je m'étais en effet convaincu qu'elle n'était plus compatible avec l'état de nos marchés. Nous allions avoir besoin, pour nous y défendre, d'une liberté de mouvements grandissante. En sens inverse tels ou tels de nos actionnaires ne pouvaient manquer de tirer les conséquences de leur propre virulence, laquelle allait pour certains d'entre eux jusqu'à susciter la création de groupes sur le modèle du nôtre. Ceux-là jugeraient sans doute opportun de céder leur participation avant d'être parvenus à en déprécier la valeur. L'intérêt de nos actionnaires privés, qui était ma responsabilité première, et notre défense vis-à-vis de l'intrusion éventuelle de participants indésirables, me faisaient le devoir de préparer un contre-feu. Je conçus donc le dessein de constituer un groupe « motivé et cohérent » d'actionnaires, acceptant d'être solidaires avec moi du destin de notre maison. Ses participants devraient être prêts à se substituer, le jour venu, aux partenaires désireux de se retirer, voire à ceux dont le départ nous paraîtrait la suite normale d'une opposition trop manifeste d'intérêts entre nous.

J'en vins bientôt à considérer comme nécessaire que ce groupe comportât un chef de file plus engagé à nos côtés que les autres et dont les opérations et la clientèle fussent aussi différentes que possible des nôtres. Ce chef de file devrait être assez puissant pour nous aider à traiter d'égal à égal avec le reste de la place et à nous introduire le jour venu dans de nouveaux secteurs, notamment sur le marché international.

Ayant mis ces idées en discussion dans notre équipe, celle-ci en admit le bien-fondé – non sans quelque nostalgie vis-à-vis des temps heureux. Tous reconnurent que la nature même des choses désignait la Banque de Paris et des Pays-Bas comme le chef de file désirable. Elle était déjà notre plus important actionnaire; elle n'était en concurrence avec nous que dans des zones délimitées où un accord bien conçu nous permettrait aisément de réduire les antagonismes; enfin son prestige de grande maison bientôt centenaire et ses moyens en capital la qualifiaient pour jouer vis-à-vis de nous le rôle qui me semblait nécessaire. De son côté elle ne pourrait manquer d'apprécier la valeur du fleuron dont la doterait une vocation reconnue à développer sa position dans notre groupe.

Ce préalable acquis ceux de mes co-équipiers qui s'étaient jusqu'alors montrés le plus marris de l'agressivité commerciale dont faisaient montre certains partenaires se révélèrent néanmoins le plus craintifs face à l'éventualité d'une novation de nos relations avec eux. Ils craignaient qu'ils n'y trouvent l'occasion d'abandonner toute retenue à notre encontre et prônaient une évolution en douceur nous permettant de conserver notre structure largement interbancaire même si elle devait avec le temps prendre le caractère d'une référence aux excellents souvenirs du passé plus que d'une réalité vivante.

J'avais, sur le plan personnel, toutes les raisons de les comprendre. J'ai déjà dit en effet quelle pépinière de précieuses amitiés s'était révélé pour moi le conseil de la Compagnie Bancaire et quel puissant appui notre équipe avait trouvé auprès de ces « pères de la patrie ». Ce climat irremplaçable devait beaucoup à l'égalité entre partenaires. Il s'était maintenu malgré l'évolution du contexte professionnel que nous avions contribué à provoquer.

J'entendais m'efforcer de le sauvegarder mais restais décidé à tirer les conséquences du nouvel état de choses pour remettre en question le précieux principe d'égalité. Mes équipiers ne dissimulaient pas leur sentiment que j'allais affronter là une bien difficile gageure.

***

C'est à Jean Reyre, directeur général de Paribas en poste depuis près de vingt ans et avec lequel j'entretenais des rapports « globalement positifs » que je jugeai bon de réserver la primeur de mes projets. Son accueil fut plus favorable que je ne l'escomptais et, peut-être pour prévenir une manœuvre de contournement dont il créditait comme allant de soi mon habileté tactique, il proposa qu'à notre prochaine conversation ses président d'honneur et président en exercice soient invités à participer.

Je n'y pouvais voir que des avantages, entretenant les meilleures relations avec les deux hommes. En tant que gouverneur de la Banque de France, Emmanuel Monick, avait, vingt années auparavant, accueilli avec bienveillance les premiers développements de mon futur groupe. Henri Deroy, pour sa part, avait, en sa qualité de gouverneur du Crédit Foncier, secondé activement mes démarches pour créer la CFEC. De fait dès la première réunion organisée entre les deux hommes, Jean Reyre et moi-même l'entretien prit bientôt un tour très positif et je fus invité à élaborer un texte d'accord dont les grandes lignes furent esquissées.

J'approchai donc nos autres partenaires de la Compagnie Bancaire. Ils se montrèrent plus compréhensifs que ne l'avait craint mon équipe. Sans doute, comme il arrive souvent en semblable circonstance avions-nous sous-estimé leur lucidité et les mêmes causes avaient-elles produit dans leur esprit et dans le nôtre des effets symétriques. Je crus même déceler chez les plus actifs dans la compétition un certain soulagement de ne pas me voir tirer de leur comportement des conséquences plus radicales. Ceux que j'invitai à faire partie du groupe « motivé et cohérent » – le Crédit Lyonnais, la Société Générale, la Maison Worms – acceptèrent d'emblée d'examiner mes propositions et ne rechignèrent pas au rôle prévu pour Paribas. Si malmené qu'il ait été par l'évolution du métier bancaire un « animus societatis » subsistait donc autour de la table de notre Compagnie.

Dans l'entre-temps mes négociations avaient pris un tour inattendu. Henri Deroy, au cours d'un déjeuner en tête à tête, avait évoqué l'échéance prochaine de sa retraite. Il m'avait dit son désir, celui d'Emmanuel Monick et de nombre d'administrateurs d'éviter de conférer à Jean Reyre un pouvoir sans partage. Ils estimaient en effet le moment venu de modifier le style d'action, l'image de marque et la stratégie à long terme de la maison et je leur paraissais le plus qualifié – compte tenu de mon propre parcours – pour présider à un tel « aggiornamento ».

Je ne prétendrai pas qu'à ces propos je tombai vraiment des nues. La confiance de mon interlocuteur et celle de Monick m'étaient à l'évidence acquises et leurs réserves à l'égard du directeur général en place n'étaient pas un secret. Mais qu'ils aient pu, à mon sujet, concevoir des projets aussi précis et d'échéance aussi prochaine me prenait tout à fait au dépourvu.

Le rôle moteur joué par Jean Reyre dans l'œuvre de reconquête méritait, à mon sens, malgré les critiques suscitées par ses méthodes, un témoignage de gratitude. Je me refusais à paraître avoir intrigué pour l'en priver. Au surplus si la perspective qui m'était ouverte donnait une nouvelle dimension à l'intérêt de mes projets pour la Compagnie Bancaire un travail important restait à y faire avant que je puisse, sans risques, envisager de franchir cette étape.

Bref, je me dérobai pour l'immédiat et sans ambiguïté devant les perspectives qui m'étaient ouvertes tout en avouant qu'elles me séduisaient à terme et je fixai à un minimum de trois années le délai d'attente qui me paraissait indispensable pour y donner suite dans des conditions favorables. Jean Reyre assumerait, au cours de cette période, la présidence de Paribas cependant que je pourrais, d'une part, me préparer à assumer sa succession, d'autre part aménager la mienne à la Compagnie Bancaire.

La fermeté de mon propos ne laissait aucun doute sur celle de mes intentions et c'est sans aucune ambiguïté relative à mon devenir personnel que se poursuivit la négociation de l'accord avec Paribas. Cet accord fut signé dans le courant de l'année 1966, en même temps que les textes donnant existence au groupe « motivé et cohérent » d'actionnaires (peut-être dirait-on aujourd'hui le noyau dur) dont j'avais souhaité la constitution. Par la voie d'un échange d'apports Paribas accroissait sa participation dans notre groupe, qui devenait lui-même actionnaire de Paribas. Le 12 décembre 1966 le conseil d'administration de la Banque de Paris et des Pays-Bas – laquelle n'allait être restructurée en Compagnie financière et filiales que l'année suivante – désignait Jean Reyre comme successeur d'Henri Deroy, me cooptait comme administrateur et me confiait le poste de vice-président. Le nouveau président-directeur général avait donné son accord au principe que lorsqu'il atteindrait, au bout de trois années, l'âge de 70 ans, je serais désigné pour lui succéder.

A ce moment précis l'état natif prenait fin pour la Compagnie Bancaire. Il me restait trois ans pour définir le rôle de grand-père que j'allais y assumer désormais et pour aménager en fonction de cette nouvelle donne les structures que j'avais mises en place.

Deuxième partie

LES ENFANTS DES AUTRES

Paribas

I

Une vocation africaine

Sitôt qu'est née en moi l'aspiration vers un « ailleurs », une nature vierge, des êtres humains accordés à ses rythmes, une faune non domestiquée, une « certaine image » de l'Afrique a commencé de me hanter. Aujourd'hui encore, après qu'il m'a été donné de faire assez ample connaissance avec l'ensemble de la planète et de confronter mes rêves de jeunesse avec maintes réalités du présent, c'est elle que j'évoque lorsque me reprend le désir de je ne sais quel retour aux sources.

> « La terre là-bas est ample et paisible
> Et lentes les collines comme la houle au large... »

avais-je écrit de façon quasi automatique au cours d'un « amphi » à l'école d'artillerie de Poitiers et plus loin :

> « Reste endormi dans ta chair sourde
> Que soulève un troupeau de muscles
> Tels des bœufs couchés gonflant la nuit »

Ces images témoignent d'une prédilection innée pour le continent noir et ses habitants bien antérieure à ma première incursion effective au sud du Tropique du Cancer. D'où me vient-elle?

Serait-ce de mon bisaïeul maternel et de ses ascendants armateurs, lesquels pratiquaient – à l'instar de la plupart de leurs collègues nantais ou malouins – le trafic du « bois d'ébène » entre le Golfe de Guinée et les Antilles ou le Sud-Est américain? Je suis porté à le croire depuis le jour où, visitant sous la conduite d'un haut dignitaire sénégalais la maison des esclaves à Gorée et ayant cru bon de lui faire confidence de ces antécédents il me sembla que loin de l'éloigner mon propos faisait naître de lui à moi une sorte d'ancestrale connivence. Ses propres ascendants avaient-ils joué le rôle de pourvoyeurs? Les considérait-il aussi responsables que les miens vis-à-vis de ses frères de race embarqués pour l'exil à partir de cette porte ouverte au ras des flots sur le seuil de laquelle nous devisions ensemble?

Devrais-je évoquer, avec moins d'emphase, les boîtes de Banania de mon enfance et leur vignette sur laquelle un Noir au sourire amical proclamait « Y'a bon »? Tel numéro de l'*Illustration* vantant, pendant la Grande Guerre, les faits d'armes de nos troupes de couleur? Le livre et le film sur la Croisière noire commandités par André Citroën? *Les Bêtes qu'on appelle sauvages* d'André Demaison ou le *Voyage au Congo* d'André Gide malgré sa mise en cause de la présence française et ses aspects polémiques?

Toujours est-il que j'étais aimanté vers l'Afrique noire et devais avoir confirmation qu'il s'agissait là d'une affinité bien réelle dès mon premier contact avec elle. Mon séjour sous les drapeaux en Afrique du Nord, en 1943, ne m'en avait pas apporté l'occasion. Depuis les confins maghrébins du Sahara je n'avais fait qu'évoquer le continent profond dont le désert me séparait et je m'étais promis d'y aborder quelque jour. Tout au plus m'avait-il été donné de constater, parmi les Marocains placés sous mon commandement, des rapports de compréhension et de sympathie plus immédiats avec ceux qui se distinguaient des autres par la belle couleur noire de leur peau attestant de leurs lointaines origines.

C'est à Douala, au Cameroun, que je touchai pour la

première fois la Terre promise. Les habitués de la région – et de ses climats – penseront que ce n'était pas commencer par le plus attrayant. Pourtant mon attente ne fut pas déçue. Après avoir survolé le Mont Cameroun, au cône terminal incendié par l'aurore, plongé peu après dans une épaisse couche de nuages puis découvert à basse altitude les camaïeux vert et chocolat d'une composition de hautes forêts et d'estuaire, roulé sur un bitume bordé de latérite rouge et, plus au loin, d'arbres majestueux, nous fûmes sitôt ouverte la porte de la carlingue immergés d'un coup dans une touffeur de buanderie.

Une tornade nocturne avait lavé le paysage et sous un ciel spongieux mais déjà imbibé de soleil les couleurs et les odeurs avaient bien l'intensité exotique imaginée de longue date. L'un de mes personnages découvrait ici sa patrie. Je serais fort tenté de donner libre cours aujourd'hui aux effusions lyriques suscitées par un tel sentiment de retrouvailles. J'en épargnerai le lecteur, me bornant à noter que ce même sentiment m'a accompagné tout au long des nombreux périples africains que j'ai accomplis depuis lors. Par là s'explique sans doute, malgré les risques d'enlisement trop évidents qui les menacent, mon refus du pessimisme absolu qui est de mode concernant l'avenir de ces contrées et le rôle que notre pays continue d'y jouer.

*
* *

L'occasion de ce voyage initiatique m'avait été apportée par la Banque de Paris et des Pays-Bas, présente à travers nombre de participations dans plusieurs pays d'Afrique francophone et qui s'interrogeait sur l'opportunité d'y implanter des organismes financiers de même vocation que ceux de notre groupe. Sur ce thème, François Anthoine, directeur adjoint de la banque, en charge de ce secteur géographique, avait organisé un circuit d'étude et n'avait pas eu de peine à me convaincre de l'y accompagner. A ses côtés je pus découvrir, après le Cameroun, la Côte-d'Ivoire et le Sénégal, seuls territoires dont le développement économique avait quelque chance d'alimenter en données positives notre réflexion.

A vrai dire, malgré la très soigneuse préparation du voyage et le désir de lui donner une suite dont elle témoignait, et bien que me sentant chaque jour un peu plus impliqué par l'ensemble des problèmes auxquels mes entretiens me faisaient accéder, je me convainquis assez vite que les temps n'étaient pas mûrs pour tenter d'acclimater là-bas tel ou tel des organismes de notre groupe.

Les portes de l'Afrique s'étaient donc entrouvertes sans me permettre d'y découvrir des chances d'action personnelle à la mesure de mon attirance. Au retour, en survolant le Sahara, grandiose césure entre deux mondes si contrastés, je me sentais quelque peu frustré.

Pourtant les voyages lointains sont le plus souvent riches de chances imprévues. Le collégien attardé qui subsiste en chacun de nous tant que nous ne croyons pas devoir nous prendre au sérieux y trouve l'occasion de s'extérioriser. Sous les étoiles du Sud, à la faveur d'après-dîners propices aux longs bavardages et d'autant plus toniques que la chaleur du jour a été plus intense, il arrive que les adultes dépaysés retrouvent le charme des camaraderies adolescentes et cet élan nostalgique propre aux fins de vacances. Le retour vers les besognes quotidiennes et les ciels modérés de l'hexagone y triera ou non de solides amitiés. François Anthoine n'est malheureusement plus là pour en témoigner mais telle fut bien l'alchimie – assaisonnée de simplicité et d'humour – qui se développa entre nous à l'occasion de ce voyage, lui apportant sa consécration la plus durable.

*
* *

L'époque était propice aux réflexions sur le destin des territoires d'outre-mer où la France était encore présente. Depuis Colombey, le général de Gaulle continuait de projeter sur l'Afrique sa grande ombre prémonitoire. Sans que personne ait encore pressenti les futurs chocs pétroliers tout le monde avait bien compris l'importance vitale des découvertes de gisements d'huile brute. Et les plus grandes affaires françaises se préoccupaient de trouver hors de l'hexagone, si possible en zone franc, les ressources énergétiques, les matières premières, et les libertés d'allure qui leur faisaient ici défaut. A côté des programmes de recherche d'hydrocarbures – stimulés par les premières découvertes sahariennes – toute une gamme de grands projets localisés en Afrique francophone avaient été élaborés dont les principaux thèmes étaient l'énergie potentielle des fleuves africains, les développements industriels susceptibles de l'utiliser sur place (électrométallurgie, électrochimie), les mines de bauxite, de manganèse, d'uranium, les minerais de fer de haute teneur, les gisements de phosphate et de potasse, voire les développements agricoles (caoutchouc naturel pour relayer les plantations indochinoises – canne à sucre – ananas – coton...).

Pour faciliter l'exploration et le développement de nouveaux gisements d'huile brute le gouvernement français avait prévu d'importantes faveurs fiscales pour les entreprises concourant à leur financement. Les sociétés de recherche pétrolière (les REP) avaient connu auprès du public des épargnants un succès croissant. La maison de Rothschild, engagée fort avant dans le projet de mise en exploitation, en Mauritanie, d'un gisement de très riche minerai de fer, eut bientôt l'idée qu'un schéma d'inspiration analogue à celui des REP pourrait apporter à cette opération une importante contribution. Elle se rapprocha de Paribas et les deux maisons suggérèrent ensemble à l'administration de faire adopter par le parlement un statut légal spécial pour des « Sociétés pour le développement des Territoires d'outre-mer ». De larges exonérations fiscales et une garantie de dividende minimum au titre des dix premiers exercices y étaient prévues : malgré le succès des REP il n'en fallait pas moins pour attirer un public qu'une active campagne « cartiériste » s'évertuait à détourner de toute aventure tiers-mondiste.

Ayant reçu bon accueil des ministères intéressés et le texte préparé en concertation avec elles ayant été adopté par le parlement, Rothschild et Paribas s'étaient constitués chefs de file d'un groupe de grandes banques auxquelles elles avaient proposé de passer sans délai à l'application. Suivant un processus classique une société avait été créée : la Compagnie financière pour l'Outre-Mer, Cofimer, dont le faible capital initial devait être porté au montant nécessaire par appel aux souscriptions du public. Il convenait, avant qu'elle n'aborde cette étape, de lui choisir un président. Sans doute est-ce François Anthoine, en charge du dossier à Paribas, qui suggéra mon nom : quoi qu'il en soit Guy de Rothschild et Jean Reyre me sollicitèrent en commun d'accepter ce poste, belle opportunité de donner corps à ma vocation africaine.

Je ne me fis pas longuement prier. Certes, en ce printemps 1957, deux ans avant la constitution de la Compagnie Bancaire, les occupations ne me faisaient pas défaut. Mais j'ai toujours pensé qu'il est bon d'exercer, à côté de son métier principal, quelque autre activité qui vous donne la distance nécessaire pour le remettre en cause, allège le poids de votre présence sur les principaux collaborateurs et les incite ainsi à prendre la mesure de leurs responsabilités propres. Bien sûr cette extériorisation du patron n'est souhaitable que si elle est de nature à conforter son autorité personnelle, à élargir son appréhension des problèmes de l'époque et la gamme de ses connexions, tout en n'absorbant qu'une part mesurée de son temps disponible. La proposition qui m'était faite me paraissait répondre à ces critères, par la qualité des actionnaires initiaux de Cofimer, pour la plupart déjà présents dans mon propre groupe, par celle des affaires industrielles avec lesquelles il allait convenir de négocier des participations communes outre-mer, enfin par le fait qu'une fois ces « joint-ventures » organisées, la responsabilité principale de leur gestion incomberait à nos partenaires. Pourquoi, dans ces conditions, n'aurais-je pas envisagé avec la plus grande faveur la perspective de jouer un rôle dans le développement de pays encore très pauvres, africains pour la plupart? Mes prédilections récemment confirmées, ma fibre morale et mon instinct cocardier y trouvaient, les unes et les autres, satisfaction.

Deux questions se posaient néanmoins. L'une concernait l'efficacité réelle d'interventions de style capitaliste dans les pays du tiers-monde. L'autre avait trait aux possibilités d'action d'un participant purement financier agissant en tiers entre les promoteurs des projets, les gouvernements locaux et les organismes internationaux dont le concours pouvait être sollicité.

La controverse bat encore son plein au sujet de la première. Certains ne veulent voir qu'affairismc égoïste dans les motivations ayant conduit de grandes entreprises à promouvoir outre-mer des projets d'envergure, trop en avance selon eux par rapport à l'évolution générale des pays intéressés pour n'y pas demeurer des corps étrangers responsables de contaminations indésirables. Mon expérience personnelle des réalisations dans lesquelles je me suis trouvé impliqué par le canal de Cofimer m'a inspiré des jugements plus favorables.

Certes aucun apport extérieur – qu'il soit effectué dans un cadre libéral ou bien d'État à État – ne saurait suffire pour vaincre les pesanteurs d'un sous-développement ancestral. Ce fut vrai pour un temps s'agissant d'un très grand pays surpeuplé comme la Chine où l'on est en droit de penser que seul un régime autoritaire appuyé sur une religion nouvelle de type collectiviste pouvait ébranler le fatalisme de la population et les iniquités dont elle souffrait... pour n'assurer d'ailleurs à chacun qu'une pauvreté spartiate permettant la survie dans une certaine dignité. Mais cela reste vrai aussi pour les pays d'importance secondaire et peu peuplés où seule une action politique d'inspiration nationale peut aider à sortir les populations de brousse de leur arriération.

Je suis néanmoins convaincu – sans distinguer à cet égard entre pays de dimensions différentes – que des interventions capitalistes dans les domaines manufacturier et minier, voire agro-industriel, peuvent promouvoir la création de pôles de modernisation des infrastructures, la diffusion d'un pouvoir d'achat nouveau et – plus important peut-être – la formation d'une main-d'œuvre et de cadres autochtones, conditions préalables d'avancées futures dans lesquelles l'initiative locale aurait plus de poids.

Le cas le plus complet et le plus satisfaisant pour l'esprit est celui de l'industrie de l'aluminium où, depuis la bauxite jusqu'à la tôle et à la bassine chère aux ménagères africaines, en passant par l'alumine, le lingot et les barrages hydro-électriques fournissant l'énergie de transformation, une industrie complète a été développée en Afrique sous l'impulsion de Péchiney. Les exemples des mines de fer de Mauritanie ou celui des gisements de manganèse du Gabon, celui des phosphates du Togo ou du Sénégal, moins développés vers l'aval, n'en sont pas moins instructifs par l'impulsion donnée au développement des pays concernés. Celui des mines d'uranium de Franceville mérite une mention particulière, la haute technicité du personnel d'encadrement n'ayant nullement nui, bien au contraire, à sa pénétration dans l'environnement local. Les Africains ont coutume de dire que ce sont les Européens les plus bornés qui croient les nègres inintelligents. Il apparaît aussi que les plus doués s'assimilent le mieux les richesses des cultures locales et savent créer avec la population noire les relations les plus compréhensives.

Il me semble donc, à tout considérer, qu'au moment de l'histoire où elles se sont situées, les réalisations très diverses – et d'envergure plus ou moins vaste – auxquelles nous avons apporté notre concours ont constitué des apports positifs – et dont les effets induits sont loin d'être épuisés – aux chances de mieux-être des populations concernées. Et si le même processus n'est pas répétitif – pour la simple raison que la liste des projets valables était à l'origine limitée et que les meilleurs sont d'ores et déjà opérationnels – il n'en demeure pas moins que les catalyseurs indispensables à des progrès futurs ont été mis en place par ces derniers. Mon optimisme naturel y contribuant peut-être je garde ainsi bonne conscience vis-à-vis des divers pays dans lesquels, du temps de ma présidence, Cofimer est intervenue.

Reste à savoir si, avec ses moyens financiers appréciables mais limités, Cofimer a été ou non en mesure d'exercer une influence favorable au bon déroulement des projets auxquels elle a participé. C'est la seconde question que je me suis proposé d'examiner ici. Elle tire son intérêt du fait qu'elle préfigurait pour moi – sans que j'en eusse encore conscience – l'une des plus importantes parmi celles que me poserait, dans la suite des événements, mon rôle de banquier d'affaires.

* * *

Les 12 Mds,5 [1] de capital qu'avaient prévus les fondateurs de Cofimer avaient été souscrits par le public au

1. 125 millions de N.F.

printemps de 1958 sans difficultés mais sans grand engouement : l'effervescence ayant marqué la souscription des premières REP commençait à retomber; quelques mois plus tard il eût été trop tard pour Cofimer.

Nanti de cette masse de manœuvre il me restait à négocier, avec l'aide de mes principaux actionnaires, la gamme de nos participations. Mais il convenait auparavant de trouver, pour m'aider dans cette tâche et pour assurer au jour le jour le suivi de nos investissements, un collaborateur qualifié, c'est-à-dire, avant tout, avec lequel je puisse me sentir en relations de totale confiance.

Après quelques tâtonnements mon choix se porta sur Hervé Pinet, collaborateur de la maison de Rothschild et qui avait auparavant représenté pendant plusieurs années, à Brazzaville, la Caisse centrale de la France d'Outre-Mer. Il avait acquis, à l'exercice de cette dernière fonction, une excellente connaissance des pratiques locales et une grande facilité de contact avec les Africains. Il disposait au surplus d'une aptitude rare à s'adapter aux méthodes de travail d'un patron tant pour prolonger son action dans les voies où celui-ci le précédait que pour le suppléer dans celles où il ne s'engageait pas de lui-même. Ses dons innés pour écouter les uns et les autres, gagner leur confiance et m'éclairer sur un environnement que je n'avais ni le loisir – ni parfois le goût – d'explorer moi-même, joints à un dévouement personnel qui allait se révéler sans faille, devaient faire de lui un équipier d'une qualité comparable à celle des hommes réunis autour de moi dans la Compagnie Bancaire. Je tiens à mentionner aussi, pour illustrer une fois de plus comment une certaine touche de bonheur est venue éclairer maintes journées de ma vie d'affaires, l'art avec lequel Hervé Pinet savait préparer nos voyages en commun à travers un continent où j'étais toujours heureux de revenir et le soin quasiment filial qu'il y prenait de me faire observer les précautions de santé imposées par le climat. De même que l'unique marin de la *Belle Nivernaise*, péniche fluviale illustrée par une nouvelle d'Alphonse Daudet, avait été dénommé l'équipage par son capitaine, j'aurais pu appeler l'état-major mon unique collaborateur des premiers temps de Cofimer. Pourtant Hervé Pinet et moi-même entendions bien naviguer en haute mer et traiter de pair avec les navires de haut bord aux équipages fort étoffés en compagnie desquels nous nous proposions de faire route. En considération, sans doute, des ressources dont nos soutes étaient garnies et qui donnaient quelque portée à nos points de vue, mais aussi parce que le regard neuf d'un tiers jusqu'alors non engagé a parfois une perspicacité plus grande que celle d'yeux trop accoutumés, nous fûmes libéralement admis à ce compagnonnage. L'évidence simple de nos motivations – un actionnaire purement financier ne pouvant rechercher en toutes circonstances que la prospérité de l'entreprise à laquelle il est associé – contrastant avec celle de participants industriels ayant à tout moment à mesurer leurs risques en fonction d'intérêts plus complexes – faisait de nous un partenaire solide, plus déterminé que d'autres à prendre sa part d'efforts nouveaux rendus nécessaires par des difficultés imprévues.

Ainsi s'explique sans doute – et peut-être aussi par mes excellentes relations personnelles avec Raoul de Vitry, son président, et Pierre Bartholin, son directeur financier – le bon vouloir de Péchiney à nouer avec Cofimer une association fort étroite, allant jusqu'à comporter notre intéressement à la commercialisation des productions africaines du Groupe. Le projet d'accord élaboré par nous à ce sujet fut accepté par eux dans toutes ses dispositions principales. Malgré sa grande complexité et malgré maintes novations ultérieures des données de départ – en particulier politiques – sur la base desquelles l'accord s'était fait, il s'est exécuté depuis lors sans incidents ni difficultés d'interprétation et subsiste intact aujourd'hui. J'y vois, pour ma part, un modèle de cette coopération entre industriels et financiers dont certains se complaisent à mettre en doute les chances d'efficacité.

***

Pour illustrer mon propos, distraire par un récit non exempt de pittoresque le lecteur que j'imagine lassé de considérations trop générales, et aussi – dois-je l'avouer? – parce que ma fierté personnelle y trouve son compte, je décrirai ici le rôle joué par Cofimer dans le démarrage, puis le sauvetage de la Compagnie sénégalaise des Phosphates de Taïba. Il s'agissait d'une entreprise vitale pour l'économie du Sénégal et, n'en déplaise aux contempteurs de l'affairisme égoïste, la conscience que j'en avais motiva, pour une large part, l'obstination, finalement récompensée par le sort, que je mis à sauver une entreprise dont les premiers résultats avaient été plus que décevants.

Les recherches conduites en Afrique francophone par le Bureau de Recherches géologiques et minières (BRGM) avaient permis de découvrir, au début des années 50, deux gisements de phosphate assez importants pour être exploitables : l'un au Togo, l'autre au Sénégal. Deux sociétés d'exploitation étaient en cours de constitution, avec la participation du BRGM lui-même, des principaux consommateurs français de phosphate et de Paribas. Cofimer fut sollicitée de compléter le tour de table pour permettre le bouclage définitif des deux opérations.

Après un voyage sur place en compagnie des principaux responsables des deux projets, je fis approuver par le conseil d'administration le principe de ces deux participations. La croissance prévisible des besoins alimentaires de la planète paraissait autoriser des prévisions optimistes quant au marché des engrais. Chacun des deux projets était de nature à doter les deux pays concernés de leur entreprise industrielle la plus importante et la plus positive pour leur balance des paiements. Enfin les deux gisements avaient été, semblait-il, explorés avec le plus grand soin : les conclusions des experts quant à leur importance, leur teneur et leur facilité d'exploitation étaient tout à fait favorables.

De fait, sous la direction d'une équipe très efficace, l'opération togolaise apparut sans trop attendre fort valable, puis même brillante, encore que certains retards dans le déroulement du programme, certains incidents techniques et la tendance moins ferme que prévu du marché du phosphate n'aient pas permis la réalisation des plans financiers initiaux et aient conduit la Compagnie à solliciter de nouveaux concours de son principal actionnaire financier. Cofimer eut, par la suite, tout lieu d'être satisfaite de les lui avoir accordés.

Au Sénégal, par contre, les avatars défavorables se succédèrent. Compte tenu de leur coût, il eût fallu beaucoup d'humour aux actionnaires de la Compagnie pour apprécier à sa juste valeur la cocasserie de certains d'entre eux.

Dès le début de l'exploitation de la mine de Taïba, il se révéla que la teneur en silex du minerai extrait était beaucoup plus forte que ne l'avaient prévu les experts à l'examen du dossier des sondages, pourtant effectués à la maille serrée qu'ils avaient prescrite. Pire encore que la perte résultant de cette présence excédentaire d'une roche stérile était le fait qu'elle se présentait souvent sous la forme de blocs de plusieurs tonnes qui, précipités par les pelles excavatrices sur les trémies des machines de criblage du minerai, ne manquaient pas de provoquer de graves avaries conduisant à de fréquents arrêts de l'exploitation.

Comment une erreur de ce calibre avait-elle pu être commise par les augures de haut vol auxquels les résultats de la campagne de sondages avaient été soumis? La réponse à cette question ne manquait pas de saveur : les sondages avaient été effectués en enfonçant dans le sol des tubes d'acier qui se remplissaient, au fur et à mesure de leur descente, d'échantillons des diverses couches de terrain traversées. Cette méthode peu onéreuse avait paru la plus expédiente compte tenu de la faible profondeur à laquelle se situait le gisement et du caractère meuble du sous-sol. Elle avait bien révélé la présence de silex dans la couche de phosphate... du moins des silex dont le diamètre n'excédait pas celui des tubes. Pour les autres, du fait de la faible consistance de cette couche, ils avaient purement et simplement basculé sous la seule pression de la colonne de sondage ou bien celle-ci avait infléchi son parcours. Nos grands experts avaient donc, en toute tranquillité d'esprit, ignoré leur présence. Et voilà pourquoi notre fille était muette. Auguste Detœuf a déjà noté qu'avec les danseuses les grands ingénieurs constituent l'un des facteurs de ruine les plus efficaces.

Dans le cas de Taïba, cette première erreur ne constitua pas leur unique fait d'armes. Ils avaient en effet imaginé, quant aux techniques d'exploitation de la mine, une solution fort originale dont l'astuce les enchantait. Elle consistait, après avoir creusé une première et très profonde tranchée jusqu'à la couche de phosphate et quelque peu en dessous, à mettre à profit la nappe phréatique, située à cette même profondeur, pour y faire flotter une énorme barge sur laquelle était édifiée une véritable usine dotée des moyens de criblage nécessaires (ceux que bombardaient si fâcheusement les pesants blocs de silex). Cette barge se déplaçait sans effort le long du chenal que creusaient devant elle les énormes pelles d'extraction du phosphate. Un pipe-line mobile la reliait à l'usine d'enrichissement pour y conduire le phosphate en suspension dans un puissant courant d'eau. Cette usine flottante n'était-elle pas la solution miracle?

Je me souviendrai longtemps de mon premier contact avec elle. Après avoir gravi une montagne de déblais sous la conduite du président de la Compagnie je surplombai enfin le monstre. Il sommeillait sous un soleil presque vertical au fond de sa profonde bauge. L'ensemble des opérations d'extraction était arrêté et le silence régnait sur l'immense chantier. Comme pour contrarier son montreur – trait de caractère commun à beaucoup d'engins mécaniques – le dinosaure du XXe siècle s'était mis en panne le matin même de ma visite. Je fis mine de ne pas m'attarder à cette fâcheuse circonstance mais de vouloir m'intéresser à des problèmes plus fondamentaux. « Qu'arriverait-il, demandai-je, si, pour une raison quelconque – sécheresse exceptionnelle par exemple –, le niveau de la nappe phréatique venait à baisser? » « Impossible, me fut-il rétorqué, nos études sur ce point ont porté sur des décennies en arrière, Rien de tel ne s'est jamais produit au Sénégal. » « N'est-il pas dangereux, insistai-je, de faire dépendre le sort tout entier d'une exploitation d'un seul outil sophistiqué, si doués que puissent apparaître ceux qui l'ont conçu? Je serais vraiment plus tranquille pour l'avenir si je voyais des installations terrestres de criblage et une flotte de camions transportant le minerai vers l'usine. Cette solution fruste aurait été moins aléatoire. » Mon interlocuteur ne défendit pas sa barge avec beaucoup d'énergie. Les ennuis qu'elle lui avait valus avaient peut-être suscité déjà sa rancune, peut-être aussi quelque prémonition le troublait-elle.

De fait, s'il n'y eut pas de baisse de niveau de la nappe phréatique, il fallut bien en constater une, quelques années plus tard, de celui de la couche de phosphate dans la zone de gisement où l'on était parvenu. La barge n'y était plus utilisable. Les solutions frustes que j'avais évoquées devenaient d'actualité. Le temps donne souvent raison aux prudences du simple bon sens contre la virtuosité des techniciens les plus talentueux.

Comme il est classique en de telles occurrences, la direction assortit de prévisions optimistes l'aveu de ses premiers mécomptes. Les actionnaires consentirent en maugréant les concours supplémentaires que ces derniers rendaient nécessaires. Les plans de financement se trouvant d'année en année révisés en hausse, une solution nouvelle fut proposée par Paribas en 1962. Un important phosphatier américain (IMC) acceptait d'entrer dans le capital moyennant que lui fût consentie une option de prise de contrôle à échéance de la fin 1965. Une équipe désignée par lui prendrait dans l'intervalle la direction de l'exploitation à Taïba.

L'arrivée de ce « deus ex machina » fut de prime abord un grand soulagement pour tous. La confiance dans l'avenir dont il faisait preuve paraissait rassurante. Son expertise permettait d'espérer un redressement rapide.

Ce renouveau d'espoir fut de courte durée. La nouvelle direction ne fit aucun miracle et fut même responsable de quelques difficultés jusqu'alors inconnues avec l'environnement sénégalais. Nous avions eu l'occasion de constater ailleurs les mêmes difficultés de coexistence entre Africains et Nord-Américains. Dès la mi-1965, IMC annonça sa décision de ne pas lever à la fin de l'année l'option qui lui avait été consentie et de ne participer à aucun nouvel effort financier. La plupart des actionnaires français exprimèrent à cette époque l'avis que la fermeture de la mine ne pouvait être évitée sous peine de voir se poursuivre une hémorragie financière insupportable. Au nom de Cofimer, en plein accord avec les deux vice-présidents François Anthoine et Robert Jablon ainsi qu'avec Hervé Pinet je rejetai cette conclusion. Je me refusais à passer par Profits et Pertes les efforts financiers considérables consentis par la Compagnie au profit de Taïba. Et je ne considérais pas du tout la situation comme désespérée. Une hausse notable des prix du phosphate pouvait suffire à y remédier. Mais surtout ce que l'équipe sortante avait manqué une équipe nouvelle, ayant déjà fait ses preuves, pouvait le réussir.

J'avais une grande confiance dans les hommes qui avaient conduit l'affaire togolaise. Celle-ci ne réclamait plus désormais les mêmes soins exclusifs de leur part. Approchés et informés par mes soins et par ceux d'Hervé Pinet, Max Robert et Claude Gabriel acceptèrent en principe la charge supplémentaire que je leur demandais d'assumer en prenant en main le destin de Taïba. La réunion des moyens financiers nécessaires à la réalisation du programme qu'ils concevaient déjà était bien entendu la condition préalable de leur accord.

Il ne s'agissait pas là de fuite en avant mais seulement de persévérance. Le gisement que nous avions appris à connaître à nos dépens ne réservait plus de surprises. Et je savais que, de la part des nouveaux dirigeants, nous ne pourrions en escompter que de bonnes.

Comme je l'ai déjà noté la poursuite de l'exploitation avait une importance vitale pour le Sénégal : la Compagnie de Taïba y occupait la première place comme exportateur, comme employeur, comme client des chemins de fer, de la Compagnie locale de production d'électricité et du port de Dakar, enfin comme contribuable potentiel. Il me semblait évident que l'État français ne pouvait se désintéresser d'une opération concernant à tel point l'un de ses meilleurs amis dans le tiers-monde. Je trouvai auprès de Michel Debré, alors ministre des Finances, de Maurice Pérouse, directeur du Trésor, et de son adjoint Philippe Dargenton, l'accueil le plus positif. Ils posaient comme condition d'une aide publique de nouveaux et substantiels concours de Cofimer à Taïba. Notre conseil d'administration voulut bien les consentir. Dans l'entre-temps le gouvernement français et Cofimer avaient bien entendu tenu au courant le gouvernement sénégalais; il avait accepté le principe d'un effort proportionné à ses moyens. Exemple digne d'être médité, Taïba se trouvait sauvée grâce à l'action de son seul actionnaire financier et malgré la passivité de ses actionnaires industriels. Sous l'impulsion de la nouvelle direction, la Compagnie retrouva son équilibre en quelques années. Lorsque, suite aux péripéties pétrolières de la fin de 1973, le prix des phosphates quadrupla sur le marché international, elle devint une affaire extrêmement brillante. Les actionnaires prirent alors l'initiative de proposer à la République du Sénégal de lui céder une participation de 50 % dans le capital. La fermeté dont nous avions fait preuve fut alors publiquement reconnue par le gouvernement sénégalais qui accepta notre proposition sans prétendre aller jusqu'à une nationalisation totale.

Les Africains sont sensibles au courage dans l'action. Ils savent déceler la sincérité dans l'amitié qu'on leur manifeste et s'efforcent d'en tenir compte le moment venu. J'en ai eu d'autres témoignages.

***

Pour ne pas me limiter au seul exemple de Taïba, que certains jugeront un peu trop avantageux tant pour le rôle de Cofimer que pour l'attitude – après leur indépendance – des pays où nous avons œuvré, je placerai ici – en contrepoint – un bref rappel de nos aventures au Congo-Brazzaville.

Cofimer y avait joué un rôle important pour éviter le dépérissement d'une plantation de cannes à sucre et d'une industrie de la sucrerie, situées dans la vallée du Niari. Les résultats de la Société agricole et industrielle du Niari (la SIAN) décourageaient les actionnaires et les banquiers. Nous déterminâmes nos amis des Grands Moulins de Paris à s'y intéresser, nous apportâmes des capitaux frais. Quelques années après l'affaire était en pleine expansion, la production étant passée de moins de 20 000 à 45 000 tonnes de sucre. L'ère des bénéfices était arrivée. Le développement d'une nouvelle plantation fut entrepris en coopération avec le gouvernement congolais, dont l'objectif était une production de 100 000 tonnes supplémentaires. La plantation nouvelle était déjà en bonne voie de rendement lorsqu'une belle nuit la direction et les équipes de maîtrise furent brutalement chassées par des commandos de jeunes Africains. La nationalisation de l'entreprise venait d'être décrétée. En l'espace de quelques jours le désordre s'installa sur les plantations comme dans les usines. La production s'effondra à moins de 20 000 tonnes par an.

Au jour où j'écris les actionnaires de la société n'ont toujours pas été indemnisés et nulle autorité locale, aucun intervenant extérieur n'ont été capables d'une action cohérente pour réintroduire dans l'exploitation une quelconque discipline de travail. Les immaturités politiques et les fantasmes d'un soi-disant « socialisme africain » ont ainsi détruit l'une des plus importantes richesses du pays.

***

Entre ces deux extrêmes, Taïba et la SIAN, au Sénégal et au Congo, le sort final des participations de Cofimer dans des pays aussi divers que le Cameroun, la Côte-d'Ivoire, le Gabon, la Mauritanie, le Tchad, Madagascar, s'est révélé inégal. Certaines ont abouti à des nationalisations plus ou moins bien indemnisées. Leur résultat global n'en est pas moins resté positif tant pour le développement africain que pour les actionnaires de la Compagnie. L'ensemble des investissements réalisés se révéla d'une rentabilité assez honorable pour que la Compagnie pût, à l'échéance de la garantie de dividendes qui lui avait été octroyée, retrouver un statut d'affaire indépendante moyennant le remboursement à l'État d'une grande partie des concours qu'elle avait reçus à ce titre. Sur ma proposition Pierre Moussa m'avait succédé à la présidence du conseil d'administration lorsque j'avais pris moi-même la charge de Paribas. En sa double qualité d'ancien directeur des Affaires économiques au ministère de la France d'Outre-Mer et d'ancien directeur de la Banque mondiale il était avantageusement connu de la plupart des gouvernements africains. Les négociations consécutives au rachat par eux de nos actions durent à sa personne leur bon déroulement.

Pour ma part j'avais acquis, au cours des dix années où la présidence de Cofimer avait constitué mon violon d'Ingres de prédilection, une expérience et une philosophie de l'action possible des financiers dans les affaires des autres dont je devais m'inspirer pour orienter mon action à Paribas.

II

Crise de succession

Les personnes avisées, qui ne font jamais défaut lorsqu'il s'agit de prévoir le pire, n'avaient pas manqué de pronostiquer d'inévitables conflits entre Jean Reyre, successeur en décembre 1966 d'Henri Deroy à la présidence de Paribas, et moi-même, vice-président ayant vocation à lui succéder trois ans plus tard. Lui ayant de façon délibérée laissé la voie libre pour achever sa carrière dans le poste ambitionné par lui de longue date je me flattais pourtant qu'il en tiendrait assez de compte pour que les Cassandre soient démentis et déçus.

Nous avions, lui et moi, beaucoup de points de rencontre et de raisons de nous entendre : un égal dévouement aux intérêts dont nous avions la charge – et qui se trouvaient désormais convergents –, une estime mutuelle non feinte pour nos accomplissements passés, des appréciations analogues quant aux prétentions désuètes de l'establishment financier considéré dans son ensemble, mes jugements sur les personnes étant toutefois beaucoup plus que les siens tempérés par l'amitié, voire la gratitude. Nous étions, certes, fort conscients de nos différences mais avions tout intérêt à nous défier des pulsions médiocres susceptibles de les faire dégénérer en opposition. Aux divers âges d'une grande institution conviennent des gouvernements différents. Je pensais que le sien avait été adapté aux défis de son époque. Ne pouvait-il reconnaître que le mien allait arriver à son heure?

Mes propres conceptions – et résolutions intimes – concernant l'âge convenable de la retraite me portaient à considérer un tel parti comme naturel. Le nouveau président n'aurait-il pas 70 ans révolus au terme prévu?

C'était sans doute méconnaître non seulement que nous avions l'un et l'autre un tempérament pugnace – ce qui aurait pu n'être, après tout, qu'une raison de plus de nous comprendre – mais, fait beaucoup plus grave, que nous ne respections pas les mêmes règles du jeu.

J'ai toujours été habité par un souci quasi maniaque de la véracité, m'interdisant d'exprimer autre chose que ce que je sais ou pense et ne me laissant comme alternative, en cas d'inopportunité trop flagrante, que le refuge dans le silence. Jean Reyre, pour sa part, considérait une certaine désinvolture vis-à-vis de la vérité comme un devoir d'état dans l'exercice de son métier tel qu'il le concevait. Il se flattait parfois d'être particulièrement doué sur ce plan, ce que ne confirmait pas le fait que ses interlocuteurs se mettaient en général assez vite sur le qui-vive. Je pensais, pour ma part, qu'il s'abstiendrait, dans nos relations personnelles, de trop mettre en œuvre ce genre de brio. Au surplus, déjà comblé par les performances de la Compagnie Bancaire et désirant disposer du temps nécessaire pour y adapter les structures en fonction de mon prochain éloignement, je n'éprouvais aucune impatience d'occuper à Paribas la présidence qui m'était destinée. Je l'avais dit sans ambiguïté à mon futur prédécesseur, mais sans doute mon propos l'avait-il trouvé incrédule, mon détachement personnel contrastant par trop avec ce qu'avait été sa propre frustration. Peut-être aussi ma patience ne lui suffisait-elle pas.

En fait tout se passa comme si, en accédant après des années d'attente incertaine à la présidence de Paribas, il avait aussitôt formé le dessein de s'y maintenir bien au-delà des limites convenues et donc de mettre en œuvre sans délai ses ressources manœuvrières pour provoquer la caducité de nos accords et m'écarter de son chemin. La suite a prouvé que c'était un défi imprudent, mon tempérament ne me portant pas à encaisser sans réagir. Qui de nous deux s'est montré le plus naïf?

« Parce que c'était lui, parce que c'était moi », notre entente jusqu'alors plutôt cordiale ne put donc résister longtemps à la cohabitation. Un an avant la date prévue pour une transmission paisible du pouvoir le conseil d'administration de Paribas eut le désagrément d'avoir à reconsidérer un problème qu'il croyait résolu. Les murs de la vieille rue d'Antin avaient une fois de plus sécrété une bataille de chefs. Serait-ce la dernière?

* * *

Au niveau des affaires comme au niveau de l'État le changement de gouvernement est le principal processus d'adaptation aux transformations de l'environnement. Dans les affaires toutefois ce n'est pas l'ensemble d'une équipe qu'il peut paraître opportun de changer mais seulement l'homme qui lui imprime sa marque, ce premier responsable que les Anglo-Saxons qualifient avec pertinence de Chief Executive Officer, en France Président ou directeur général selon l'étendue de la délégation de pouvoirs que le premier, en droit mais plus encore en fait, a consentie au second.

C'est la mission vitale d'un conseil d'administration que d'assurer en toute indépendance la bonne adéquation de ce premier responsable aux tâches qui l'attendent dans un avenir prévisible. C'est à ce corps qu'il appartient non seulement de l'aider dans ses décisions mais aussi de le dissuader de toute déviation égocentrique comme de le préserver, le moment venu, de la tendance, commune mais le plus souvent désastreuse, à s'incruster dans son poste en dépit des atteintes plus ou moins visibles de l'âge.

Il faut le reconnaître, la pratique n'est pas en tous points conforme à la théorie. D'abord cooptés entre eux les membres du Conseil ne sont le plus souvent que de façon virtuelle élus par les actionnaires. Leur liberté d'allure vis-à-vis du premier responsable n'est pas toujours bien assurée, soit qu'ils lui doivent pour des raisons de relations personnelles leur propre accession au Conseil, soit même qu'ils fassent partie de l'état-major placé sous ses ordres. Comme pour tout Corps constitué en charge d'une mission de vigilance, la façon dont le Conseil s'en acquitte dépend de la présence en son sein de personnalités au caractère ferme, soucieuses des intérêts permanents de l'entreprise et dont l'autorité morale soit reconnue par leurs collègues. Elles ne sont pas légion.

Tel quel ce système peut sans doute, à l'instar de la démocratie, être qualifié de « plus mauvais de tous à l'exception des autres ». Il est, malgré ses faux-semblants trop facile à dénoncer, mille fois préférable à la désignation par le pouvoir politique des responsables d'entreprises, laquelle est à l'évidence le vice à lui seul rédhibitoire, quelle que soit la doctrine affichée par le pouvoir, de leur appropriation par l'État.

Pour sa part la Banque de Paris et des Pays-Bas y avait échappé de justesse en 1946. En reconnaissance de l'indépendance d'esprit et du courage, dont il avait fait montre alors pour en protéger la maison, le conseil d'administration avait, en 1950, choisi l'ancien secrétaire général aux finances de la Libération, devenu depuis lors gouverneur de la Banque de France pour succéder à Émile Oudot en qualité de président. Valeureux officier d'infanterie au cours de la Première Guerre mondiale, successivement attaché financier à Londres, puis à New York avant la Seconde, directeur financier du Protectorat marocain pendant l'occupation de la Métropole mais en même temps désigné pour une mission d'autorité par le Conseil national de la Résistance, Emmanuel Monick était un homme de caractère en même temps qu'un personnage de grande stature. En l'admettant dans son sein puis en le portant à sa tête le Conseil se dotait donc de l'une de ces présences de nature à donner toute leur portée à ses délibérations. Il escomptait aussi, sans doute, que l'équipe formée par le nouveau Président avec le Directeur général nommé en 1948 saurait combiner, pour la plus grande efficacité, les qualités complémentaires de l'un et de l'autre.

Le fait est que leur collaboration parut d'abord s'établir dans un climat de bonne harmonie favorable à la restauration de positions anciennes de Paribas comme à de nouvelles avancées.

C'est à la longue, semble-t-il, que le succès conduisant Jean Reyre à durcir ses positions et son style d'action, Emmanuel Monick s'en alarma au point de conclure que sa propre succession ne pouvait sans dommages lui échoir.

Cette préoccupation l'avait conduit à inciter Henri Deroy, gouverneur du Crédit Foncier, à quitter son poste avant l'âge de la retraite et à le faire entrer au conseil de Paribas en tant que vice-président en situation d'être proposé au conseil pour lui succéder le moment venu. Après de vives réactions Jean Reyre s'était incliné, non sans arrière-pensées. C'est donc dans un climat quelque peu passionnel déjà qu'Henri Deroy, président depuis quelques années, et Emmanuel Monick, président d'honneur, m'avaient proposé d'être leur successeur direct. Et c'est à un homme blessé dans sa fierté, à maints égards légitime, que ma réponse à cette proposition avait sauvé la face.

Me mettant rétrospectivement à sa place je ne puis pas ne pas comprendre qu'il ait interprété mon attitude non pas comme l'effet d'une générosité naturelle mais comme celui d'une prudence habile dont il n'avait pas à me savoir gré. Les apparences et le refus trop naturel d'admettre ses propres erreurs se conjuguaient pour le convaincre qu'une conjuration d'Inspecteurs des finances avait fait de lui la victime d'injustices répétées : la première lors de l'accession d'Henri Deroy à la présidence, la seconde lorsque la sienne avait été assortie de limites de temps et de la désignation d'un dauphin. Il ne pouvait, dans ces conditions, que refuser de toutes ses fibres de s'admettre lié par sa propre parole.

***

Devant les méthodes mises en œuvre pour me décourager de poursuivre dans la voie prévue mon seul étonnement fut, à vrai dire, de les voir adoptées par un personnage dont le niveau intellectuel autorisait à attendre une plus grande subtilité. En matière de machiavélisme les réputations sont souvent usurpées mais se révèlent parfois opérantes par la seule crainte qu'elles inspirent.

J'avais tendance à considérer ces procédés avec un détachement amusé. Je me faisais reproche toutefois de m'être laissé piéger dans une position où, contrairement au personnage que j'avais toujours voulu être, je faisais figure de candidat ayant à défendre ses chances. Et je m'interrogeais sur le point de savoir si les avantages – en premier lieu pour la Compagnie Bancaire – de réaliser le plan prévu justifiaient bien le risque que soit défigurée la véritable nature de mes ambitions personnelles. Les mauvaises manières dont j'étais l'objet risquaient donc d'atteindre leur objectif en me dissuadant de poursuivre, à travers un combat dont je n'avais pas le goût, une conquête que j'avais différée lorsqu'elle m'était proposée sur un plateau. Et comme Swann s'interrogeant sur son attrait pour Gilberte je me mettais à douter que la belle Paribas fût « vraiment de mon monde ».

A ce point de mon histoire, ce qu'il est intéressant de

comprendre, pour qui s'intéresse aux enchaînements capricieux des causes et des effets, c'est que certains avatars de ma vie privée qui auraient dû, selon toute probabilité, aider Jean Reyre à se débarrasser d'un indésirable dauphin précipitèrent au contraire le dénouement qu'il voulait éluder.

En mars 1968 j'avais – pour employer le vocabulaire consacré – « abandonné le domicile conjugal » pour vivre avec celle qui, plusieurs années plus tard, allait devenir ma femme. Insolite de la part d'un homme de mon âge et de mes responsabilités, cette décision était au surplus fort critiquable de la part d'un père de six garçons – certes approchant tous de leur majorité ou l'ayant largement dépassée mais dont la mère avait toujours fait preuve d'une tenue irréprochable. Un certain climat de scandale s'établit autour de ma personne. Je devins la cible favorite des commentaires de maintes dames plus ou moins mûres dont mon exemple risquait, leur semblait-il, de déstabiliser le statut bien établi. Et, comme me le dit un de mes amis : « En tout cas tu peux désormais renoncer à devenir un jour président de Paribas. » J'ignore s'il le regrettait vraiment.

J'avais par avance mesuré tout cela. Ce qui était en cause pour moi avait une importance beaucoup plus vitale que la suite de mon parcours bancaire. Et c'est donc sans aucun vague à l'âme qu'aussitôt le pas décisif franchi – mais avant que la nouvelle s'en fût propagée dans Paris – j'allai trouver Monick et Deroy, leur fis part du nouveau cours de mon existence et les mis tout à fait à l'aise quant aux conséquences fort compréhensibles pour moi qu'eux-mêmes et, avec eux, le conseil de Paribas, pourraient en tirer concernant mon rôle futur.

– « Cette maison n'a vraiment pas de chance », opina avec tristesse Henri Deroy, dont les convictions religieuses ne pouvaient qu'être heurtées par mon comportement.

– « Il n'appartient à personne de porter un jugement sur

votre vie privée », enchaîna aussitôt Emmanuel Monick. « Je n'y trouve, quant à moi, aucun motif de modifier en rien le plan prévu. » Et, comme il devinait ma propension à profiter de l'occasion pour dénouer une situation fausse de plus : « J'insiste pour que vous abandonniez toute idée de retour en arrière. Elle ne serait pas conforme à votre caractère et nous avons besoin de vous. » L'homme se montrait, à cet instant, tel que je l'ai toujours connu : constant dans son amitié et sa confiance, viril dans ses résolutions, indifférent aux remous de l'opinion. Quelle qu'en pût être la tentation pour moi je ne me sentais pas, vis-à-vis de lui, en droit de me dérober.

Cependant au cours des mois qui suivirent, Jean Reyre, estimant sans doute ma position personnelle affaiblie vis-à-vis du conseil d'administration où nombre de bien-pensants devaient juger mon comportement privé avec sévérité, laissa de plus en plus apparaître ses intentions profondes.

Avait-il pressenti – je l'ignore – qu'il ne serait pas difficile de me pousser à bout et de me faire prendre l'initiative de la rupture? Toujours est-il qu'il jugea le moment propice pour engager Paribas dans la tentative de conquérir, par la voie d'achats « sauvages » en Bourse, le contrôle du CIC et du Crédit du Nord – dont mon propre frère était le président – et négligea de me consulter sur l'opportunité d'une entreprise dont il était clair que je ne pouvais l'approuver. C'est par la presse et par les victimes de cette agression – s'imaginant à tort pouvoir trouver auprès de moi des clartés et un appui éventuel – que je fus alerté sur cette affaire. Mes questions ne provoquèrent que faux-fuyants, esquives plus ou moins adroites, enfin contre-vérités dont je ne tardai pas à recueillir des preuves incontestables. Je décidai de mettre fin à l'équivoque. Le 19 septembre 1968, à l'issue d'un conseil de la Compagnie financière j'en fis part à son président, me réservant toutefois le choix de la date à laquelle je rendrais officielle ma démission.

La Compagnie de Suez, qui disposait déjà d'une position importante dans le capital du CIC, avait, sous l'impulsion de Jacques Georges-Picot, décidé de s'opposer aux ambitions de Paribas. La bataille boursière battait son plein et le cours du titre CIC s'envolait vers des sommets absurdes pour l'époque. Il n'était pas désirable d'ajouter au fracas des armes des péripéties d'ordre personnel dont la presse financière ne manquerait pas d'être friande. J'entendais donc consulter Emmanuel Monick et Henri Deroy pour ne déterminer qu'en accord avec eux le calendrier de mon retrait. Mes interlocuteurs ne contestèrent pas ma décision dans son principe. Mais ils ne firent pas mystère de leur désir que Jean Reyre soit mis en demeure par le conseil de négocier avec moi le retrait de ma démission. En dépit de mon peu de goût pour les attitudes d'abandon je n'étais pas certain de désirer une telle issue.

C'est pourtant dans ce sens que devaient tourner les événements. Une trêve étant intervenue sur le marché boursier entre les deux protagonistes, à l'incitation du gouverneur de la Banque de France, je profitai du calme revenu pour adresser à Jean Reyre une lettre de démission. Elle était datée du 14 octobre, soit trois jours avant une réunion de conseil. La discussion qui suivit sa lecture aux administrateurs aboutit à une suspension de séance de vingt-quatre heures à la demande de plusieurs de ceux-ci. Une délégation de six d'entre eux vint, dans la même journée, me prier de retirer ma démission et s'enquérir des conditions que j'y mettais. Ils les prévoyaient sévères mais se faisaient fort d'en imposer l'acceptation au principal intéressé.

Cependant une seconde délégation de six membres de la haute direction vint me trouver pour plaider la cause de leur patron et me prier de me comporter à son égard « en vainqueur magnanime ».

Aux uns comme aux autres je répondis qu'il ne s'agissait pas pour moi de remporter quelque victoire que ce soit mais que je me refusais à voir se perpétuer les ambiguïtés antérieures et les manœuvres qu'elles favorisaient. Un calendrier précis de passation des pouvoirs s'imposait donc, auquel je demandais à réfléchir.

A la reprise de la séance du conseil le 18 octobre 1968, je m'assis à nouveau à ma place habituelle et fis une assez longue déclaration dans laquelle j'exposai mon refus de partager la responsabilité d'initiatives d'une grande portée sur lesquelles je n'avais pas été consulté et les raisons de mon désaccord à leur sujet. Celui-ci ne concernait pas seulement les méthodes employées pour tenter de prendre le contrôle du CIC et du Crédit du Nord mais plus encore la réalité des avantages escomptés d'une telle opération. Comme il avait été convenu avec lui Jean Reyre ne répondit pas. Le principe d'un calendrier de passation des pouvoirs étalé sur quelques mois fut adopté. En considération des circonstances il ne serait rendu public que deux mois plus tard, à l'issue du Conseil de décembre. Dès ce moment je devais occuper à mi-temps un bureau rue d'Antin et être consulté avant toute décision importante. Le conseil serait saisi de toute divergence entre nous et aurait à trancher.

A l'issue de la réunion certains de mes collègues, tout en me félicitant de ma modération, exprimèrent le regret qu'une solution plus radicale ne fût pas intervenue sur-le-champ. Au risque de passer pour hypocrite j'avoue que j'éprouvais une certaine compassion pour le chagrin visible de Jean Reyre. Je n'ai pas eu à regretter de ne m'être pas montré plus rigoureux : aucun nouveau conflit ne surgit entre mon prédécesseur et moi-même avant que je ne lui succède au cours des mois suivants.

***

Je tenterai d'analyser plus loin l'héritage qui m'était transmis et dont j'allais désormais devoir prendre soin. Ce que j'ai tenu à montrer d'abord, en suivant le fil de péripéties parfois peu plaisantes, c'est comment les institutions d'une grande entreprise capitaliste ont pu, sans remettre en cause les acquis de l'étape qui s'achevait, arbitrer une crise de succession, déterminer le passage à une étape nouvelle et mettre en place les moyens jugés nécessaires pour la franchir.

Par rapport à cette constatation rappeler le rôle joué dans le déroulement de cette crise par des événements d'ordre tout à fait personnel peut sembler n'avoir qu'un intérêt anecdotique. Leurs conséquences à tout le moins inattendues ne laissent pas, cependant, de m'étonner aujourd'hui encore. Considérés par certains comme devant mettre fin aux perspectives de mon accession à la présidence de Paribas, me faisant apprécier comme secondaire l'objectif d'y parvenir, fournissant au président en exercice l'occasion souhaitée de m'écarter du chemin, ils l'encouragèrent en fait à des attitudes imprudentes le conduisant à s'effacer plus tôt que prévu. Ce n'était pas le premier épisode improbable de mon existence.

III

L'héritage

La tentation naturelle de nouveaux responsables est de mettre sans retard en évidence les mauvaises surprises de leur héritage pour s'en laver publiquement les mains. Cette démarche n'est pas sans réserver parfois quelques mécomptes. C'est ainsi qu'en créant en 1981, au lendemain de sa prise de pouvoir, une commission du Bilan, le gouvernement Mauroy se mettait en position d'avoir à regretter l'honnêteté intellectuelle des membres désignés par lui. Quant aux nouveaux P-DG ils ont à trouver le bon dosage entre une sage gestion du crédit de leur maison et le souci de leur propre renommée. Dans les premiers bilans suivant leur entrée en fonctions, les provisions dont le calcul comporte toujours une assez large marge d'appréciation ne doivent donc pas être constituées à trop larges coups de cuillère à pot.

Malgré le recul du temps il serait présomptueux de me prétendre à l'abri de toute déviation de nature analogue au moment d'analyser l'héritage que me transmettait Jean Reyre en 1969. Je pense pourtant avoir fait montre, dans l'exercice de mes fonctions, d'une entière solidarité vis-à-vis de mes prédécesseurs, sans exception aucune. Conforté par une confiance peut-être excessive dans la qualité de ma réputation propre, le prestige de la maison qui venait de m'être confiée me préoccupait avant tout. Ce legs d'un long passé m'imposait de mettre en lumière ce qu'avait eu de largement positif la gestion des vingt dernières années au moment même où j'étais résolu à en modifier le style comme certaines orientations.

***

Je n'entreprendrai pas de faire revivre ici une geste dont les commencements se situent au siècle précédent. Là se trouvaient pourtant les acquis les plus précieux dont je devenais le dépositaire, au premier rang desquels l'aura de puissance et d'acteur de l'histoire dont le nom « Banque de Paris et des Pays-Bas » était nimbé. Lors des récentes opérations de privatisation il est clairement apparu que cette représentation quasi mythique n'avait été altérée en profondeur ni par l'éclipse de l'occupation, ni par les péripéties de la reconquête et de la nationalisation.

Les actifs et les passifs bancaires se transforment plus vite au fil des événements et des politiques que ceux de toute autre entreprise. Mais l'image d'une grande maison consacrée par le temps est moins volatile que les flux exprimés dans ses comptes. Cette part immatérielle de son patrimoine ne saurait être évaluée : elle est en tout cas la moins vulnérable aux assauts de la copie et de la concurrence. Sa sauvegarde, sa restauration si les circonstances y ont porté atteinte ou si les hommes l'ont tant soit peu dilapidée, constituent pour tout responsable des impératifs majeurs.

Le centenaire de la fondation de la Banque approchait, faisant suite ou précédant celui de plusieurs collègues européennes. Les fastes autoglorificatoires auxquels certaines de nos aînées avaient cru devoir, à cette occasion, convier les banquiers de la planète m'avaient dissuadé de tenter de les éclipser. J'étais bien déterminé à adopter, pour notre part, un profil bas et à n'infliger à personne l'ennui des hyperboles d'usage. Les circonstances ne m'en imposaient pas moins d'inventorier avec soin une histoire dont j'étais devenu comptable sans y avoir participé.

Aidé par l'inestimable Jean Cabet qui, jusqu'à son dernier jour, aura été la mémoire vivante de la maison, je m'attachai à identifier les hauts faits ayant doté son image de ses caractères les plus distinctifs, de son originalité si fortement typée.

L'importance exceptionnelle du capital initial de la Banque de Paris et des Pays-Bas, la composition de ses premiers conseils où ne figuraient que des financiers de grand renom aux moyens personnels étendus, la volonté affichée par eux de n'opérer qu'avec les ressources propres du nouvel organisme – éventuellement étayées par leurs participations personnelles – avaient fixé les traits d'un cénacle d'initiés, d'une Haute Banque à l'abri des vulgaires vicissitudes des établissements de crédit. Le rôle de chef de file joué dès le lendemain de sa constitution, aux côtés du groupe Rothschild, dans le placement de l'emprunt de libération des territoires et le grand succès rencontré tant en France qu'en Europe par cette émission près de quinze fois couverte avaient établi d'emblée celle qu'on appellerait un jour Paribas et qui était d'ores et déjà physiquement présente sur les principales places financières d'Europe continentale : Paris, Amsterdam, Genève, dans le statut de maison internationale de première importance ainsi que d'interlocuteur des gouvernements.

Au fil du temps cette double vocation ne s'était pas démentie. Sans doute le rôle joué un moment en tant que prêteur du gouvernement égyptien n'avait-il pas laissé d'autres traces que des relations durables avec certaines firmes industrielles dont les exportations avaient été favorisées – déjà – par ces opérations (Cail, Fives-Lille). Mais les prêts faits dès les premières années du siècle au royaume chérifien, le rôle joué dans la constitution puis l'administration de la Banque d'État du Maroc, l'engagement ultérieur de Paribas dans la politique de mise en valeur et de développement des infrastructures mises en œuvre par Lyautey, avaient associé Paribas aux caractères les plus valables d'une grande œuvre et d'une grande figure. L'empreinte qu'elle en avait reçue était d'exceptionnelle qualité. Il importait qu'elle survécût à la modification des rapports d'États entre le Maroc et la France. Elle constituait un antécédent d'un grand poids pour un redéploiement futur non seulement en Afrique mais au Moyen-Orient puis en Asie.

Plus ponctuelles, d'autres interventions de la Banque à l'étranger – en liaison et parfois à la demande même du gouvernement français – avaient également contribué à fixer son profil. Je n'en citerai ici que quelques-unes dont l'apport me semble le plus marquant : rôle de premier plan dans la constitution et la gestion – toujours active au moment où j'écris – de la Banque ottomane; participations au capital de la Banque nationale du Mexique puis de la Banque franco-italienne pour l'Amérique du Sud; création du Crédit Foncier franco-canadien. Il s'agissait, dans la plupart de ces cas, d'assurer une présence de la maison dans chaque pays concerné grâce au partenariat dans un établissement de statut local et non pas d'y implanter quelque succursale ou filiale agissant sous le contrôle exclusif du siège parisien et entrant en concurrence avec les banques du cru. Ce dernier mode d'expansion internationale, mis en œuvre par les grands établissements de crédit français dans l'intervalle des deux guerres mondiales et développé par eux sur une grande échelle à la suite de la seconde, ne devait être largement utilisé par Paribas qu'à partir des années 70. Reconnaissons-le, il constituait un écart délibéré par rapport à sa ligne initiale.

Un autre accomplissement de Paribas a sans conteste joué un rôle notable pour typer davantage son image. Je veux parler de son rôle de premier plan dans la constitution en 1905 de la Société norvégienne de l'Azote (aujourd'hui Norsk Hydro) et du développement inattendu qu'il a comporté quelques décennies plus tard.

L'arrivée en France dans les bagages d'un collaborateur de la maison, à la veille de l'armistice, du stock d'eau lourde détenu par l'entreprise norvégienne, puis son expédition en Grande-Bretagne, constituaient un épisode frappant pour l'imagination du public. Une fois de plus Paribas se trouvait impliqué en bonne place dans un fait historique. Plus tard, au lendemain du premier choc pétrolier, le développement des découvertes d'hydrocarbures en mer du Nord, la part prise par Norsk Hydro dans celle du gisement d'Ekofisk, ne pourraient que confirmer ce trait en même temps que suggérer quelque relation privilégiée avec la chance.

*
* *

La forte coloration internationale de la Banque de Paris et des Pays-Bas, confirmée par sa raison sociale elle-même, inspirait à tort à une fraction notable du public l'idée que son capital lui-même devait être pour une large part étranger. Le rôle joué par elle en tant que Banque d'affaires dans le développement industriel de l'hexagone ne devait pas pour autant être oublié. Ses interventions n'y avaient jamais été mineures. Ayant déployé son influence dans la structuration de la plupart des grandes industries de base, ou mettant en œuvre des techniques nouvelles (sidérurgie, distribution d'électricité, compteurs, téléphone et TSF, pétrole) elle y avait ensuite conservé des participations en capital sanctionnées par sa représentation dans les conseils d'administration. De ce fait l'organigramme de la maison et de ses zones d'influence avec ses multiples traits reliant entre elles les entités apparentées pouvait être décrit, non sans malignité sans doute, comme une toile d'araignée tendant d'année en année à recouvrir de nouveaux secteurs de l'économie. Ses objectifs réels n'étaient-ils pas à l'évidence de constituer – au cœur d'une nébuleuse internationale – un centre de domination locale tendant à orienter l'économie du pays en fonction des seuls impératifs d'un capitalisme sans frontières? Pur fantasme, à la fois séduisant et redoutable, dont l'irréalisme ne sera compris qu'une fois épuisé son potentiel de nuisance.

Certaines personnalités s'étaient au surplus campées dans ce tableau et lui avaient communiqué le lustre de leur génie propre, telle, dans l'entre-deux-guerres, celle d'Horace Finaly dont les heurs et malheurs (« le Financier dans la Cité » puis dans la nécessité) n'avaient pas fait oublier la grande culture ni la réputation de manœuvrier politique ayant su réconcilier un moment la Haute Banque et le Front Populaire.

Si l'on ajoute à tout cela la renommée d'offrir à ses collaborateurs de confortables rémunérations complétées à l'occasion d'opportunités d'enrichissement auxquelles aucune Commission des opérations de Bourse ne songeait encore à mettre le holà, on peut comprendre que Paribas attirait vers elle maints jeunes talents en quête d'une carrière intéressante et lucrative en même temps qu'elle devenait pour une certaine démagogie le symbole même du capitalisme apatride et de ses abus.

***

Tels se composent, selon mes souvenirs de jeune homme comme au regard du vieux routier s'efforçant de les reconstituer après coup, les principaux traits de l'image qu'évoquait l'appellation « Banque de Paris » (on omettait alors souvent l'appendice « et des Pays-Bas ») à la veille de la Deuxième Guerre mondiale. Avec son contenu réel et sa part d'imaginaire elle avait tout pour susciter la convoitise et la méfiance d'un occupant pour qui les mythes tenaient lieu de doctrine. Aussi pendant quatre ans, la supervision rigoureuse d'un commissaire-contrôleur nazi fut-elle imposée à l'établissement. Naguère si vivant, il connut alors une sorte d'hibernation au cours de laquelle ne pouvaient que se distendre ses principales relations de clientèle : climat favorable à la contestation larvée de la direction et de sa motivation.

Le vrai devoir des patrons, dans une telle période, n'est pas toujours évident pour eux-mêmes, comment le serait-il pour leurs subordonnés? Faut-il prendre le risque de sacrifier l'instrument de travail et les moyens d'existence de ces derniers au panache de la résistance ouverte, à l'honneur public des chefs? S'agit-il là d'un problème d'appréciation devant lequel un patron doit tenir compte, dans la bonne foi de sa conscience solitaire, des circonstances immédiates, des perspectives d'avenir et de leurs échéances espérées? Ou bien ne dispose-t-il d'aucune faculté de choix face à l'intangibilité des principes? L'expérience semble avoir tranché en faveur d'une certaine souplesse pragmatique, pourvu toutefois que son domaine d'application soit resté limité par d'intangibles frontières. Pour ma part je me bornerai à constater que les plus intransigeants d'attitude au lendemain de la Libération n'ont pas toujours été ceux qui pouvaient se prévaloir des plus authentiques faits de résistance, ni dont le comportement ultérieur a paru guidé par l'éthique la plus ferme.

Quoi qu'il en soit, à l'intérieur de la Banque de Paris, les oppositions toujours latentes entre praticiens opérant au jour le jour et généralistes ayant pour mission de définir et maintenir le cap, les ambitions que l'occasion suscite parmi des collaborateurs talentueux et de tempérament accusé, tous envieux de la gloire qui peut s'attacher à gouverner une telle entreprise, créaient un contexte propice à d'impitoyables règlements de comptes sous couleur de ce qu'il était convenu d'appeler l'épuration.

Ultime touche, mais non la moins voyante dans les circonstances de l'époque, apportée à l'image de la maison lorsqu'en 1948 mon prédécesseur reçut mission, en qualité de directeur général, de lui restituer un rôle à sa mesure dans l'effervescence de l'après-guerre.

***

Quelles inflexions, délibérées ou non, Jean Reyre avait-il apportées à cette image de marque, prestigieuse mais complexe, au cours de vingt années d'exercice d'un pouvoir non pas sans contrôle mais de plus en plus enclin à l'esquiver?

Peut-être y a-t-il quelque abus de personnalisation dans la formulation d'une telle question? Les accomplissements d'une grande maison ne sauraient être, de toute évidence, le fait d'un seul homme. Les initiatives dont celui-ci était fondé, dans le cas présent, à revendiquer la paternité devaient certes beaucoup au travail d'une équipe. Qu'aurait-il pu faire, au surplus, sans la caution morale – au moins apparente – de présidents forts respectés, d'Emmanuel Monick en particulier?

Il n'en reste pas moins que la répartition des rôles entre directeur général et président était en 1948 restée conforme à ce qu'elle avait été depuis l'origine, le premier jouissant en fait des pouvoirs de gestion les plus larges, sous la seule sanction d'un désaveu éventuel du conseil. S'il devait être donné un nom à la période 1948-1968 c'est donc bien d'époque Jean Reyre qu'il conviendrait de parler. C'est lui d'abord, sinon lui seul, qu'il faut créditer des succès de la maison dans ce que j'ai déjà appelé la « reconquête ». Après tout, pour reprendre le mot de Joffre, si cette bataille n'avait pas été gagnée c'est bien lui qui l'aurait perdue.

Mettant en œuvre la procédure des crédits à moyen terme, que ses services d'études avaient étudiés avant même la Libération puis contribué à faire adopter par les autorités financières au nom des besoins de la reconstruction, la Banque tira judicieusement parti de sa capacité théorique plus grande que celle de ses confrères à contracter des engagements à échéance de plusieurs années, pour se réintroduire chez son ancienne clientèle et prendre la position de chef de file dans les opérations consortiales destinées à financer son rééquipement. Puis ce sont ses opérations d'exportation, vitales pour retrouver nos équilibres extérieurs, et notamment les ventes à l'étranger de grands ensembles dont la maison se fit une spécialité. Mais là Jean Reyre avait vite perçu qu'il ne suffisait pas pour prendre la concurrence de vitesse d'utiliser comme elle les procédures d'aide mises au point par les pouvoirs publics. Il fallait aussi explorer les marchés acheteurs – en particulier des pays en voie de développement – et monter avec notre clientèle française la plus qualifiée des groupes d'entreprises – le plus souvent internationaux – pour étudier les projets repérés et en négocier l'attribution par les gouvernements intéressés. A cette fin un service spécial avait été créé au siège et plusieurs bureaux de représentation ouverts à l'étranger, dont le dynamisme ne tarda pas à faire l'admiration jalouse de maints concurrents. Pour le même objet, notre installation à Moscou, sous la forme d'une société commerciale, ne laissa pas de défrayer la malveillance avant d'être imitée.

Dans le même temps la réanimation progressive du marché boursier de Paris donnait à notre direction financière, souvent sur l'initiative de la direction industrielle, l'occasion de proposer aux grandes affaires françaises des opérations en capital ou des émissions obligataires à la mise au point desquelles le directeur général apportait le plus souvent sa touche personnelle. Enfin celui-ci ne tarda pas à comprendre quel espace nouveau de liberté ouvrait, en une période de stricte réglementation interne, le développement du marché des euro-devises ni à mettre en place les moyens d'y assurer à la maison une place enviable tant vis-à-vis des confrères français que des grandes banques internationales.

D'autres accomplissements, notamment dans le domaine de la construction, des travaux publics et des restructurations industrielles, pourraient compléter ce brillant tableau. Des touches plus ternes doivent néanmoins y être apportées. La création à Londres – avec participation au capital de plusieurs banques et compagnies d'assurances britanniques – de Banque de Paris et des Pays-Bas Ltd, puis celle à New York de Paris-Bas Corporation connurent de prime abord de sérieuses difficultés puis ne furent, au mieux, que des demi-succès instructifs sans doute pour l'avenir mais plutôt négatifs quant à l'image de marque de la maison.

L'ambition de Jean Reyre de faire de Paribas une « banque industrielle » – sans que fussent très bien précisées quelles novations cela comportait par rapport à la notion traditionnelle de banque d'affaires – l'avait certes déterminé à des recrutements de grande qualité dont l'École polytechnique et le ministère de l'Industrie avaient fourni les principaux éléments. Mais les profits de l'activité déployée dans ce domaine n'avaient pas été à la hauteur des espérances. Et les départements d'exploitation les plus bénéficiaires se plaignaient que leurs résultats fussent trop souvent amputés du fait des responsabilités assumées par le département industriel. Au surplus notre engagement dans une industrie aussi dévoreuse de capitaux et à l'avenir aussi problématique que la sidérurgie devait être continûment accru sous son impulsion; il m'incomberait un jour d'en assumer les coûteuses conséquences.

Les services de gestion de fortune eux-mêmes s'en trouvaient sérieusement affectés. Trop connectés avec les autres départements ils n'hésitaient pas à associer largement leur clientèle à des opérations initiées par ces derniers et dont les motivations n'étaient pas forcément en phase avec les intérêts de capitalistes privés. Le climat de confiance qui aurait dû entourer la maison s'en trouvait altéré, en Bourse comme à la ville.

Enfin le style d'action de moins en moins ouvert de Jean Reyre, la qualité incertaine de certaines de ses relations tant en France qu'à l'étranger, celle des « coups » tentés en association avec eux, suggéraient l'idée d'une sorte de dérive par laquelle le prestige de la « Banque de Paris » risquait d'être dégradé. Les conditions mêmes dans lesquelles avait été montée l'offensive boursière sur le Crédit Industriel et, secondairement, sur le Crédit du Nord, appelaient des réserves du même ordre.

Je crois devoir, avant d'évoquer aussi brièvement que possible mon propre rôle, expliciter ma position sur ce dernier point. Je n'entends pas jouer les « pères la pudeur » en matière de morale des affaires. Pas plus que d'autres je n'aime les prêchi-prêcha et je comprends le scepticisme accueillant parfois mon recours à des mots qui me sont familiers comme éthique et déontologie. C'est un lieu commun pour un large public que de considérer le cynisme comme plus nécessaire que la rigueur morale à l'exercice du métier de banquier. Je dois constater même que pour de nombreux cadres de Paribas, y compris ceux qui n'ont pas connu l'époque Reyre, affleure encore une certaine nostalgie de l'astuce belliqueuse et de l'esprit d'aventure dont ce dernier demeure, dans la saga de la maison, le talentueux parangon. Il m'est même arrivé de me demander dans quelle mesure tel ou tel collaborateur à la morale privée la plus stricte n'avait pas éprouvé, à se trouver impliqué dans des manœuvres dont il n'eût en aucun cas pris lui-même la responsabilité, quelque agréable frisson de côtoyer le péché.

Pourtant au risque d'être taxé soit d'angélisme – ce qui n'est guère crédible – soit d'hypocrisie – par ceux qui me connaissent le plus mal – soit – comble de disgrâce – d'indécrottable fonctionnarisme, je persiste et signe dans la défense de certains principes et dans l'usage d'un certain vocabulaire pour définir le code de bonne conduite convenant à une grande institution financière. Au lieu de n'y voir que l'expression de préoccupations élevées mais naïves, ou d'un sacrifice de l'efficacité au confort moral, ne faut-il pas y reconnaître au contraire celle d'un réalisme bien tempéré? Nos maisons vivent de crédit c'est-à-dire de confiance. Celle-ci se conquiert au fil des années et s'évanouit sur un seul malencontre. Le comportement de leurs dirigeants, la foi que l'on peut avoir en leur parole, leur souci prioritaire des intérêts de leur clientèle, leur modération dans la mise en œuvre de leur puissance, sont donc, aux dépens éventuels de la profitabilité immédiate, des éléments majeurs de leur fonds de commerce. Quant au système libéral lui-même, sa supériorité par rapport à tout autre ne saurait être reconnue de façon durable que confortée par le respect de saines règles du jeu de la part de ses principaux agents.

Certes l'utilisation de tous les moyens qu'autorise la loi peut apparaître légitime. Il est également vrai que certains « coups » audacieux ont leur rôle à jouer pour permettre le réveil d'entreprises somnolentes, le rajeunissement de structures vermoulues. Et l'OPA dite « sauvage » – parce que conduite à l'encontre des dirigeants concernés – peut, conduite à bon escient par un opérateur qualifié, se révéler conforme à l'intérêt général. Il arrive par contre qu'elle soit l'instrument de ce que les Anglo-Saxons ont baptisé le *green mailing* et n'aboutisse qu'à l'enrichissement de l'assaillant au prix d'une nouvelle perte de substance de la proie à laquelle il renonce. De grandes maisons de banque ambitieuses de perdurer et préoccupées à juste titre de leur image de marque ne sauraient la compromettre en pratiquant pour leur propre compte de telles opérations. Le style en convient mieux à des financiers plus libres de leurs allures parce que moins enracinés dans les marchés où ils exercent leurs talents.

IV

Les affinités adoptives

La différence de nature entre la procréation et l'adoption n'implique pas une différence d'intensité dans les affections qui en procèdent. Souvent les parents s'attachent à un enfant choisi de façon délibérée autant que s'il était issu de la combinaison aléatoire de leurs gènes. Leur dévouement d'éducateurs achève de les souder à l'adopté. C'est du côté de ce dernier, surtout s'il n'était plus d'âge tendre au moment d'acquérir cette condition nouvelle, que se rencontrent parfois plus de réticences instinctives. Les formes différentes de paternité d'entreprise que j'ai connues appellent des remarques analogues.

La morphologie d'une entreprise est, il est vrai, beaucoup plus adaptable à des environnements changeants que celle des organismes humains; pour demeurer bien vivante elle doit être en perpétuelle création. Aussi la tâche d'un patron d'adoption s'apparente-t-elle souvent à celle d'un fondateur. C'était le cas de celle que j'avais cru devoir accepter à Paribas puisqu'il s'agissait en fait d'aborder une phase nouvelle de son histoire. Je ne devais donc pas éprouver de difficulté à étendre à la maison bientôt centenaire dont la responsabilité m'incombait soudain l'instinct de paternité et la vocation au métier de patron qu'avaient suscités en moi les soins dispensés à la Compagnie Bancaire.

Pourtant le contexte même qui me valait de ne me sentir

en rien dépaysé rue d'Antin ne pouvait pas ne pas inquiéter mes nouvelles ouailles, au niveau du haut état-major surtout. Si spontané que fut vis-à-vis du pouvoir en place leur loyalisme, dont j'ai pu bientôt éprouver qu'il était de tradition dans l'ensemble de la maison, la perspective des changements encore mal définis dont mon arrivée était porteuse faisait naître beaucoup d'interrogations. Si l'instauration de mon autorité ne devait pas faire problème, le climat de libre adhésion nécessaire à sa pleine efficacité n'allait pas s'établir d'emblée. L'exemple de la Compagnie Bancaire et de la confiance affectueuse y caractérisant les relations réciproques entre l'équipe et le patron suscitait dans ma seconde famille plus de retenue tant soit peu jalouse que d'aimable émulation.

Il n'est pas hors de saison, me semble-t-il, de s'attarder à de telles analyses. L'entreprise absorbe, à notre époque, une grande part de notre vie quotidienne et de nos réflexions d'avenir. Autant que les thèmes favoris de la littérature romanesque le climat psychologique régnant entre un patron et son personnel mérite l'analyse. De lui dépendent la prospérité et l'évolution sans heurts d'importantes collectivités humaines. Les entreprises financières y sont sans doute le plus sensibles : l'activité de chacun s'y trouvant moins qu'ailleurs déterminée par des processus contraignants de production, le cœur à l'ouvrage de tous, fonction lui-même d'un certain bien-être affectif, y détermine le niveau d'efficacité.

J'en étais fort conscient en prenant mes fonctions à Paribas et j'avais estimé nécessaire d'aborder de front, dès le départ, un problème générateur d'inévitables difficultés avec les hommes que je trouvais en place : celui de ma propre succession lorsque l'âge me commanderait de faire à ce sujet des propositions au conseil. Les épisodes que je venais de vivre me faisaient considérer comme une exigence prioritaire d'écarter tout risque de voir mon action viciée par des perspectives analogues. Malgré la grande estime que m'inspiraient la plupart des membres de l'équipe en place, voire l'admiration que j'éprouvais pour certains d'entre eux, j'avais d'ores et déjà résolu de rechercher à l'extérieur celui dont je tenterais de faire mon dauphin. Je ne pouvais cacher cette position aux principaux intéressés sans fonder sur un malentendu notre collaboration. Aujourd'hui encore je leur dois – comme au lecteur – de m'en expliquer sans équivoque.

*
* *

Les hommes avec lesquels j'allais avoir à travailler chaque jour rue d'Antin présentaient, pour la plupart, des traits fort différents de ceux qui m'avaient déterminé pour composer mon équipe de la Compagnie Bancaire et l'avaient conduite au succès. Le poids de leurs diplômes était beaucoup plus lourd, les bottiers de Polytechnique – certains du plus haut rang – y figurant en force. Ces derniers n'étaient pas de ceux qui auraient accepté vingt ans plus tôt de risquer l'aventure en ma compagnie et je ne me serais pas hasardé à le leur proposer : les chemins non balisés ne sont pas faits pour ceux à qui des études exceptionnellement performantes ont ouvert, dès leurs débuts, les voies royales.

Ce n'était pas une raison valable pour écarter de telles personnalités de la ligne successorale. Mon seul problème était de décider si j'avais chance de trouver parmi elles l'homme que je considérerais comme qualifié – par son caractère plus encore peut-être que par sa formation intellectuelle – pour assumer la pleine responsabilité d'une institution telle que Paribas.

J'avais, je dois l'avouer, conçu de longue date quelques réserves quant aux déviations caractérielles que risque d'infliger aux plus brillants de ses élèves le concours de sortie de l'École polytechnique. Je craignais que le combat austère et prolongé pour le classement ne finisse par inspirer à des vainqueurs tant soit peu las une conception mandarinale de leur carrière plutôt que de déterminer en eux l'éclosion de tempéraments de patron. Néanmoins, seule l'expérience quotidienne du travail en commun avec mes nouveaux collaborateurs – et la découverte de leurs attitudes plus ou moins responsables face aux mauvaises surprises de leur secteur – pourrait infirmer ou confirmer cette crainte a priori.

Par contre, et sans que cela puisse faire injure à personne, l'idée d'aller chercher dans la catégorie des ingénieurs – si prééminent que soit considéré leur Corps d'appartenance – l'homme à qui je formerais le projet de passer un jour les rênes d'un grand pouvoir bancaire m'eût paru procéder d'une confusion des genres. Collaborateur nécessaire du banquier l'ingénieur ne me paraît pas son successeur naturel.

L'ingénieur est aménageur de l'espace. Le banquier doit être aménageur du temps. La technique de l'un s'impose dans les limites des trois premières dimensions. Le talent politique de l'autre doit lui permettre de s'orienter avec quelque aisance dans la quatrième.

A l'un de répondre avec précision aux questions où et comment? A l'autre d'apprécier – de façon toujours aléatoire – quel choix le plus opportun possible exercer face à la question quand.

Les jugements de l'un procèdent des sciences exactes et de l'analyse logique. Ceux de l'autre sont tous tournés vers les incertitudes du futur : variations des taux d'intérêt, prise de risques à terme plus ou moins proche, prévisions d'échéances, paris sur l'évolution des marchés. Il ne peut se contenter d'avoir conçu une solution valable à un problème donné. Il lui faut – avec une proportion d'erreur tolérable – ne l'avoir fait ni trop tôt ni trop tard.

Sans doute les aptitudes nécessaires pour maîtriser des concepts aussi différents peuvent-elles se conjuguer dans un même personnage. L'opposition pascalienne entre l'esprit de finesse et l'esprit de géométrie souffre des exceptions. Les plus remarquables de celles que j'ai pu rencontrer se distinguaient, me semble-t-il, par les défis surmontés d'un itinéraire personnel hors normes au moins autant que par leurs brillantes performances dans un grand concours. Mon expérience de l'équipe Paribas ne m'avait pas conduit à y reconnaître quelque atypique de ce genre.

***

J'avais conçu le projet, alors que je n'étais encore que vice-président de Paribas, de donner le jour venu à Pierre Moussa, camarade de dix ans plus jeune que moi à l'Inspection des finances, une chance de devenir mon dauphin. Il avait envisagé avec enthousiasme de s'engager dans l'aventure.

Ancien élève de Normale-Lettres sa formation intellectuelle n'appelait à l'évidence aucune des réserves que je formulais sur l'adaptation des ingénieurs des grands Corps aux plus hautes responsabilités bancaires. Et la contradiction n'est qu'apparente entre certains de mes propos concernant la naissance d'une vocation de patron et le fait d'avoir porté mon dévolu sur l'un des lauréats du plus sophistiqué des concours. Certes l'élève de Normale Sup. a fait l'objet, pour y entrer, d'une sélection plus rigoureuse que celle de l'X. Mais parvenu rue d'Ulm il y est désormais traité en homme. Il peut y parachever sa culture et sa maturation humaine dans un climat de liberté n'ayant ni à subir l'atmosphère puérilisante d'une sorte de collège militaire ni à sacrifier à l'esprit de compétition. Qui a jamais entendu parler d'un major – ou supposé tel – de Normale Supérieure? Si le normalien confirmé décide, en toute liberté, d'affronter tel ou tel nouveau concours il y excelle, le plus souvent, sans excès d'efforts. Il s'y présente en adulte ayant choisi sa voie, non pas en élève ambitionnant la palme de l'excellence.

Tel était bien le cas de Pierre Moussa. J'avais pu apprécier ses qualités de négociateur ferme et subtil lorsqu'il exerçait les fonctions de directeur des Affaires économiques au ministère de la France d'Outre-Mer : c'est avec lui que François Anthoine et moi-même avions discuté en son temps la convention entre Cofimer et l'État. Il avait par la suite accepté de participer à l'un de mes périples africains et nous avions approfondi notre connaissance l'un de l'autre.

Son brio intellectuel et sa vaste culture littéraire, philosophique, voire même politique, m'avaient alors semblé le prédisposer à pratiquer l'art du banquier avec toute la psychologie et le sens du timing nécessaire. Il avait, à la Fédération des assurances, fait montre d'autorité et de diplomatie dans la fonction de premier responsable. Enfin un séjour de plusieurs années à la Banque Mondiale en qualité de directeur l'avait conduit à nouer à travers le monde des relations suivies avec nombre d'hommes d'État étrangers et de financiers internationaux. Ce dernier trait le désignait comme un collaborateur précieux pour m'aider à mettre en œuvre la stratégie de développement hors de l'Hexagone qui me paraissait s'imposer comme pour la poursuivre lorsqu'il me succéderait.

Des qualifications aussi manifestes m'épargnèrent d'être taxé par quiconque d'avoir recherché à travers lui une sorte de revanche des Inspecteurs des finances sur les Corpsarts, souci de toute évidence étranger à mon caractère. Mon choix fut accepté sans contestation. Accédant sans préalable à un poste d'état-major en qualité de l'un des directeurs généraux adjoints, Pierre Moussa n'eut pas de difficultés à s'y tailler l'espace d'autorité nécessaire. Mon intention manifeste d'en faire un jour mon dauphin – si l'expérience de notre collaboration correspondait à mon attente – lui épargnait les prudences dilatoires des carriéristes soucieux de maintenir la balance égale entre divers pouvoirs potentiels. Et la lucidité de ceux qui eussent pu se considérer comme ses rivaux les plus directs, leur dévouement aux intérêts de la maison, leur appréciation de ma franchise et leur confiance dans mon équité achevèrent de remettre en très bon ordre un état-major que la crise de succession avait troublé dans ses profondeurs. Sans doute l'attachement inconditionnel des vieux compagnons de mes débuts ne serait jamais leur fait : rien ne saurait remplacer l'histoire vécue en commun. Jamais pourtant ne devait me faire défaut de leur part ce minimum vital de chaleur humaine sans quoi « je ne saurais pas vivre ».

*
* *

C'est entouré d'une équipe d'hommes de grande valeur dont quelques mois de travail en commun avaient suffi à réorienter la solidarité autour de moi-même et de Pierre Moussa que j'entamai une besogne dont j'entendais qu'elle fût, sinon menée à bien, du moins engagée de façon irréversible au terme des neuf à dix années auxquelles j'estimais salutaire de limiter ma présence active à la tête de Paribas. Quelque réserve qu'appelle toujours l'interprétation des chiffres ils montrent sans équivoque possible que nous avons alors inauguré une ère d'expansion rapide. Son caractère pacifique, l'absence délibérée de conflits alimentant la chronique, l'ont fait paraître comme allant de soi et moins digne de mémoire peut-être que les périodes plus agitées qui l'ont précédée ou suivie. Il reste que malgré l'absurde épisode de la nationalisation et les césures déplorables qu'il a provoquées dans les destins individuels de mes successeurs, je persiste à me flatter que le New Deal dont j'ai été l'initiateur se soit poursuivi jusqu'aujourd'hui.

Il ne pouvait s'agir, au départ, d'une novation brutale. Accepter un héritage c'est renoncer à en discuter l'inventaire. Les faits et gestes de votre ayant cause, même ceux dont vous avez eu auparavant le plus tendance à vous désolidariser, s'imposent désormais à vous dans toutes leurs conséquences. Il faut « faire avec ». Si le style d'action dont ils ont procédé n'est pas conforme à celui que vous entendez faire prévaloir à l'avenir, il n'en continue pas moins parfois d'imposer sa logique propre pour sortir sans dommages majeurs des situations qu'il a créées. Héritier d'une guerre que l'on n'a pas voulue ce sont pourtant les moyens de la guerre dont il faut se doter avant de pouvoir être en situation de mener à bien des négociations de paix.

C'est ainsi que me trouvant substitué à mon prédécesseur dans la bagarre pour le contrôle du CIC face à un Jacques Georges-Picot attendant beaucoup de l'esprit de conciliation dont il pouvait me croire animé, je ne tardai pas à décevoir mon interlocuteur. Au nom du réalisme il faisait état d'un paquet d'actions de près de dix points supérieur au nôtre ainsi que de la préférence pour Suez de nombreux dirigeants du groupe bancaire convoité pour refuser que le principe de l'intégration future des deux groupes pût faire l'objet de négociations entre nous. Ce n'était que du juste prix auquel racheter nos propres actions qu'il acceptait de discuter. Encore, compte tenu du fait que notre minorité de blocage en assemblée extraordinaire n'était nullement assurée, ce prix était-il, selon lui, fort inférieur à notre coût de revient.

Il m'apparut bien vite qu'aucune concession ne pouvait être attendue d'un aussi coriace interlocuteur, à l'évidence exaspéré qu'un étranger soit venu chasser sur des terres que la présence antérieure de son propre père à la présidence du CIC lui faisait considérer comme familiales. Seul un humble esprit de pénitence manifesté par moi-même pour le compte de ma nouvelle maison aurait pu lui faire oublier cet affront. A défaut d'y être disposé il fallait donc me rendre à l'évidence : tout indésirable qu'il me parût le conflit dont je me trouvais en charge ne pourrait trouver de solution équilibrée qu'avec le temps, en mettant toute occasion à profit pour renforcer notre position et seulement, sans doute, lorsque le deuxième des protagonistes d'origine aurait passé la main à un nouveau président dont le point d'honneur serait moins concerné par cette affaire.

Dans cette perspective je me préparai à un long face-à-face de nos deux maisons dans le conseil du CIC et à des contacts suivis avec ses diverses filiales régionales de nature à rendre moins tranchées les préférences dont J. Georges-Picot faisait état.

Au bout de quelques mois de cette politique que l'on pourrait appeler « des chiens de faïence » l'un des alliés sur lesquels Suez croyait pouvoir compter en cas de besoin vint nous proposer le paquet de quelque 5 % de titres qu'il avait constitué pour son compte personnel. Le pacte d'armistice sous lequel nous vivions nous interdisait tout nouveau combat boursier. Le cas d'un changement de camp de cette nature n'avait pas été prévu. Et le paquet proposé nous assurait la minorité de blocage, faisant équilibre à celle dont Suez pouvait se targuer. Sans doute son détenteur avait-il jugé le moment venu de réaliser un bénéfice que tout accord entre les opposants risquait de compromettre et décidé de rechercher, du côté de celui qui en avait le plus besoin, l'interlocuteur le plus disposé à une coûteuse acquisition.

Je me rappelle avoir hésité toute une nuit à donner une réponse positive à l'offre qui nous était faite. Je répugnais au principe même de l'opération. Je m'interrogeais aussi sur les conséquences possibles d'une réaction scandalisée de J. Georges-Picot; mais après tout n'était-ce pas son excessive confiance dans sa position de force et l'intransigeance qu'elle lui inspirait qui me créaient, vis-à-vis de

Paribas, le devoir de conforter la nôtre? Au matin je fis donner au vendeur une réponse positive.

La suite est connue de tous. Désormais mieux équilibrée – et consacrée d'ailleurs par une nouvelle convention d'armistice plus complète que la précédente – la situation « chiens de faïence » put durer plusieurs années sans que Paribas risquât de voir sa position tournée. Suez restait toutefois plus important actionnaire que nous et les méfiances à l'intérieur du groupe CIC – habilement entretenues sans doute – ne cédaient guère à nos entreprises. Cependant dès que Michel Caplain eut succédé à J. Georges-Picot s'ouvrirent entre nous des négociations cordiales que nous étions décidés l'un et l'autre à mener à bien. Elles aboutirent en août 1973 à un accord par lequel – en substance – nous cédions nos actions du CIC au Suez en échange de la position de contrôle total qu'il détenait dans la Banque de l'Union parisienne. Celle-ci devait être, par la suite, fusionnée à notre initiative avec le Crédit du Nord.

Que valait cet accord pour chacune des parties? Puisque le contrôle du CIC était le principal objet d'un conflit mal engagé le vainqueur immédiat en était Suez. Toutefois les séquelles imprévisibles de la nationalisation – coupant les liens du CIC avec la Compagnie de Suez, ne portant pas atteinte à ceux de Paribas avec le Crédit du Nord – rendent bien difficile de formuler un jugement à plus long terme. Tel n'est d'ailleurs pas mon propos. Il n'est pas non plus d'illustrer l'inanité de certains combats. Il est de montrer comment s'applique, à l'occasion d'une succession d'entreprise, l'adage selon lequel « le mort », bien vivant en l'espèce, « saisit le vif ». Dans une confrontation dont j'avais réprouvé le principe je me trouvai contraint de chausser les bottes de mon prédécesseur, au risque d'apparaître phagocyté par je ne sais quelle fatalité propre à la maison Paribas, avant même d'avoir pu prétendre y imprimer ma marque personnelle. L'issue honorable que seules rendirent possibles les relations de confiance entre Michel Caplain et moi-même et notre bonne volonté mutuelle, puis l'excellent climat de la compétition ultérieure entre nos deux groupes devaient néanmoins dissiper sur ce point toute équivoque. Je restais bien fidèle à mon dessein.

*
* *

Par un clin d'œil de la petite histoire, le soir même du conseil ayant établi les principes – et le calendrier – suivant lesquels j'allais accéder à la présidence de Paribas, Jean Reyre dut appliquer nos conventions toutes fraîches et me tenir informé d'une nouvelle action agressive dans laquelle Paribas allait se trouver impliqué, non plus pour son propre compte cette fois mais pour le compte de la Société BSN.

Il s'agissait, en l'espèce, de l'OPA « hostile » de cette dernière sur la tricentenaire Compagnie de Saint-Gobain. Le département industriel avait jugé bon de suggérer cette opération à Antoine Riboud, y trouvant une bonne occasion de développer avec lui d'étroites relations. La maison Lazard réclamait pour elle-même le mérite de l'initiative et je serais bien en peine de dire aujourd'hui où se situait sur ce point la vérité... les mêmes idées naissent souvent, à la faveur des mêmes circonstances, dans des cénacles différents. S'agissant de Paribas, toutefois, son intervention dans cette affaire présentait cet aspect particulier que le président de Saint-Gobain, Arnaud de Vogué, était membre de son conseil d'administration et n'avait, bien entendu, pas été consulté sur l'opération qui allait être conduite à son encontre, ce qui bien sûr n'était pas très convenable.

C'est à cette occasion que se situe mon premier contact avec Antoine Riboud dont je connaissais déjà bien le frère, Jean, président de Schlumberger, et ce premier contact allait être le point de départ d'une longue collaboration amicale, avec l'un comme avec l'autre, qui n'a pas peu contribué à l'intérêt, comme à l'agrément, de mes années de banquier d'affaires.

Je n'étais pas très bien préparé sur le plan technique au problème qui m'était soumis. Cette téméraire attaque du David qu'était encore BSN à l'époque sur le majestueux – et sans doute compassé – Goliath que trois siècles d'existence avaient fait de Saint-Gobain avait le mérite de paraître motivée par un projet industriel valable. Je n'en escomptais néanmoins pour nous que plaies et bosses. Cette appréhension favorisait ce qui put apparaître par la suite comme ma lucidité. Toujours est-il que, sans m'opposer à un plan dont mes nouveaux collaborateurs se montraient fiers, j'en soulignai d'emblée les faibles chances d'aboutissement tenant, me semblait-il, à la longue fidélité à Saint-Gobain de son actionnariat et au prix très élevé que ce dernier exigerait en conséquence pour s'en départir. J'évoquai même, pour illustrer mon propos, l'attitude constante du détenteur d'un très modeste portefeuille qu'avait été mon père, lequel avait coutume de déclarer, lorsqu'il parvenait à la rubrique boursière de son journal : « Voyons ce qu'ont fait aujourd'hui mes Saint-Gobain. » Mon rôle se borna, au cours des semaines suivantes, à insister sur l'ampleur des avantages à proposer si BSN voulait avoir quelques chances de rallier à sa cause un pourcentage de porteurs de titres susceptible de lui faire gagner la partie. Mes objurgations ne furent pas entendues et sans doute convient-il de s'en féliciter. Elles n'en confortèrent pas moins l'appréciation de ma sagacité par Antoine Riboud.

Moins inventif que celui-ci face aux problèmes d'avenir, Arnaud de Vogué se révéla, pour défendre les acquis du passé, un redoutable chef de guerre. Devant sa défense résolue, pour laquelle il n'avait pas hésité à rechercher des alliances inattendues, l'OPA hostile de BSN n'obtint auprès des actionnaires qu'une audience très inférieure à celle qui eût été nécessaire pour qu'elle ne restât pas sans lendemain.

On peut l'affirmer aujourd'hui, cet échec fut l'une des meilleures chances historiques de BSN. De quels lourds problèmes pour de prochains lendemains une victoire eût-elle été porteuse, l'évolution ultérieure de l'industrie du verre a permis de l'apprécier. Par contre l'audace de David face à Goliath avait été sympathique à tous, contribuant à donner à Antoine Riboud la stature qui devait lui permettre de récolter, dans une nouvelle orientation de son dynamisme vers l'industrie agro-alimentaire, les plus brillants succès. Est-ce l'expérience qui lui déconseilla de mettre en œuvre, pour les obtenir, les procédures analogues à celles qui avaient fait long feu face à Saint-Gobain? Toujours est-il que le caractère amical des acquisitions successives auxquelles il devait désormais procéder, le bon vouloir très remarquable entretenu par lui chez la plupart de ses nouveaux associés – comme d'ailleurs chez les acquéreurs des branches industrielles dont il se séparait – me semblent avoir été désormais la marque de son talent et l'une des meilleures garanties du bon aloi comme de la durée de ses succès.

Paribas ne saurait prétendre que sa participation à l'aventure lui ait été aussi bénéfique. Sans doute avais-je noué avec Antoine Riboud des relations d'exceptionnelle qualité, manifestées bientôt par ma présence personnelle au conseil de BSN, et dont il est advenu que la maison bénéficie. Mais une brouille totale avec Saint-Gobain était devenue inévitable : notre attitude ne pouvait que jeter cette prestigieuse Compagnie « dans les bras » du Suez. Arnaud de Vogué avait bien entendu démissionné de notre conseil. Tout devait le pousser par la suite à chercher un allié en la personne de Jacques Georges-Picot : ne communiaient-ils pas désormais dans leur hostilité vis-à-vis d'un même fauteur de trouble?

V

Sous la flottaison

Sous la ligne de flottaison d'un navire se situent ses œuvres vives. Ses superstructures les plus visibles ne représentent qu'une part relativement faible de sa masse. Pour un iceberg sa part immergée atteint en profondeur environ sept fois la hauteur de ses reliefs émergés.

Quelle est la proportion convenable pour un homme d'État entre le travail obscur consacré au mieux-être de ses concitoyens et les soins publics dispensés à sa gloire personnelle? Elle semble variable suivant les régimes et les circonstances.

Pour le patron d'une grande entreprise, dont j'ai toujours pensé qu'il devait se comporter en monarque libéral, soucieux de la prospérité de ses États et du bonheur de son peuple plus que de brillants faits d'armes et de la qualité de sa lignée plus que de son image propre dans l'histoire, la norme de l'iceberg me semble à recommander. Il lui faut, s'il veut s'y tenir, faire preuve d'opiniâtreté. Même s'il n'y est pas porté par son tempérament presque tout le sollicite en effet de se préoccuper de faire savoir avant même d'avoir acquis un authentique savoir-faire. Il est, pour cette raison même, permis d'affirmer, mettant au goût du jour la morale d'une fable qui date de vingt-six siècles, que pour l'entreprise les médias sont la meilleure et la pire des choses.

Depuis la fin de la Seconde Guerre mondiale la place croissante qu'ils ont réservée aux problèmes économiques et financiers, l'attention qu'ils ont portée à la vie des entreprises, ont quelque peu décapé la crasse d'ignorance jusqu'alors si générale en France sur ces sujets. Nos compatriotes sont, de ce fait, devenus moins vulnérables à l'orviétan des idéologies. Et peut-être ces premiers embryons de culture permettent-ils d'espérer l'atténuation progressive de la désuète division Droite-Gauche : elle paraît désormais concerner davantage des attitudes sentimentales que des différences substantielles de conceptions quant à l'appropriation des entreprises et la finalité du profit. La phraséologie s'y est déjà adaptée et l'on n'ose plus guère parler de « doctrine socialiste » mais tout au plus de « sensibilité de gauche ».

Ces constatations favorables n'en présentent pas moins de sévères contreparties. Le métier de journaliste est de guetter l'événement. Il lui est presque impossible de s'intéresser aux accomplissements quotidiens. Par voie de conséquence, les chefs d'entreprise eux-mêmes, sensibles au parti qu'ils croient pouvoir tirer des faveurs de l'opinion, sont trop souvent portés à privilégier la recherche de l'écho par rapport à l'action en profondeur. Sans même parler de leurs collaborateurs spécialisés dans les problèmes de communication, leurs troupes ont tendance à les y pousser, par goût des émotions fortes vécues par procuration et par fierté de paraître, dans les dîners en ville, acteurs dans la geste médiatique de leur maison.

Le bruit fait de longue date autour du nom de Paribas, les conditions plutôt mouvementées de mon accession à la présidence m'exposaient d'entrée de jeu à l'empressement intéressé des journalistes de tout poil. Depuis plusieurs années déjà Simon Gorlin avait accepté de veiller auprès de moi à ce genre de problèmes. Il connaissait ma volonté de limiter aux seules occasions vraiment inévitables mes confidences à la Presse. « Commentées avec malveillance, lui disais-je, elles feront l'affaire des adversaires et des concurrents; avec bienveillance elles risquent d'être considérées comme des fanfares intempestives par mes meilleurs amis. » Il se résignait à cette conception restrictive de sa mission, par amitié pour moi, je le sais, mais sans doute aussi par intime conviction : il n'est hélas plus là pour s'en expliquer. Toujours est-il que ce valeureux ancien de la 2e DB, fort discret sur ses faits d'armes personnels, aimé et respecté de tous pour sa droiture et sa loyauté, sut m'aider avec le plus grand tact à calmer les impatiences sans blesser les vanités. Je lui dois d'avoir pu poursuivre mon parcours dans l'ambiance de réserve convenant à notre profession.

***

La pertinence monotone de ses décisions au jour le jour est à coup sûr, de la part d'un patron, un apport plus positif au destin de sa maison que la plupart de ses actions spectaculaires. Il suffit pour s'en convaincre de reconnaître cette évidence : les innovations les plus brillantes et les plus opportunes n'ont de chances de succès durable que si leur mise en œuvre est gérée avec une patience obstinée comme un grand soin du détail. C'était la base même de la culture d'entreprise qu'avaient, en harmonie avec moi, développée les cadres de la Compagnie Bancaire. Dans l'exercice de mes responsabilités à Paribas j'entendais m'en inspirer. J'espérais convaincre mes nouveaux collaborateurs des vertus de l'action patiente et rendre plus sélective la propension de certains d'entre eux aux coups plus ou moins « fumants », si souvent décevants en fin de compte.

Sans traiter par prétérition pour autant celles de mes initiatives qui ont pu fournir aux médias un peu du grain qu'ils aiment moudre c'est la continuité de mon action au jour le jour rue d'Antin dont j'ai la tentation de tirer quelque fierté. Elle ne saurait se raconter sans provoquer l'ennui.

Les affaires dont les dossiers atterrissent de leur propre poids sur son bureau et qui font le pain quotidien du P-DG d'un groupe comme Paribas ne sont pas celles dont le déroulement est satisfaisant : son attention n'est appelée sur elles que lorsque les collaborateurs concernés estiment le moment venu de faire valoir leurs mérites auprès de lui. Par contre les affaires en mauvaise posture appellent sans attendre des décisions dont les responsables ne sont que trop pressés de les lui faire endosser à leur place. Nouvel arrivant il les voit donc atterrir sur son bureau comme feuilles mortes à l'automne. Chaque règne en lègue au suivant et sans doute le mien n'a-t-il pas, le jour venu, dérogé à cette règle. Il me semble néanmoins avoir été, à mon arrivée, particulièrement bien servi et j'eus la surprise – naïve sans doute – de constater que les plus lourds mécomptes du moment se localisaient sur les actifs dont les potentiels d'avenir m'avaient été naguère le plus vantés. Comme je l'avais déjà fait en tant que Président de Cofimer, à l'occasion des avatars de Taïba, je vérifiai *in vivo* la vérité de l'aphorisme selon lequel les ingénieurs sont, avec les danseuses, l'un des moyens les plus sûrs de courir à la ruine. Encore Auguste Detœuf, son auteur, ne connaissait-il pas, lorsqu'il le formula, cette nouvelle catégorie d'« ingénieurs » dont les lendemains de la Seconde Guerre mondiale virent chez nous la prolifération, par contagion sans doute de l'exemple américain : spécialistes plus ou moins authentiques en organisation, recherche opérationnelle, optimisation de choix et autres mathématiques appliquées. Paribas avait, par l'effet d'une vision juste dans son principe, pris d'importantes participations dans des affaires ayant choisi pour métier la mise en œuvre de ces techniques et dont les effectifs d'importance stratégique étaient constitués d'ingénieurs de cette catégorie. Mais des précautions suffisantes n'avaient pas été prises pour y détenir un pouvoir permettant d'endiguer les fantasmes de ces derniers – par nature exagérément assurés de leurs mérites et portés, en conséquence, à anticiper leurs résultats futurs dans leurs exigences de rémunération et le recrutement de collaborateurs. J'ai donc eu l'occasion de constater à mes dépens quel mélange instable et explosif constitue la conjugaison d'équipes de techniciens mutuellement admiratifs et d'un actionnaire banquier assez engagé pour que son crédit propre soit en jeu, pas assez pour imposer sans conteste son autorité à des hommes convaincus que ses ressources sont sans limites alors que ses facultés de compréhension en ont de trop étroites. Les cas de la SEMA et d'Heurtey furent à tous ces égards exemplaires.

Ce ne furent certes pas les seuls où se soient démontrés pour moi les risques du métier. Mais ce furent les plus difficiles, ceux dont j'eus le plus longtemps à supporter les désagréments à répétition comme à pallier les conséquences sur nos résultats. Ce furent enfin les plus significatifs du danger pour une banque – fût-elle d'affaires – d'être nommément impliquée comme actionnaire de premier rang dans une entreprise sans en avoir pourtant le contrôle majoritaire. Ce furent enfin ceux qui mirent d'emblée à l'épreuve ma volonté de sauvegarder, de façon prioritaire, la renommée de Paribas en consentant à cette fin les efforts financiers nécessaires. Ces affaires malheureuses, dont le redressement aujourd'hui consacré a exigé plusieurs lustres – sans que leur retour à meilleure fortune leur ait encore permis de rembourser toutes les créances moratoriées par Paribas – ont donc constitué de significatifs cas d'école.

En l'espèce, la discrétion et l'opiniâtreté mises en œuvre pour leur trouver des solutions valables ont bien servi je crois le « principal but » que je me proposais. Les entreprises concernées sont restées en vie et ont retrouvé l'équilibre puis des résultats positifs sans licenciements brutaux ni ravages dans la matière grise – parfois surestimée mais toujours capable de nuisance – qui constituait en fait leur seul actif. Aucun de nos confrères n'a été invité à abandonner tout ou partie de ses créances. Et les épargnants auprès desquels Paribas avait jugé possible de placer bonne partie du capital de l'une des affaires concernées l'ont en permanence trouvé comme acheteur sur le marché boursier dans des conditions telles qu'ils soient assurés de pouvoir se dégager à un prix minimum égal au pair de l'action [1].

C'est de ces règles de conduite que je me suis inspiré par la suite dans les autres affaires dont l'évolution peu satisfaisante est venue ralentir la croissance globale de nos profits. Seule a pu en moduler l'application la considération de notre degré réel d'implication dans chaque cas et des responsabilités prises par d'autres que nous-mêmes – soit en concertation avec nous, soit, au contraire, à notre insu. Aucun communiqué n'est jamais venu rendre publique l'action ainsi menée. Elle n'en a pas moins été d'une réelle portée pour conforter la crédibilité de Paribas tant sur le marché qu'auprès des autorités publiques.

A l'intérieur même de la maison, le fait d'avoir assumé sans récriminer ces legs indésirables du passé me valut un appréciable capital de respect.

*
* *

Les affaires en difficulté, grandes dévoreuses de temps et d'argent, mais aussi révélatrices des caractères et niveleuses des superbes, ont ainsi facilité l'action que j'entendais exercer sur l'ambiance interne de Paribas et sur le style de ses comportements externes.

Mais elles m'ont obligé, en même temps, à mettre en

1. Inférieur certes au cours d'introduction mais au voisinage duquel il s'était replié avant que je ne sois en position d'assumer les difficultés rencontrées.

question la vocation réelle de la première banque d'affaires française plus vite que, de l'extérieur, je ne l'avais pressenti. Ce que je me croyais bien fait pour apporter à Paribas (des relations plus pacifiques et plus confiantes avec tous, à l'intérieur comme à l'extérieur – une éthique plus rigoureuse dans ses méthodes – une meilleure sélection de ses partenaires) demeurait certes fort important mais le bénéfice à en escompter ne pourrait prendre toute son ampleur qu'en vertu de choix stratégiques judicieux. Sans doute avais-je été confronté à des problèmes de cet ordre à la Compagnie Bancaire. L'empirisme au jour le jour m'avait alors mis de façon toute naturelle sur la voie des solutions. Dans un organisme centenaire le dynamisme organisateur a perdu de sa spontanéité et les adhérences du passé sont tenaces. En diverses directions, des points de non-retour ayant été dépassés, une correction de trajectoire est difficile à effectuer sans traumatisme dangereux.

J'arrivais en fait dans une maison en proie aux affres d'une mutation vers la « banque à tout faire » qui se voulait symétrique de celles qu'amorçaient les grands établissements de crédit cherchant à développer des départements d'affaires comme, depuis 1967, la loi les y autorisait. L'offensive de Jean Reyre sur le CIC et le Crédit du Nord pouvait être interprétée comme une sortie risquée pour forcer cette évolution; je n'avais pas d'autres choix que d'en assumer moi-même les conséquences. Dans le même esprit mon prédécesseur avait engagé une politique – étrangère à la vocation originelle de la maison – d'ouverture de guichets bancaires tant à Paris qu'en province. Le mouvement avait été lancé, les moyens administratifs mis en place, des collaborateurs déjà nombreux recrutés. Bien que fort peu convaincu qu'il pût s'agir là d'une stratégie adaptée au sens de l'histoire (le poids des guichets bancaires par rapport à l'ensemble de l'économie française me paraissant déjà excessif et notre part future forcément non significative) c'était là un cas typique où tout retour radical en arrière semblait inopportun. Mieux valait tenter de tirer parti du travail déjà accompli en assignant aux guichets déjà créés des missions spécifiques distinctes de celles des agences d'autres établissements, en localisant ces implantations de façon préférentielle dans les régions présentant des caractéristiques favorables au développement de telles activités et en limitant par avance leur nombre. Ce n'était pas fort ambitieux mais c'était de simple bon sens. Les collaborateurs en charge de créer notre réseau avaient d'eux-mêmes, sur le terrain, et à l'épreuve des premiers résultats, constaté que l'heure était passée de tenter une action exhaustive de concurrence aux grandes banques de dépôts. Notre collecte directe ne pouvait s'opérer sans acceptation de risques locaux qui en consommeraient bonne partie. Elle n'améliorerait pas sensiblement le taux de couverture de nos crédits par nos dépôts. Cependant une place pouvait être trouvée pour des guichets, en nombre certainement inférieur à la centaine, principalement orientés vers la prospection des détenteurs de fortunes et la gestion pour leur compte de leurs avoirs. En dehors des métropoles régionales où notre présence physique pouvait se justifier par un certain besoin de décentralisation c'est donc dans cet esprit que fut poursuivie, à rythme modéré, notre politique d'implantations dans l'hexagone.

Il m'apparut avec force, dans le même temps, que la confiance de notre clientèle capitaliste ne pourrait s'établir au niveau désirable et s'y maintenir de façon durable qu'à la condition que les instructions données à nos gestionnaires – tant au siège que dans les guichets – soient, de façon radicale, déconnectées des soucis propres aux autres départements de la maison (financier comme industriel) et ne soient ainsi déterminées que par les seuls intérêts des fortunes gérées par nous. Une autonomie complète fut donc donnée au secteur concerné assortie de consignes fermes à ses responsables de faire preuve d'une allergie vétilleuse à l'encontre de toute tentative d'ingérence, vînt-elle de la direction générale elle-même.

Mises en œuvre d'enthousiasme par une équipe nouvelle dont les deux chefs de file – Jean Richard et Robert Carvallo – se complétaient de façon parfaite, ces directives devaient permettre au cours des années suivantes une brillante progression des capitaux gérés par Paribas, et des recettes correspondantes dont son compte de profits et pertes avait le plus grand besoin.

La productivité de nos activités de crédit, dont la masse était la plus lourde dans nos bilans, était en effet progressivement poussée vers une impasse. Justement fiers de leur clientèle « haut de gamme » les responsables de la banque Paribas devaient cependant constater que leurs positions y étaient à la fois l'objet de la compétition entre banques la plus ardente et des exigences les plus sévères de la part des débiteurs eux-mêmes, dotés de directeurs financiers pour la plupart anciens banquiers, quand ce n'était pas de quelque établissement satellite ayant pour vocation d'« écrémer » leurs opérations bancaires et financières. Or, compte tenu du faible pourcentage des dépôts non – ou faiblement – rémunérés dans les ressources de Paribas, le coût moyen de celles-ci était nettement plus élevé qu'il ne l'était pour les grands établissements à guichets concurrents. Les marges d'intérêts sur les crédits consentis par nous s'en trouvaient fortement réduites. Au surplus, la limitation progressive, par l'institut d'émission, des opérations admises au réescompte (celles que le pittoresque et spirituel Louis Chaumeil, vétéran de la Société Générale, baptisait « crédits d'encre à stylo ») restreignait chaque jour davantage un domaine dans lequel Paribas avait naguère fait face à armes égales, voire avec quelque avantage, à l'ensemble de ses compétiteurs.

Comble de disgrâce, la clientèle française se montrait

peu disposée à payer les commissions ailleurs jugées normales sur les opérations dites « d'affaires » pour lesquelles elle avait recours à nous en considération de notre vocation traditionnelle et des compétences reconnues de notre état-major. Consciente de la distinction alors de rigueur sur les places financières anglo-saxonnes entre les activités réservées aux banques d'affaires et celles des banques commerciales elle avait tendance à trouver abusive notre prétention de jouer ici sur les deux tableaux à la fois.

C'est donc à un nœud de contradictions, voire à une sorte de crise d'identité – que nous avaient conduits le fort développement de notre département bancaire depuis les lendemains de la Libération et la place donnée aux considérations de prestige dans la détermination de sa cible de clientèle.

L'équilibre d'ensemble de nos diverses activités se trouvait par là remis en question. La solution d'un tel problème ne pouvait être trouvée à coups de baguette magique. Une fois choisies les principales orientations des efforts prolongés seraient nécessaires avant d'être en droit d'en escompter des résultats tangibles.

– Une première conclusion fut qu'à l'intérieur de l'hexagone nous devions tenter de privilégier nos activités de services (intermédiation – ingénierie financière – assistance aux entreprises en évolution – gestion pour compte de tiers) et nous efforcer d'en tirer des rémunérations plus substantielles par rapport aux activités de crédit pour lesquelles nous ne pouvions espérer avant longtemps la restauration de nos marges.

– Une seconde conclusion fondamentale fut qu'il nous fallait chercher hors de France la liberté d'allures et l'égalité des conditions de concurrence qui nous faisaient ici défaut. Notre implantation européenne était déjà forte. Sans doute fallait-il y apporter quelques aménagements. Mais aux États-Unis notre présence bancaire n'était encore que symbolique, inexistante sur les autres continents. Le terrain de manœuvre qui s'ouvrait à nous était donc des plus vastes. Une ligne directrice était nécessaire pour y pénétrer en bon ordre, pour y choisir nos implantations et nos activités en mettant en valeur nos spécificités propres par rapport aux réseaux bancaires, français ou étrangers, déjà présents sur place.

Administrateur depuis plus de dix ans de la Société française des Pétroles BP j'avais dû, en devenant président de Paribas, me démettre de ce poste pour pouvoir, sans conflits d'intérêts, entrer, comme nos positions d'actionnaires l'impliquaient, aux Conseils d'Elf Aquitaine puis de la Française des Pétroles. Mon attention avait donc été sollicitée avec continuité par les problèmes pétroliers. J'étais même quelque peu obsédé – à un moment où pourtant les « chocs » n'étaient anticipés par personne – par l'idée des excédents de balance des paiements qui ne pouvaient pas ne pas s'accumuler chez les pays producteurs. Ceux-ci me semblaient donc, en matière de futures implantations bancaires, des cibles privilégiées pour une maison comme Paribas dont les liens avec l'industrie pétrolière étaient déjà anciens. Avant d'en décider je fis procéder à une étude prospective des comptes extérieurs de ces différents pays.

Le fils de mon ami Jean Riboud, Christophe, déjà brillant économiste malgré son jeune âge, en fut chargé. Avec le concours des services de Schlumberger comme de Paribas il parvint en peu de mois à des conclusions qui même sur la base des prix du moment (on sait quelles multiplications successives ils devaient connaître par la suite) amenaient à pronostiquer des excédents impressionnants au profit de pays encore peu développés mais promis de ce fait à une rapide expansion. La solide étude de Christophe Riboud confirmait donc la bonne adaptation aux spécificités propres de Paribas du choix tactique qui s'était esquissé dans mon esprit. Le principe en fut adopté par le comité de direction que je réunissais chaque semaine.

Des voies nouvelles nous étaient ainsi proposées. Au moment de nous y engager il était essentiel que nos arrières fussent protégés. J'entends par là que la plus grande prudence était de mise pour qu'aucune malencontre majeure résultant de risques acceptés avec trop de laxisme, aucun discrédit résultant de participations aux affaires de partenaires d'un aloi discutable, ne puissent entamer nos forces vives au moment même où nous serions engagés dans des percées extérieures exigeant d'importants investissements et pour le succès desquelles la qualité de notre réputation serait déterminante.

Les consignes que m'inspirèrent ces soucis furent d'une rigueur à la mesure des ambitions qu'elles entendaient protéger. D'aucuns purent, sur le moment, les juger trop systématiques. Je n'ai pas eu lieu de les regretter.

Tels clients français, dont le dynamisme alléchait nos « gagneurs » mais dont les méthodes me déplaisaient, furent obstinément tenus à l'écart; d'autres que nous eurent par la suite à supporter leurs déboires. Telle tentative de prise de contrôle d'une affaire américaine, dont les péripéties ne laissaient pas d'alimenter la presse financière, des deux côtés de l'Atlantique, en échos plus ou moins critiques, mais qui risquait de nous opposer à la justice fédérale, fut stoppée par moi sans que notre désengagement fût générateur d'aucune perte. Autre exemple : notre participation dans un holding italien où deux de nos grands collaborateurs figuraient au conseil à côté des représentants d'autres banques internationales fut revendue avec profit, quasiment sur l'heure, après que le président de la société eut commis l'imprudence de demander à me rencontrer. L'homme que m'avait laissé deviner notre entretien avait en effet éveillé en moi la plus vive méfiance. La suite des événements a démontré de façon surabondante que cette intuition ne m'avait pas trompé. Enfin, malgré les bénéfices immédiats qu'il était permis d'en attendre et leur utilité pour notre très profitable département de financement des industries exportatrices, je soumis à un rationnement très strict – dont les limites étaient révisées deux fois l'an par un comité spécial que je présidais – les crédits à consentir aux pays dont l'évolution économique et financière paraissait aléatoire, ce que, dans le jargon d'aujourd'hui, les banquiers occidentaux désignent sous le nom de « risques pays ». Cette attitude s'est révélée très précieuse pour l'appréciation, par les agences internationales de « rating », de la qualité de notre signature. Aujourd'hui, bien que cette rigueur ait été pour un temps atténuée, les « risques pays », en bonne part provisionnés, représentent quelque 30 % de nos fonds propres, alors que la proportion atteint – voire dépasse – les 100 % chez mainte banque internationale.

Les prudences sans gloire sont parfois plus productives que les faits d'armes les plus spectaculaires. Un banquier ne doit jamais oublier en effet que les opérations dont les chances de profit immédiat paraissent le plus attractives ont bien des chances d'être de celles qui réserveront à terme les plus lourds mécomptes.

***

La part la plus vitale dans l'action en profondeur d'un patron est sans conteste sa contribution au style des relations humaines dans l'entreprise. Mon expérience sur ce point, tant à la Compagnie Bancaire qu'à Paribas, m'a, je dois l'avouer, laissé bonne conscience. Comment en parler sans fadaises?

La plupart des patrons se veulent aimés de leurs troupes. Beaucoup y parviennent. Pour la grande majorité des salariés les mauvais patrons sont ceux des autres. Le principal défaut qu'ils aient tendance à reprocher au leur est de tolérer dans son entourage quelques personnages moins ouverts que lui à leurs préoccupations. Il faut qu'un chef d'entreprise soit un fieffé maladroit pour parvenir à décourager ce légitimisme instinctif.

Il eût été utopique de ma part d'attendre à Paribas un climat humain analogue à celui qui s'était spontanément établi à la Compagnie Bancaire. Non pas que, sur ce point, j'aie trouvé dans ma nouvelle maison une situation en rien compromise. Mais l'état natif a ses grâces propres en matière de compagnonnage qu'une entreprise bientôt centenaire ne saurait dispenser.

Au moment où j'avais réuni les premiers éléments de ce qui devait devenir une grande équipe, je venais d'exercer le plus beau des commandements militaires, celui de capitaine à la tête d'une unité en campagne. Mon comportement en gardait l'empreinte. Sans doute un certain mélange de chaleur cordiale et de franchise un peu rude, le sentiment d'une légitimité que fondaient ici les risques de l'aventure comme l'avait fait ailleurs la présence du danger, favorisèrent-ils la naissance des fidélités. Et lorsque la prolifération des équipes issues du noyau initial raréfia, par force mais à mon grand regret, mes contacts directs avec les nouveaux arrivants, il sembla qu'à travers les anciens et grâce à leur attachement inconditionnel la chaîne des allégeances continuait de remonter jusqu'à ma personne. Au surplus la suite heureuse des défis affrontés en commun fournissait à un nombre croissant de collaborateurs l'occasion de développements de carrière qui ne leur avaient pas été promis. Il n'était pas anormal qu'ils en fussent reconnaissants non seulement à leur patron direct mais au fondateur du groupe.

Toujours est-il que j'avais le sentiment – je l'ai toujours aujourd'hui –, en participant à quelque rassemblement interne au groupe, de m'y trouver parmi les miens et d'y bénéficier de leur affection. Toujours est-il, aussi, que la volonté constante animant mes « mousquetaires » comme moi-même de doter notre personnel du maximum d'avantages compatible avec nos moyens sembla désarmer chez lui tout esprit systématique de revendication. Des critiques chagrins y décéleront les effets regrettables d'un paternalisme désuet. J'y vois pour ma part la manifestation d'un « fraternalisme » légué par les pionniers de l'aventure commune à ceux qui les ont suivis.

Étranger au passé de Paribas je ne pouvais espérer y jouir d'un charisme analogue. Et l'entreprise était trop vénérable pour n'avoir pas épuisé les vertus de ses premiers âges. Le personnel avait mis en œuvre, pour assurer la défense de ses intérêts, tous les moyens que mettait à sa disposition la législation d'après la Libération. Pourtant le climat social n'était pas marqué d'hostilité. Jean Reyre avait instauré, en faveur de l'ensemble du personnel, un système de participation aux bénéfices qui, sur le plan des rémunérations globales, plaçait Paribas dans le peloton de tête sur la place. Le personnel lui en était reconnaissant et bien qu'ayant en majorité donné ses voix, comme c'était le cas dans l'ensemble de la profession bancaire, aux syndicats réputés le plus revendicatifs, n'eût pas toléré longtemps un parti pris d'agitation de la part de ses représentants. J'allais hériter de cet état de choses. Mais je sus aussi, bientôt, que je bénéficiais d'un préjugé favorable dû au téléphone arabe entre collaborateurs de la Compagnie Bancaire et de Paribas. L'accueil que me réservèrent ces derniers, lors de la première réunion de leur comité d'entreprise que je présidai, fut donc neutre dans les propos mais sympathique dans les attitudes.

Je n'en eus pas moins le sentiment de franchir une frontière. Par opposition aux charmes d'une sorte d'adolescence prolongée j'affrontais, avec mes nouveaux partenaires sociaux, une expérience adulte. Mes rapports directs avec l'ensemble du personnel devaient – à l'occasion des contacts de travail, des rencontres fortuites ou des diverses festivités dont est ponctuée la vie de toute entreprise – prendre sans beaucoup attendre le tour le plus détendu. Il était marqué par une cordialité non feinte de ma part, comportement naturel de l'officier de troupe qui subsistera toujours en moi. Les gens me sentaient disponible à l'amitié, soucieux de leur mieux-être, conscient de mes responsabilités à leur égard et dépourvu de toute nuance de méfiance quant à leurs propres sentiments. La plupart y répondaient par des marques non équivoques de confiance.

Face à leurs représentants élus le problème était autre. Moi-même et mes principaux collaborateurs d'un côté, eux de l'autre, nous avions à défendre des intérêts en théorie opposés. Un certain rituel de l'affrontement était de règle. S'ils attendaient de moi franchise, loyauté, respect des promesses ils se croyaient en devoir de pratiquer pour leur part des règles du jeu plus biaisées. Et les « coups tordus » ne manquèrent pas toujours, suite aux surenchères d'organisations syndicales concurrentes et de délégués redoutant le soupçon de collaboration de classe. Une fermeté nuancée d'humour et de sportivité était la réponse désirable, la seule au surplus conforme à mon tempérament.

Le bilan du travail qu'ensemble nous menâmes à bien dans l'intérêt du personnel fut en fait largement positif. J'en épargnerai le détail au lecteur et me bornerai à noter que, sans l'exprimer ouvertement, nos partenaires sociaux le reconnurent dans les faits. En 1974, lors de la grève la plus dure, d'ailleurs la plus fortement motivée, que la profession bancaire eût connue depuis des lustres, Paribas fut le premier établissement de la place où reprit le travail, lequel n'avait d'ailleurs jamais été interrompu à la Compagnie Bancaire. Et lorsque d'assez longs mois eurent passé après mon retrait de la présidence, à l'occasion d'un conflit social mineur mais qui risquait de s'envenimer, l'un des animateurs syndicaux du comité d'entreprise – et non le moins virulent – vint trouver ma secrétaire, Mme de l'Écluse : « Dites à M. de Fouchier, lui déclara-t-il, qu'il est arrivé trop tard et parti trop tôt. » Des divers témoignages qui ont pu me parvenir concernant mon action rue d'Antin aucun ne m'a été plus sensible.

Il peut sembler présomptueux de prétendre tirer des conclusions d'ordre général d'expériences fort personnelles menées toutefois dans deux contextes très différents. C'est parmi les « cols blancs » que l'une et l'autre se sont déroulées. Sans doute les problèmes que posent les « cols bleus » sont-ils moins nuancés et peut-être les organisations syndicales le plus animées de préoccupations extraprofessionnelles y ont-elles plus de prise. J'ai cru pourtant comprendre, en tant qu'administrateur d'entreprises industrielles, qu'il y avait là différences de degrés dans les données plus que de nature quant au problème fondamental.

Ce qui assure l'autorité d'un patron et, par conséquent, le caractère plus ou moins déterminant de son action face aux inévitables conflits n'est pas bien différent d'une entreprise à l'autre. Ce sont des facteurs d'ordre sentimental et caractériel plus qu'intellectuel.

– C'est d'abord le fait qu'il aime sincèrement ses troupes et se considère comme responsable de leur destin.

– C'est le fait qu'il concède sans déplaisir et ne refuse qu'à regret.

– C'est le fait qu'il est plus rigoureux et exigeant à son encontre d'abord, à celui de ses principaux collaborateurs ensuite, que vis-à-vis de quiconque d'autre.

– C'est enfin le fait qu'aucun doute ne l'effleure sur sa légitimité et qu'il ne conçoit aucune crainte au contact de ceux qu'il gouverne.

Le diapason des harmonies humaines dans l'entreprise est l'âme du patron.

VI

En superstructure

Les péripéties d'une carrière perdent beaucoup de leur saveur en perdant leur actualité. Au surplus les évidences d'aujourd'hui sont faites des trouvailles d'hier. L'inventeur de naguère tend donc à faire sourire quand il ne fait pas bâiller.

Si je considère celles des initiatives qui ont, de façon publique, marqué mon action à Paribas, il me faut bien reconnaître que nombre d'entre elles ont mal vieilli. Leur éclat médiatique du départ s'est maintenu pour certaines d'entre elles. Pour d'autres quelque grisaille y a succédé. D'autres enfin ont sombré dans le pandémonium des risques à provisionner. Quelle qu'ait pu être leur genèse, puis leur destin, c'est la règle du jeu que j'en sois considéré comme l'auteur principal : elles n'auraient pu voir le jour sans mon incitation ou, pour le moins, mon agrément.

On ne saurait bien comprendre la démarche d'un banquier, plus aléatoire à chaque pas que celle de tout autre chef d'entreprise mais mieux équilibrée peut-être grâce aux ramifications très variées de son métier, sans mesurer ce qu'est la volatilité des institutions financières modernes. Sommées pour survivre de s'adapter aux circonstances comme aux techniques nouvelles, elles trouvent dans l'évolution accélérée et parfois imprévisible de celles-ci des occasions qu'elles ne peuvent se refuser de saisir mais qui demain peut-être se retourneront contre elles. Et cela est d'autant plus vrai qu'elles sont de structures moins solidement ancrées, constituées par des capitaux plus que par des équipes. Cela est d'autant plus vrai qu'elles travaillent davantage au contact des marchés et moins en rapports directs avec la clientèle finale, avec les personnes. Cela est d'autant plus vrai enfin que leur procréation a coûté moins de temps et de peine. L'enfantement dans la difficulté semble ici nécessaire à l'enfantement pour la durée.

*
* *

Les remarques précédentes aideront peut-être à comprendre pourquoi je considère comme mon apport le plus décisif et le plus durable à la substance de Paribas le fait d'y avoir progressivement rendu possible l'inclusion sans annexion de la Compagnie Bancaire. Le plan que j'avais en effet conçu à l'origine dans l'intérêt premier de cette dernière devait, à l'usage, se révéler d'une grande portée pour l'autre protagoniste.

Comme je l'avais prévu, ceux des associés d'origine non inclus dans le groupe « cohérent et motivé » défini par les accords de 1966 ne tardèrent pas à vouloir réaliser les substantielles plus-values latentes dans leur participation en même temps qu'adopter une attitude de moindre modération dans la concurrence à notre égard. Paribas se trouvait désormais une vocation naturelle à reprendre les uns après les autres les blocs de titres ainsi devenus disponibles. Sa participation fut en quelques années quadruplée, atteignant ainsi la limite de l'ordre de 45 % que j'avais fixée en plein accord avec Pierre Besse. Nous étions l'un et l'autre soucieux de bénéficier du « parapluie » d'un actionnaire dissuasif et de conserver une autonomie vitale pour la capacité manœuvrière de notre « force de frappe ».

Cette évolution, échelonnée sur plusieurs années, a pu,

en raison même des limites ainsi assignées, s'effectuer sans atteinte notable au climat général de bon vouloir dont a toujours bénéficié la Compagnie Bancaire. Le bilan et les résultats consolidés de Paribas n'en ont pas moins acquis, de son fait, des dimensions et un facteur de croissance nouveaux. La permanence de ce dernier me semble garantie par l'homogénéité d'un ensemble n'ayant jamais cherché qu'en lui-même – et non par voie d'adjonction étrangère – les voies de son développement, par la qualité exceptionnelle de ses équipes, par leur créativité et par leur maîtrise des techniques opératoires les plus évoluées.

En fait, pour chacune des deux parties en cause, la stratégie de rapprochement mise en place dès 1966 s'est révélée, avec le temps, de plus en plus opérationnelle. On verra plus loin comment les péripéties de la nationalisation temporaire de Paribas n'ont fait qu'en confirmer la valeur.

La richesse réelle d'une idée ne se révèle qu'à l'usage. L'imprévu confère aux meilleures une portée débordant leurs motivations d'origine.

*
* *

J'ai déjà dit pourquoi, au début des années 70, une stratégie d'implantations étrangères semblait l'une des voies s'imposant à Paribas pour desserrer le nœud de contradictions dont souffrait son exploitation bancaire dans l'hexagone. En dépit de fortunes inégales celles qui furent réalisées durant ma présidence et que mes successeurs complétèrent par la suite pour former un véritable réseau constituent désormais l'un des meilleurs atouts de la maison.

Le plus urgent, au départ, était de ne pas laisser dépérir – donc d'inciter au développement – nos implantations européennes les plus anciennes. C'est ce que je ne manquai pas de faire en Suisse, en Hollande et surtout en Belgique où je pris la présidence de notre filiale et dont le directeur général, Maurice Naessens, ardent flamingant, mécène par tradition anversoise, mais aussi banquier d'un grand dynamisme et sachant s'entourer de collaborateurs solides et entreprenants, ne tarda pas à nous propulser dans les premiers rangs de la hiérarchie bancaire d'outre-Quiévrain. En Allemagne fédérale où nous n'avions jamais été présents j'appuyai les projets de Gustave Rambaud de créer des succursales à Francfort et Düsseldorf. En URSS enfin, Jean Reyre avait, avant tout autre, manifesté la volonté d'intervention d'une banque française sous la forme d'une société commerciale installée à Moscou et participant à la négociation de grands contrats industriels. L'« establishment » en France ne lui avait pas ménagé ses critiques avant de l'imiter. J'estimai devoir me montrer solidaire de cette initiative. Parmi mes déplacements de nouveau président hors de l'hexagone l'URSS fut l'une de mes premières destinations et je devais plusieurs fois y revenir. L'accueil que j'y reçus me surprit d'autant plus par sa chaleur qu'il ne devait rien, bien sûr, à quelque affinité idéologique que ce soit et je vérifiai à cette occasion le fait que les membres d'un clergé trouvent plus d'intérêt au commerce des incroyants qu'à celui de leurs adeptes. Je ne suis pas sûr d'avoir beaucoup contribué de ce fait aux profits de Paribas. Mais les leçons de choses que j'ai reçues là-bas ont apporté à ma vision globale des problèmes de l'époque une contribution irremplaçable.

C'est pourtant hors d'Europe continentale qu'il fallait désormais porter notre principal effort. Une fois le principe adopté, planter sur le globe terrestre un nombre croissant de petits drapeaux n'exige pas grande dépense d'imagination. C'est une façon répétitive d'affirmer son dynamisme. Malgré le rétrécissement rapide de la planète cette humeur voyageuse bénéficie encore des prestiges qu'allaient autrefois rechercher vers l'Orient – quand ce n'était pas dans un Nouveau Monde quelque peu mythique – certains de nos auteurs férus de leur propre image. On conçoit dès lors que l'écrivain avorté et le banquier en mal d'accomplissement aient conspiré en moi pour adopter une telle voie. Nous n'étions, au demeurant, ni les seuls ni même les premiers à être tentés par cet attrait du « grand large ». Notre unique originalité était sans doute d'avoir choisi, avant que l'évidence s'en imposât, les pays producteurs de pétrole pour cibles initiales les mieux adaptées à l'actualité en gestation comme à nos spécificités propres. Encore fallait-il, pour passer à l'exécution de notre projet, obtenir des autorités locales les autorisations d'établissement nécessaires. Dans la péninsule arabe et les émirats du Golfe, où nous avions choisi d'initier notre nouveau déploiement, nous espérions bénéficier de certaines sympathies circonstancielles en faveur des entreprises françaises. Nous avions par contre à surmonter les réactions contraires, encouragées parfois par certains conseillers gouvernementaux étrangers, des banques anglo-saxonnes installées de longue date et dont nous risquions de troubler le monopole.

Dans cette conjoncture l'entregent de Claude de Kémoularia, conseiller pour les activités étrangères de mon prédécesseur et que j'avais maintenu dans la même fonction, se révéla déterminant. Ancien collaborateur de Paul Reynaud, ayant fait un passage prolongé au cours des années 60 dans les services de l'ONU, très doué pour les contacts humains et toujours prêt à sacrifier sans compter à leur entretien non seulement son temps quotidien de travail mais aussi soirées et fins de semaines, il disposait du planétaire carnet d'adresses le plus époustouflant. Et l'on s'apercevait à l'usage que la plupart de ceux qu'il y avait retenus semblaient se reconnaître des devoirs d'amitié à son égard.

Mélange très original de faconde inépuisable et d'authentique bonhomie il se montrait des plus dévoués à ses patrons successifs. En même temps il résistait mal aux occasions de se comporter comme s'il disposait lui-même de leurs pouvoirs quitte à reconnaître ensuite avec gentillesse s'être montré, selon sa propre expression, un peu trop « bossy ». Il y avait en lui de la graine d'ambassadeur à laquelle les chances de l'alternance politique et d'amitiés sans exclusives ont, dans un passé récent, apporté l'occasion de germer.

Quoi qu'il en soit, alors même que ne se dessinait pas encore ce prolongement d'une trajectoire fort éclectique, c'est bien grâce à lui que Paribas put disposer, un an avant le choc pétrolier de 1973, des autorisations nécessaires pour ouvrir agences ou filiales en Abu Dhabi, à Khatar et Dubaï; Sharjah, Oman et Kuweit devaient suivre dans la foulée.

Notre implantation fut donc bientôt complète autour du Golfe où nous nous trouvâmes la seule banque d'Europe continentale à disposer d'une présence comparable. Le choc pétrolier en 1973 devait confirmer l'opportunité de notre option. Le choc suivant et l'aisance financière démesurée qu'il entraîna dans la région accélérèrent encore un succès trop facile. Son apport à nos bénéfices consolidés se révéla des plus favorables par rapport aux capitaux et aux effectifs engagés. Le retour présent des choses, inévitable en tout état de cause mais plus déstabilisant pour des pays aux économies encore mal enracinées, réduit grandement cette contribution quand elle ne la rend pas négative. Une patiente réadaptation sera donc là-bas nécessaire.

***

Malgré cette évolution moins heureuse aujourd'hui qu'à ses débuts je ne pense pas qu'il y ait lieu de regretter nos choix initiaux. Dans les réseaux en voie de développement toute implantation supplémentaire apporte à chacune des précédentes, selon une sorte de loi de rendement exponentiel, de nouvelles occasions d'affaires et rend en même temps plus évidentes les lacunes les plus urgentes à combler. Cela est d'autant plus vrai qu'elle se situe en un point plus névralgique. En l'espèce notre présence sur le Golfe – alors qu'aucune des banques japonaises n'y était représentée et que leur économie avait pourtant dans cette région des intérêts vitaux – nous convainquit de mettre en œuvre sans tarder le projet – jusqu'alors considéré comme de deuxième urgence – de nous installer à Tokyo. Mais les étapes imposées par les autorités japonaises avant d'accepter l'ouverture par nous d'une succursale de plein exercice et la réflexion dont elles nous laissèrent le loisir quant aux futures opérations de celle-ci me confirmèrent dans l'idée qu'il convenait, dans l'entre-temps, d'établir sur de nouvelles bases nos implantations existantes sur les principales places financières : un réseau valable devait y disposer de solides points d'ancrage.

A Londres, nous disposions depuis quelques années d'une filiale dont près de la moitié du capital avait été souscrite par des confrères et des compagnies d'assurances britanniques. Ses débuts sur la place avaient été malencontreux et depuis lors elle vivotait plutôt mal que bien ne contribuant en rien ni au développement ni au prestige du groupe. La modestie de ses fonds propres lui interdisait tout projet ambitieux et je ne pensais pas opportun de tenter d'y porter remède par une augmentation de capital nécessitant le concours de nos associés ou provoquant leur refus explicite. Après m'en être entretenu avec le gouverneur de la Banque d'Angleterre je décidai de transformer cette filiale en succursale, appuyée par toutes les ressources de la maison mère, et de rembourser au pair la mise pourtant écornée de nos partenaires londoniens. Ils accueillirent ce geste de bonne compagnie comme il le méritait. Notre maison de Londres nous a réservé depuis lors nombre de satisfactions.

A New York, le problème ne se posait pas dans les mêmes conditions. A l'initiative de Jean Reyre – qui devait être imité par la suite – Paribas avait été la première banque européenne à y créer sa propre « investment bank » dont elle détenait la totalité du capital, modeste à vrai dire. Là aussi les débuts avaient réservé d'assez lourds mécomptes. Malgré les capacités très réelles de mon camarade de promotion à l'Inspection des finances, Christian Cardin, chargé par mon prédécesseur de redresser la barque et malgré la bienveillance amicale dont il avait su s'entourer de la part de plusieurs confrères américains – au premier rang desquels Lehmann Brothers – Paribas Corporation faisait à Wall Street assez pâle figure. La collection de « tumbstones » décorant ses murs et où son nom figurait au rang de « major » parmi ceux des garants et des managers d'émissions effectuées sur la place ne pouvait faire longtemps illusion quant à ses chances de trouver sur sa seule lancée un avenir digne de la maison mère. Ici non plus les modalités de notre présence ne servaient guère notre rayonnement. Elles avaient pourtant l'avantage précieux de nous rendre familières les techniques d'une place financière de première grandeur et de nous permettre d'y former les stagiaires que nous y envoyions l'un après l'autre en mission. Au surplus notre prestige était trop fortement engagé pour que nous puissions envisager de nous retirer. C'est donc une véritable novation de notre fonds de commerce et la diversification de nos activités qu'il convenait de rechercher, la prise de contrôle d'une investment bank de nationalité américaine déjà bien développée paraissant l'objectif ultime de la manœuvre.

Je n'avais cependant confiance ni dans notre seul poids sur la place de New York ni dans le seul attrait pour une maison américaine d'un partenaire exclusivement français pour qu'un tel projet fût réalisable. Il convenait, me semblait-il, de commencer par s'étoffer sur place en association avec une autre firme européenne, anglaise de préférence, puis, dans une seconde étape, de pouvoir offrir à une maison américaine les avantages conjoints d'une équipe composite de vocation internationale pour avoir quelque chance d'aboutir à une solution de qualité. Mon dévolu se porta sur la merchantbank londonienne Warburg, dont la filiale à New York, de dimension plus modeste encore que Paribas Corp., devait lui poser des problèmes analogues. Sa réaction permettrait à tout le moins de tester la valeur opérationnelle de mes conclusions.

***

Initiées par mon prédécesseur, les relations entre Warburg et Paribas avaient été ponctuées de périodes de coopération amicale puis de froideur rancunière. De telles alternances cycliques sont le propre des longues coquetteries sans finalité reconnue. J'en avais fait, pour ma part, un commerce plus calme, les relations personnelles entre Siegmund Warburg et moi-même s'étant établies d'entrée de jeu sur un plan de considération réciproque dépourvue de complexes et tenant au moins autant aux contrastes de nos personnalités qu'aux similitudes de certains de nos goûts. Dans les affaires aussi bien qu'en politique c'est bien souvent la psychologie des protagonistes principaux et leurs affinités qui déterminent le cours des choses.

Descendant d'une dynastie financière implantée à Hambourg depuis nombre de générations, Siegmund retrouvait dans l'univers de la Haute Banque internationale son milieu natif. Il n'était, me semble-t-il, aucun personnage notable dans l'économie occidentale d'après-guerre avec lequel il ne se fût attaché à entretenir des relations suivies. Il mouvait sans répit de l'un à l'autre, à travers la trame des fuseaux horaires, sa silhouette ascétique de personnae du Greco. Fin connaisseur des vanités masculines il exerçait son charme à convaincre chacun de sa position privilégiée dans la confrérie des « amis personnels de Siegmund et supporters de la maison Warburg ».

La toile ainsi constamment étendue et retissée avait à Wall Street ses points d'ancrage les plus anciens. Siegmund y avait en effet exercé ses talents dans les premiers temps de son exil volontaire d'Allemagne, avant qu'il n'entreprît d'établir à Londres sa propre firme au service de laquelle son génie d'intermédiaire de haut niveau, conjugué, par exception, avec l'autorité d'un patron omniprésent – fût-ce depuis les antipodes grâce au téléphone et au télex – avaient fait merveille.

Le fils de haut magistrat, l'ancien fonctionnaire, le banquier quelque peu improvisé et fort appliqué que j'étais faisait un peu figure, à ses côtés, de cousin de province. L'effort qu'a toujours exigé de ma part la poursuite de longues conversations dans le langage anglo-américain propre au milieu contribuait à m'en donner le sentiment. Cependant je faisais confiance au poids des institutions que je représentais, à quelque aura due à mes accomplissements propres et plus encore à une certaine faculté naturelle d'attirer la sympathie et la confiance pour compenser mon insuffisante sophistication comme ma paresse à nouer des relations sans objectif actuel.

J'avais tout à fait conscience de cette différence de nos donnes respectives lorsque, au cours d'un déjeuner en tête à tête avec Siegmund, je découvris une partie de mon jeu en m'ouvrant à lui de mon analyse quant à nos chances respectives de développer à New York des activités enfin dignes de nos deux maisons. Et lorsque lui ayant proposé d'en mettre ensemble en application les conclusions, je constatai son intérêt sans équivoque je n'hésitai pas à ajouter que mener ensemble une partie ambitieuse sur la plus importante des places financières supposait un accord plus général entre nous, traduit au niveau des deux maisons mères par un échange de participations. Je le trouvai fort réceptif à ce projet d'ensemble, se déclarant prêt à ouvrir sans délai les négociations nécessaires.

Cet accord si spontané était-il le résultat d'une authentique communauté de vues ou bien – à parts au moins égales – celui de quelques arrière-pensées? La suite des événements rend vraisemblable la seconde hypothèse. Peut-être Siegmund se croyait-il en mesure de ne faire qu'une bouchée, le moment venu, du bon jeune homme qui subsistait en moi malgré mes dignités bancaires. Sans doute, pour ma part, faisais-je confiance à la puissance de la machine Paribas pour maîtriser, le cas échéant, toute tentative de débordement de la part de notre partenaire, voire la retourner en notre faveur.

C'est bien à ce dernier point de vue que la suite des événements parut d'abord donner raison. Mais c'est sur les comptes de Paribas qu'elle devait, à leur dénouement, peser le plus lourdement. Les victoires à la Pyrrhus ne sont pas le privilège des seuls militaires.

Pour faire brève une histoire riche en épisodes pourtant significatifs disons que l'accord de base préalable à toute action commune aux États-Unis de Warburg et de Paribas se négocia sans trop de peine. J'y contribuai non sans quelque magnanimité par des concessions unilatérales aux apparences d'égalité – voire même de primauté – qui semblaient un souci majeur pour Siegmund malgré l'évidence des données de fait. Warburg Paribas Corporation fut, dans la foulée, constituée à New York à partir des deux structures que jusqu'alors nous y entretenions séparément. Et c'est Hervé Pinet – dont j'ai déjà vanté les mérites à propos de Cofimer – qui, de retour du Japon où il avait dirigé avec talent le processus de notre implantation, fut placé à la tête des deux organismes fusionnés. Il avait reçu mission expresse de rechercher un partenaire américain sur lequel fonder nos ambitions de développement.

C'est lui qui, après quelques mois de recherches, entra

en relation avec Paul Judy, chairman très estimé de la maison A.G. Becker dont il avait fait, à travers sa double implantation à Chicago et à New York, une firme de premier ordre dans le domaine du placement et de la négociation sur les marchés nord-américains des effets de crédit (commercial paper) émis par de nombreuses affaires industrielles ou commerciales. A.G. Becker était, par contre, moins profitable en tant qu'intervenant sur les marchés boursiers. L'accord négocié à trois et signé rue d'Antin donna naissance à la firme Warburg Paribas Becker dans laquelle les deux premiers devaient, à la faveur du réinvestissement systématique de leur part de profit, accéder en quelques années au contrôle majoritaire.

C'est bien ainsi que les choses se passèrent jusqu'au moment où je quittai la présidence de Paribas et au cours des deux ou trois années suivantes. Mais il apparut ensuite que les incompatibilités d'humeur entre Siegmund et Paul Judy, provoquant le départ – fort regretté par moi – de ce dernier, les tentatives d'emprise de Warburg sur notre enfant commun, enfin les préférences de plus en plus manifestes de l'état-major de Becker pour celui de Paribas rendaient indésirable la continuation du ménage à trois. La maison Warburg, incitée par sa déconvenue à un pessimisme prémonitoire qui nous faisait défaut, céda sa participation à Paribas. Hervé Pinet prit le commandement de la firme rebaptisée Paribas-Becker.

Victoire surprenante pour la maison nationalisée que nous étions alors devenue. Mais amère victoire! La crise des firmes de Wall Street aux prises avec un gigantisme nouveau des opérations financières en même temps qu'avec les variations erratiques des taux d'intérêt devait durement secouer la profession. L'ampleur des risques à assumer pour tenter de franchir par nos seuls moyens ce cap dangereux fut à juste titre estimée par le président Jean-Yves Haberer hors de proportion avec les avantages éventuels à en attendre, et la débâcle boursière d'octobre 1987 n'a pu que confirmer plusieurs années après coup la sagesse de ce jugement. Paribas-Becker devait être reprise par Merril Lynch dont nous devenions le premier mais assez modeste actionnaire. L'équipée dont j'avais, dix ans auparavant, conçu le scénario nous avait en fin de compte coûté beaucoup d'efforts, pas mal d'argent, voire quelques blessures à notre image que l'évolution rapide des événements n'a guère tardé néanmoins à cicatriser.

Les liens structurels établis avec Warburg ne devaient pas survivre à la conjonction de cette aventure et de l'absurde péripétie de la nationalisation. Mais Siegmund disparu, moi-même à la retraite, les problèmes de prééminence avaient perdu de leur acuité. Les deux maisons ont non seulement maintenu leurs relations d'amitié mais développé de nouvelles habitudes de travail en commun. En affaires aussi l'union libre a ses charmes.

*
* *

Si j'entendais établir un compte rendu exhaustif de mon mandat à Paribas il me faudrait consacrer de nombreux développements supplémentaires à ceux qui précèdent. Les lumières et les ombres s'y succéderaient de façon quelque peu monotone et le caractère inactuel des sujets aurait vite raison des attentions les plus indulgentes. Aussi le recul du temps m'autoriserait-il, je pense, à me limiter à l'essentiel dont je viens de parler : j'entends les dimensions nouvelles données à Paribas, dans l'hexagone par son alliance étroite avec la Compagnie Bancaire, hors de France par la mise en œuvre aux péripéties inégalement heureuses d'une stratégie de déploiement international. Ce serait toutefois faire trop bon marché des opérations de « banque industrielle » chères à mon prédécesseur, et plus généralement de l'étiquette « banque d'affaires » depuis toujours attachée à

Paribas et qui symbolise, pour les non-initiés, la part la plus affriolante de son métier.

Dans ce domaine, et du côté des lumières, j'évoquerai la cession, que je négociai avec Jean Riboud dans l'année suivant mon accession à la présidence de Paribas, de la Compagnie des Compteurs à la Société Schlumberger.

La Compagnie des Compteurs était une firme vieillie dont Paribas était le principal actionnaire, entretenant avec elle depuis de longues années des relations quasi familiales. Malgré la qualité des hommes introduits par nous dans la place – et notamment du très fiable et très solide Maurice Doumenc à qui j'avais moi-même confié ce vieux bébé – cette intimité même, par l'ancienneté des liens personnels noués aux différents niveaux des deux maisons, avait eu pour effet d'émousser notre capacité réformatrice. Un apport de sang neuf et de méthodes de direction moins débonnaires était de toute évidence le seul moyen de tirer un parti valable d'actifs industriels encore importants.

De son côté Jean Riboud, sous la présidence de qui Schlumberger connaissait en Amérique du Nord et tout autour de la planète une expansion exemplaire, et dont les équipes alliaient qualités techniques et ardente motivation, se déclarait désireux d'accroître le poids de l'actionnariat français dans la géographie de son capital. Absorber la Compagnie des Compteurs en offrant aux porteurs de ses actions un échange contre des actions Schlumberger en était un moyen efficace en même temps qu'une diversification intelligente parce que bien en ligne avec les technologies et l'orientation des recherches mises en œuvre par la société absorbante.

Une fois conçue ensemble cette idée, Jean et moi menâmes rondement une négociation que facilita l'absence de toute méfiance réciproque comme la naissance de notre amitié. J'en classe les résultats du côté des lumières pour de nombreuses raisons :

– un rapport d'échange très avantageux dès le départ pour les actionnaires des Compteurs (au premier rang desquels Paribas) auxquels la hausse spectaculaire des titres Schlumberger devait réserver au surplus de substantielles occasions ultérieures de profit;

– l'intérêt très grand pour Paribas – et notamment pour son Service de gestion de fortunes – de sa familiarité avec Schlumberger;

– le spectaculaire redressement de la Compagnie des Compteurs devenue en quelques années l'un des très profitables actifs de Schlumberger, apportant une contribution de qualité à l'activité industrielle de notre pays.

Sur un plan personnel l'amitié avec Jean Riboud, dont le charme intellectuel et le dévouement à ses amis étaient incomparables, fut l'une des joies que je n'aurais pas connues si le hasard ne m'avait fait banquier. Je garde de sa disparition l'un de ces chagrins sans remède qui sont la contrepartie des bonheurs propres au troisième âge.

***

Sur l'agenda de mes occupations et préoccupations professionnelles de cette époque nombre d'entreprises où était impliqué Paribas se retrouvent à des fréquences variables. Je me bornerai à citer certains noms après ceux de SEMA METRA et d'Heurtey dont j'ai déjà évoqué de façon anonyme les accidents : Bonduelle, BSN, Chapelle-Darblay, Ciments Français, Générale de Fonderie, Hachette Honeywell-Bull, Néogravure, Prénatal, La Rochette Cenpa, Thomson.

C'est par ordre alphabétique que j'ai voulu présenter cette liste fort hétérogène. Les connaisseurs des vicissitudes industrielles de l'époque y reconnaîtront pourtant au passage lesquelles furent pour nous des bêtes à chagrin dont nous aurions dû savoir nous tenir à l'écart, lesquelles nous réservèrent des satisfactions en rapport avec les soins que nous leur consacrions. Je crains que, tout compte fait, les heurs et malheurs dont l'écho leur reviendra en mémoire à cette lecture ne leur inspirent moins de respect pour notre compétence – voire pour ma propre perspicacité – que de commisération pour la difficile besogne de Paribas en ce dernier quart du XXe siècle. C'est à certaines leçons d'ordre général que je voudrais me limiter.

La première est que d'un siècle à l'autre, une fois terminée la période héroïque d'industrialisation et d'expansion outre-mer dont le souvenir a fixé dans les esprits une image mythique des banques d'affaires, il ne reste plus à celles-ci que des restes modestes de leurs anciennes grandeurs.

Au cours de la seconde moitié du siècle précédent c'est dans les banques – d'affaires en particulier – que s'effectuaient les concentrations de capitaux prêts à s'investir. Les entreprises de base dont elles favorisaient la création et le développement se trouvaient ainsi vis-à-vis d'elles en position de dépendance. Pour les plus importantes de ces firmes ces rapports de force se sont désormais inversés du fait de leur accès direct au marché financier où, cornaquées par les banques elles-mêmes, elles réussirent à rassembler des capitaux souvent plus importants que ceux de ces dernières. Les liens structurels des unes et des autres sont donc désormais davantage une trace du passé que l'expression d'une nécessité pour les entreprises concernées et, pour les banques d'affaires, un moyen plus ou moins efficace de préserver leurs fonds de commerce contre la concurrence des établissements de crédit bien plus qu'un témoignage quelconque de puissance. Et ce n'est, à vrai dire, que lorsque les grandes entreprises au capital desquelles elles participent encore connaissent des difficultés majeures – comme le montrera dans le chapitre suivant l'exemple de la sidérurgie – que les banques d'affaires se voient, à leur corps défendant, reconnaître une responsabilité et des pouvoirs auxquels personne ne se référait en temps de prospérité.

Ce n'est donc, dans une économie adulte comme celle de cette fin de siècle, que parmi des entreprises de dimension plus modeste mais en cours de développement – ou bien en mal de sauveur – que les banques d'affaires peuvent renouveler leur clientèle et poursuivre leur action dans la ligne de leur vocation d'origine. C'est ce dont témoigne à l'évidence l'énumération à laquelle j'ai procédé.

Reconnaissons-le, dans cette zone, le système capitaliste comporte des défauts propres rendant souvent malaisés le franchissement des seuils de développement comme les sursauts nécessaires pour éviter le déclin. Entre la rémanence prolongée d'un actionnariat familial essoufflé et la parcellisation excessive du capital tendant à faire de l'entreprise un bien sans maître, une grande variété de situations se présente dans la pratique. L'intervention d'un tiers supposé compétent, d'un « actionnaire conscient et organisé » peut seule débloquer le système ou écarter les menaces. Seul un tel « deus ex machina » peut avoir à la fois l'autorité suffisante et les coudées assez franches, pour procéder aux arbitrages nécessaires, montrer à tous les échéances inéluctables, aider à la mise en place de fonds propres suffisants, exiger le renouvellement avant qu'il soit trop tard d'équipes de direction dépassées par les événements.

En s'attachant à jouer ce rôle Paribas exerçait donc une fonction d'intérêt général. Il l'a fait avec plus ou moins de bonheur, parfois avec trop de présomption peut-être face aux difficultés affrontées. Pourtant les collaborateurs qui s'y sont consacrés n'ont jamais été ménagers de leur peine. Leur dévouement exemplaire méritait d'être salué par moi au passage.

*
* *

En esquissant la partie émergée de mon parcours à Paribas je ne saurais omettre ma participation aux conseils d'administration de quelques grandes entreprises, en France ou à l'étranger. C'est l'un des privilèges des banques d'affaires hérité de leur longue histoire que de disposer de postes dans de nombreux conseils et de pouvoir y placer leurs collaborateurs. Dans la carrière de ces derniers ces dignités assorties d'avantages matériels parfois appréciables constituent des condiments fort prisés. Bien sûr les plus prestigieuses reviennent à la haute direction et, en tout premier lieu, au président, non seulement par son droit naturel à se voir dévolue la part du lion mais parce que certaines firmes de haut niveau ne jugeraient pas conforme à leur dignité toute autre présence que la sienne. Je fus donc en quelques années chamarré de brillants titres d'administrateur comme un maréchal soviétique d'ordres héroïques.

La limite légale de huit postes pour le même individu ne jouant ni pour les sièges dans des sociétés étrangères ni pour ceux de filiales du groupe dont on est le patron j'avais dépassé allégrement ce chiffre. Dans certains des postes occupés j'avais succédé à Jean Reyre, voire à Henri Deroy. Ainsi, pour la Compagnie française des Pétroles, Thomson ou bien Hachette. D'autres fauteuils, par contre, représentaient en quelque sorte des conquêtes personnelles. Ce fut le cas, en France, d'Ugine, puis Péchiney, de BSN, de Rhône-Poulenc, à l'étranger de Schlumberger et de Rank-Xerox. Il est bien entendu tentant pour moi d'y voir le témoignage d'un certain plus apporté de mon fait au rayonnement du groupe Paribas et à la confiance qu'il inspirait.

Il est d'usage de brocarder les collectionneurs de conseils

et les politesses que se font mutuellement les présidents pour enrichir leurs panoplies. Il faut bien le reconnaître l'état d'esprit « passe-moi le casse je te passerai le séné » trouve dans ce domaine un terrain de choix pour se manifester. Il n'en est pas moins vrai que la fréquentation de conseils variés constitue un moyen précieux d'information en profondeur. En même temps, elle apporte des occasions incomparables de cultiver à haut niveau ces relations d'homme à homme qui, dans la vie quotidienne des affaires, permettent d'éviter tant de pertes de temps et d'inutiles méfiances. J'en ai enfin, pour ma part, retiré maints enseignements quant au fonctionnement des institutions d'une société commerciale.

J'ai déjà dit que la fonction première d'un conseil d'administration – suffisante à elle seule pour faire considérer son existence comme d'importance vitale – est de conférer sa légitimité à l'exécutif de la société puis de lui maintenir ou de lui retirer sa confiance. J'ai vécu cela de façon démonstrative. Mais ayant eu l'occasion de vivre des expériences différentes – j'entends la désignation par l'État du président – je n'ai pu qu'y trouver une confirmation a contrario de mon jugement initial.

L'observateur superficiel pourrait être tenté de considérer qu'une fois accomplie cette mission le conseil n'a plus qu'un rôle assez formel. En effet ses réunions, si elles sont bien conduites, se déroulent souvent de façon expéditive, sans échanges de vues assez approfondis pour donner à penser que les opinions exprimées par les uns et les autres ont une influence réelle sur les décisions du président.

Il ne s'agit là que d'apparences. La principale vertu d'un conseil est que ses réunions ont à être préparées. Obligation fort utile, même pour des séances de routine où aucune opération d'importance n'est soumise à l'appréciation des administrateurs, car elle contraint néanmoins les services à mettre au clair de façon périodique les données de leur action et la situation qui en résulte. Obligation qui donne aux pouvoirs du conseil leur vraie dimension chaque fois qu'une décision de portée stratégique doit intervenir. Le président et ses principaux collaborateurs doivent alors soumettre aux divers administrateurs, par des notes préalables ou au cours d'entretiens séparés, les projets sur lesquels ils sollicitent leur accord. La séance plénière du conseil a dans ce cas pour mérite de faire constater à chaque participant l'accord de tous les autres. Son déroulement sans problème apparent consacre souvent des négociations préalables plus animées.

Comme dans tout organe délibératif le poids réel des différents participants, même s'il est identique en droit – et notamment dans le cas très rare d'un recours au vote – n'est pas le même dans les faits. L'avis des anciens présidents, s'ils sont demeurés au conseil, exerce souvent une influence privilégiée. Mais le banquier d'affaires a, lui aussi, plus d'occasions d'intervenir et plus d'arguments que d'autres pour se faire entendre. Cette audience auprès de ses pairs exige toutefois pour perdurer qu'il s'en serve en considération des seuls intérêts en cause, sans aucun gauchissement inspiré par ceux de sa propre maison. C'est là une règle d'or que je ne crois pas avoir jamais perdue de vue. Plus spontanée se montre son observance, plus s'étend l'aura de confiance qui est le capital le plus précieux de tout banquier comme, à travers lui, de sa banque.

VII

A bon port

Du temps où je n'étais pas l'un d'eux j'ai toujours trouvé profit à solliciter les conseils d'hommes d'âge ayant, avant leur retraite, assumé de grandes responsabilités. Par l'effet du halo qu'irradie en moi le souvenir de mon père j'ai pris plaisir à les entourer d'attentions et parfois conçu à leur égard un sentiment affectueux. C'est ainsi, par exemple, que j'ai entretenu avec Emmanuel Monick, jusqu'à la fin de sa vie, un lien quasi filial.

Pourtant mon expérience des conseils d'administration m'a montré que si la présence de quelques anciens pouvait y être des plus utiles, un âge moyen trop élevé de leurs participants était source de sclérose et d'inadaptation aux problèmes du moment. C'est avec le souci de concilier ces apparentes contradictions que j'ai proposé à mon ami Jacques Chaban-Delmas lorsqu'il était Premier ministre un projet de loi concernant l'âge des administrateurs de sociétés. Ce texte fut voté au grand dam des caciques du CNPF.

Quant aux fonctions de P-DG j'ai de longue date pensé qu'elles devaient comporter pour leur titulaire un âge limite – moins uniforme sans doute et moins précoce que dans la pratique américaine – mais d'autant moins avancé toutefois qu'il s'agit d'entreprises plus importantes et dont le pilotage exige, de la part de leur principal responsable, une implication personnelle plus totale, une vision sans cesse mise à jour de l'avenir, une faculté intacte de dialogue avec plus jeune que soi. L'exemple d'hommes autrefois de grande valeur, auxquels leurs maisons respectives étaient redevables de leur grandeur, mais que je voyais les conduire au déclin par refus de la contradiction comme de s'admettre des successeurs possibles a, de façon définitive, ancré en moi cette conviction.

Je sais bien que le moment d'être vieux n'est pas le même pour chacun. Pourtant les apparences sont trompeuses – et d'abord pour le premier intéressé. Combien d'hommes dont la vitalité paraît inentamée et la retraite prématurée roulent en fait déjà débrayés depuis belle lurette. Pour citer un cas extrême, l'allure toujours virile du maréchal Pétain entretenait encore les chimères extatiques de ses thuriféraires du temps où l'un de ses plus spirituels collaborateurs, à qui je faisais part de mes soupçons quant au gâtisme de son patron, me répliquait : « Vous vous trompez, mon cher. Le maréchal a encore d'excellents matins. » Quant au sentiment d'être indispensable c'est une illusion pour laquelle – selon un mot cité par Georges Pompidou – « passé les bornes il n'y a plus de limites ».

Mais ce n'est pas dans l'inéluctabilité d'un déclin – pour certains plus tardif que pour d'autres – que se trouvent les raisons les plus décisives de fixer aux P-DG un âge limite sans complaisance. C'est dans la nécessité de ne pas laisser s'user sous le harnois leurs successeurs potentiels, de permettre de ce fait aux élus d'accéder au pouvoir à un moment de leur vie où ils aient encore devant eux le temps de mettre en œuvre un projet ainsi que de préparer, avec les écarts d'âge convenables, leur propre succession. Sans doute un patron de grande dimension peut-il parfois constituer la chance d'une entreprise. Toutefois le passif d'un pouvoir trop prolongé menace d'excéder l'actif d'un temps d'exceptionnelle efficacité. Sur la longue durée la continuité d'un pouvoir exercé par des titulaires d'âge « utile », se succédant selon un tempo judicieusement choisi, me paraît une chance plus déterminante pour une entreprise que l'irruption problématique d'un personnage hors du commun mais comptant, parmi ses nombreux dons, celui de s'incruster.

De tout cela, j'étais si convaincu que parmi mes motivations pour accepter l'aventure de devenir patron de Paribas avait figuré en bonne place, malgré mon attachement viscéral à la Compagnie Bancaire et la jalousie paternelle qu'il aurait pu m'inspirer, l'opportunité de détacher quelque peu de moi mon enfant avant qu'il soit trop tard et d'enclencher ainsi – bien que je ne fusse pas encore sexagénaire – un inéluctable mécanisme successoral.

En place à Paribas, je me devais de mettre aussitôt mes actes en accord avec mes maximes. Dès la première assemblée générale que je présidai je proposai donc aux actionnaires de nouvelles dispositions statutaires prévoyant une limite d'âge pour l'exercice de la fonction présidentielle. Le projet de texte instaurait un maximum de 65 ans, reportable d'année en année pendant trois ans.

Ce texte fut voté à l'unanimité moins une voix : celle d'un habitué des assemblées générales, bientôt octogénaire mais toujours plein de vivacité, lequel se déclara partisan d'un principe opposé : celui d'un âge minimum pour l'exercice des fonctions de P-DG. Il ne précisa pas si, pour ma part, il me trouvait trop jeune.

Je levai donc la séance nanti par mes propres soins d'une assurance solide contre l'érosion de mes résolutions par l'approche de leur échéance. Dès ce moment j'avais prévu de ne pas utiliser à mon profit toutes les possibilités du nouveau statut et de me retirer une année avant d'avoir atteint la limite extrême. J'entendais, en effet, que mon exemple ne pût être invoqué par mes successeurs pour mettre leur point d'honneur à rester en fonctions jusqu'à ce terme.

***

Les sages résolutions ne sont pas suffisantes en soi. Encore faut-il mettre en place à bonne date les conditions de leur efficacité.

Assurer le choix par le Conseil, le jour venu, du successeur que je m'étais choisi, limiter autant que possible le passif de l'héritage que je lui transmettrais, en consolider l'actif, furent pour moi, au long des deux années précédant la date choisie pour ma retraite, des motivations prioritaires. Le souvenir des péripéties de ma propre accession à la présidence de Paribas aurait suffi, à défaut de toute position de principe, pour me convaincre qu'il s'agissait là de mon devoir fondamental.

Je sais que plus d'un connaisseur averti de la nature humaine accueillera ce propos avec scepticisme. Sans avoir la moindre prétention à quelque grandeur d'âme que ce soit je le maintiens néanmoins en toute certitude. J'avais, il faut le reconnaître, moins de mérite qu'un autre à me comporter de la sorte. L'harmonie de mon existence personnelle, l'accueil affectueux qui saluerait, je le savais, ma présence plus fréquente à la Compagnie Bancaire, la confortable logistique qui m'y avait été aménagée par mes compagnons d'armes, constituaient les assurances d'une retraite au cours de laquelle j'allais pouvoir, sans rupture de rythme trop marqué, disposer d'une ambiance favorable et d'un loisir suffisant pour revenir à mes premières amours. C'est donc non seulement d'un cœur léger mais dans une perspective heureuse que je m'apprêtais, après en avoir franchi le sommet, à redescendre la pente de mes responsabilités professionnelles. Et c'est avec une intime réprobation que j'accueillis l'avertissement de Victor de Metz, lequel venait d'atteindre l'honorariat de ses fonctions de président de la Compagnie française des Pétroles : « Je ne vous comprends pas de vouloir, en ce qui vous concerne, anticiper l'échéance statutaire. Vous verrez : du jour au lendemain on n'est plus rien. » Tenter de rester quelqu'un suffisait tout à fait à mon bonheur. Tout en se dévouant corps et âme à son entreprise un patron lui doit de ne pas polariser sur elle toutes ses raisons de vivre.

Malgré les réticences de quelques-uns je n'avais pas de doute quant au choix de mon successeur. Certes nous n'avions pas travaillé ensemble plus de huit années sans qu'il m'advînt d'apercevoir chez Pierre Moussa à côté de talents assez exceptionnels les éclipses passagères de certaines qualités plus modestes, mais auxquelles je tenais à un haut degré. Il m'arrivait de trouver son dynamisme en affaires trop peu sélectif, trop agité son comportement, trop systématique son goût du secret (il me faisait sur ce dernier point le reproche inverse). Mais il accueillait mes remarques avec tant de bonne grâce, se montrait ensuite si soucieux de ne pas en provoquer le renouvellement et l'ensemble de sa personnalité lui conférait un attrait si manifeste qu'à aucun moment je n'avais cru devoir remettre en cause mes options initiales à son sujet.

Après l'avoir nommé directeur général – à égalité avec Gustave Rambaud qu'avait nommé mon successeur et que j'avais confirmé – je l'avais fait entrer au conseil d'administration. A l'issue de l'assemblée de 1976 – soit deux ans avant la date que j'avais prévue pour ma retraite – je le fis nommer vice-président, informant en même temps mes collègues de mon intention de le proposer à leurs votes pour me succéder le moment venu.

Certains s'étonnèrent de cet adoubement anticipé, exprimant la crainte que mon autorité personnelle s'en trouvât diminuée au cours des deux années que je lui avais moi-même fixées pour limite. Je n'ai rien observé de tel. Tout au plus ai-je pu constater que certains collaborateurs, plus portés que d'autres à venir brûler quelque encens sur l'autel du pouvoir, avaient tendance à partager désormais leurs dévotions. La fidèle Madame de l'Écluse s'en offusquait; j'y voyais pour ma part un hommage à la pertinence de mon choix. L'autorité est un trait de caractère, ce n'est pas une rente de situation.

C'est donc sans arrière-pensée et les yeux fixés sur l'échéance de juin 1978 que je me mis en devoir de transférer à Pierre Moussa certaines de mes activités opérationnelles. Je ne me départis, pour autant d'aucune de mes responsabilités. Leur passage de ma tête sur la sienne serait l'ultime étape de ce déshabillage. A la différence des effeuilleuses de profession c'est le chapeau que j'avais choisi de garder en dernier.

Au terme de ce processus mon règne à Paribas aurait compté un peu moins de dix années. Vu notre écart d'âge celui de mon dauphin serait à peu près de même durée. Il ne me semblait pas trop tôt pour étudier de possibles solutions au problème de sa propre succession. D'un commun accord nous décidâmes d'approcher Jean-Yves Haberer, directeur du Trésor à l'époque et de dix années cadet de Pierre Moussa, que nous considérions l'un et l'autre comme l'élément le plus brillant et le caractère le plus solide de sa génération dans l'inspection des finances. La perspective de rejoindre avant longtemps notre groupe le séduirait-elle? Beaucoup d'yeux étaient à coup sûr fixés sur lui : tarder à le contacter était prendre le risque d'être pris de vitesse. L'intérêt qu'il nous manifesta nous permit d'obtenir l'assurance qu'il réserverait le jour venu la priorité à Paribas. Dans mon esprit Jean-Yves Haberer apparaîtrait, après quelques années de présence dans le groupe, comme le plus qualifié de toute évidence pour succéder à Pierre Moussa. Sans le contester expressément, ce dernier tenait toutefois à laisser des chances ouvertes pour son collaborateur le plus proche, à coup sûr second des plus précieux, Gérard Eskenazi. Quelques péripéties futures de l'histoire de Paribas se trouvaient donc en germe dans nos cogitations d'avenir sans qu'aucun de nous deux fût à même d'imaginer selon quel scénario elles allaient se dérouler.

*
* *

Pour la mise en ordre de mon héritage préalable à sa transmission trois problèmes majeurs me préoccupaient encore : l'insuffisance chronique de nos fonds propres, la menace que faisait peser sur eux l'importance de nos créances sur l'industrie sidérurgique, l'éventualité d'une nationalisation dans l'hypothèse d'une victoire de l'Union de la Gauche aux élections législatives de 1978.

Sur les deux premiers j'espérais pouvoir contribuer à mettre au point des solutions. Pour le troisième seule la voie de l'exorcisme semblait ouverte; je la préférais à une passivité de victime résignée. Ne serait-il pas piquant de parvenir à tirer parti de la menace même que faisait nommément peser sur nous le Programme Commun pour aider à la solution de notre problème de fonds propres qu'elle semblait enfermer dans une impasse? L'idée me vint qu'une émission bien agencée d'obligations convertibles – ce produit financier polyvalent dont, après l'avoir introduit sur la place de Paris, j'avais fait mon pont aux ânes favori – pourrait sans doute aboutir à ce résultat paradoxal.

Proposer à nos actionnaires, dans un marché déprimé par l'éventualité d'une victoire de la Gauche unie aux législatives, une augmentation de capital dont le seul attrait eût été une hausse de leurs titres au cas où celle-ci ne se produirait pas constituait de toute évidence un pari dont l'obscurité régnant sur les intentions des nationalisateurs potentiels en matière d'indemnisation ne permettait pas de mesurer le risque. Par contre proposer des obligations convertibles d'un prix d'émission nettement plus élevé que notre cours de Bourse du moment, n'était-ce pas permettre aux optimistes de gagner en cas de « bon choix » du fait de la valorisation boursière de leurs actions potentielles tout en étant protégés en cas de mauvais par le prix nominal de leurs obligations? N'était-ce pas en même temps assurer le développement automatique de nos fonds propres sans dilution excessive du capital dans l'hypothèse favorable (et dans l'autre le nouveau propriétaire de l'entreprise devrait bien y pourvoir), ainsi qu'accroître sans retard nos ressources stables à des taux d'intérêt plus avantageux que par la voie d'une émission d'obligations ordinaires? Enfin le prix d'émission de ces obligations convertibles ne constituerait-il pas, en cas de nationalisation, un argument de poids pour la discussion du montant de l'indemnisation consentie à nos actionnaires?

Le lecteur voudra bien excuser ces « technicalités » auxquelles je m'étais pourtant juré de ne pas me laisser entraîner dans le cours de ce livre. Il aura compris, sans doute, que j'étais à l'époque plutôt fier de ma petite invention. Ce me semble encore aujourd'hui un bon exemple vécu pour rendre sensible une certaine dimension artistique du métier bancaire. Il y faut en effet tirer parti des circonstances présentes et à venir – les caprices de la matière que l'on travaille – comme de la psychologie des amateurs pour façonner et vendre des produits de bonne facture.

De fait nous fûmes les seuls, en 1976, à imaginer une opération de cet ordre. Proposée au prix unitaire de 190 francs alors que le cours de l'action Paribas sur le marché était voisin de 150 seulement et bien que d'un montant supérieur à 400 millions de francs plutôt élevé pour l'époque notre émission d'obligations convertibles connut un franc succès. La défaite de l'Union de la Gauche en 1978 fit monter le cours de l'action jusqu'à 250, chiffre qui assurait – s'il se maintenait – la facile incorporation au capital du montant de l'emprunt. Et lorsqu'en 1982, après que les approches puis les résultats effectifs des élections présidentielles et législatives de 1981 eurent à nouveau déprimé le marché, un prix d'indemnisation de 312 francs fut fixé par la loi, actionnaires anciens et souscripteurs nouveaux eurent tout lieu de ne pas regretter l'opération de 1976.

Ce premier problème réglé, pour quelques années tout au moins, l'heure me parut venue de m'attaquer à celui, fort grave, que posaient nos engagements dans la sidérurgie. Ils étaient un héritage de nos positions traditionnelles dans cette industrie de base mais s'étaient néanmoins fortement développés pendant ma présidence du fait de la réalisation ou de la mise en œuvre de plusieurs grands projets prévus par les plans de modernisation successifs. La carence gouvernementale à en tirer les conséquences quant à la fermeture progressive des sites les moins compétitifs fragilisait l'ensemble. Paribas avait à diverses reprises attiré l'attention des administrations compétentes sur l'impasse dans laquelle on se laissait ainsi enfermer et sur la gravité probable de ses conséquences financières. La poursuite des investissements – à Fos notamment – n'en avait pas moins été décidée en fonction de prévisions plus optimistes que les nôtres. Et la rue de Rivoli avait exercé sur nous et sur l'ensemble des banques concernées une pression résolue pour nous contraindre à renouveler d'année en année, puis à étendre l'ensemble de nos crédits. Sans jamais nous consentir de garantie formelle (il n'en avait pas la latitude légale) le ministère des Finances s'était donc obstiné dans une position lui interdisant de se désintéresser de nos créances le jour où elles apparaîtraient à l'évidence compromises. Il s'agissait ainsi d'un problème de place dans lequel la responsabilité individuelle de chaque établissement s'était diluée et les sains réflexes des banquiers amortis sous la pression dirigiste de l'administration.

Les sommes en cause étaient trop importantes pour que j'accepte l'idée de transmettre ce dossier dans l'état à mon successeur. Vers le milieu de l'année 1977 je décidai donc de réunir les présidents des quatre banques les plus engagées – nous-mêmes et les trois grands établissements nationalisés. Il me paraissait nécessaire d'obtenir, à plus haut niveau que le seul ministère des Finances, la reconnaissance par l'État de ses responsabilités à notre égard et son engagement de prendre sa part équitable d'un réaménagement des dettes bancaires de la sidérurgie. Mes confrères accueillirent cette initiative avec soulagement et, moins libres que moi dans une négociation avec le Gouvernement en raison de leur caractère public, me chargèrent de lui donner forme.

Le Premier ministre, M. Raymond Barre, nous reçut avec la disponibilité, l'objectivité et le sens de l'équité dont il sait toujours faire preuve. Je lui exposai, au nom de tous, l'historique de nos engagements et notre conception des responsabilités respectives des banques et de l'État. Pouvait-il admettre que le crédit des plus grandes banques françaises fût entamé par les suites d'une aventure pour la continuation de laquelle la puissance publique, au mépris de nos avertissements, avait voulu forcer le destin?

Sans complaisance aucune (n'aurions-nous pas dû nous-mêmes nous montrer moins dociles?) le Premier ministre convint qu'une négociation était nécessaire pour répartir équitablement entre les diverses parties en cause les charges d'une nécessaire remise en ordre. Il accepta de nous adresser une lettre concrétisant sa volonté de n'exiger des banques que des sacrifices ne mettant pas en cause leur crédit. Je fus chargé par mes collègues d'en négocier les termes avec ses services.

A la fin de l'année 1977 cette lettre nous parvint et nous

pûmes considérer que des apaisements suffisants nous avaient été consentis par elle. Encore nous restait-il à espérer que son signataire restât en fonction à l'issue des élections législatives de 1978. Dans l'hypothèse inverse un nouveau Premier ministre – surtout s'il n'appartenait pas à la même majorité politique – risquait de donner à la lettre de son prédécesseur une interprétation plus restrictive que la sienne, ne serait-ce que pour réduire en conséquence le montant de l'indemnisation due à nos actionnaires en cas de nationalisation.

Dans cette dernière éventualité résidait en fait l'incertitude la plus redoutable concernant notre avenir. Il est permis de trouver scandaleusement anachronique, à une époque où le destin d'une nation et sa place parmi les autres dépendent au premier chef de ses structures économiques et financières, que des politiciens s'autorisent à les offrir en pâture, au nom de doctrines auxquelles ils ne peuvent même plus croire tant elles ont été déjà contredites par les faits, aux vindictes les plus simplistes de l'électorat. C'était particulièrement absurde pour le secteur bancaire, déjà possédé par l'État à plus des deux tiers et où la part restée privée jouait un rôle indispensable de tête chercheuse et d'initiative internationale. Le Programme Commun pourtant nous avait choisis pour victimes propitiatoires : sacrifiant l'intérêt général le plus évident à un profit électoral éphémère.

Face à une menace de cet ordre, quelle position pouvait adopter le patron de l'établissement désigné de longue date, dans la mythologie socialo-communiste, comme le symbole même du système avec lequel il fallait rompre?

Une attitude d'effacement prudent ne serait, sans conteste, d'aucune efficacité pour nous faire oublier le jour venu. J'ai déjà dit que l'exorcisme – j'entends par là des manifestations publiques de notre réprobation – était la seule arme à notre disposition. Sabre de bois, sans doute, mais qui manié avec quelque vigueur pouvait témoigner de notre bonne conscience et de notre vitalité et – en cas de malheur plus ou moins passager – nous tailler un droit privilégié à renaître de nos cendres.

Rompant avec l'attitude de réserve qui avait jusqu'alors été la mienne vis-à-vis des médias je décidai donc de faire connaître de façon publique les réactions du président de Paribas face au Programme Commun. Je ne ferai état ici que des plus notables de mes interventions.

En mai 1977, j'acceptai de répondre aux questions de François Roche, journaliste au *Nouvel Observateur.* Il me semblait opportun d'aller porter la contestation dans le camp de la Gauche – en l'espèce modérée – et je n'eus qu'à me féliciter de ce choix, le journaliste ayant accepté de me laisser, après coup, remettre en forme mes réponses et n'ayant pas hésité à écrire, en préambule à nos échanges de propos : « Il (J. de Fouchier) est directement visé par le Programme Commun. Et il se défend, plutôt bien comme vous allez le lire, en attaquant avec des arguments souvent traditionnels, quelquefois modernisés, mais qui font toujours réfléchir. »

Le texte de cette interview fut intégralement reproduit les 17 et 18 juin suivant en quatre pages entières de *France-Soir* qui eurent quelque retentissement. Je n'en donne ici que quelques extraits dont la suite des événements a prouvé la relative pertinence :

« Ma conviction absolue est que les doctrines économiques affirmées par la gauche à travers le Programme Commun sont à la fois désuètes et infantiles... »

« Dans l'hypothèse d'une forte majorité de gauche, obligée par conséquent d'appliquer le Programme Commun, je vous déclare tout net que cela constituerait le début d'une régression économique très profonde et probablement irréversible... »

« Une économie prospère ne se bâtit pas à coup de

doctrines. Elle est l'œuvre d'hommes motivés pour produire au moindre coût et recherchant leur fierté et leur légitimité dans leur efficacité. Quelles que soient ses intentions le bureaucrate ne peut correspondre à cette définition. Chargé de contrôler les agents productifs il ne peut s'affirmer vis-à-vis d'eux que dans la négation. “ Je dis non donc je suis ” est sa devise plus ou moins consciente. »

A la question « Une victoire de la gauche se traduirait-elle par un affaiblissement du rayonnement de l'économie française à l'étranger? » j'avais répondu : « C'est évident. Parce que cela affaiblirait sa puissance concurrentielle pour toutes les raisons que j'ai déjà exposées. C'est parfaitement clair et inévitable. »

La question finale de François Roche fut la suivante : « Accepteriez-vous de continuer à assumer la présidence de Paribas nationalisé si on vous le demandait? » Ma réponse fut sans ambiguïté : « Autant demander à un vieux pilote de compétition s'il aimerait terminer sa carrière au volant d'un camion de déménagement. La question ne saurait se poser pour moi. Elle ne saurait donc concerner que mon successeur. » Celui-ci, comme je l'ai dit, devait, selon mon projet, être intronisé en juin 1978. En toute hypothèse la Gauche n'aurait pas eu le temps de nationaliser Paribas avant cette date.

Un peu plus de six mois avant cette interview – en octobre 1976 – j'avais eu l'occasion de croiser le fer avec François Mitterrand lors d'un Forum d'*Expansion.* Il avait été convenu avec les organisateurs qu'à mon tour, parmi plusieurs autres patrons, je lui poserais deux questions d'avance préparées. De ces textes je reprendrai ici quelques phrases :

« J'appelle de mes vœux une conjoncture dans laquelle la perspective de changements de majorité serait dédramatisée chez nous comme elle l'est ailleurs. Toutefois l'alternance d'un type de société et de son contraire ne pourra jamais être envisagée avec la même sérénité que celle de deux majorités politiques. L'alternance deviendrait donc redoutable si chaque phase de gauche devait être marquée par des glissements plus ou moins insidieux vers un modèle économique et social que les Français auraient massivement repoussé s'il leur était proposé de façon ouverte. »

Et, sur les modalités d'une indemnisation des actionnaires en cas de nationalisation : « Monsieur Mitterrand, vous estimeriez bien sûr déloyal qu'après avoir surchargé systématiquement un cheval de course on prît prétexte de ses mauvaises performances pour l'acheter à vil prix. Or n'est-ce pas très précisément ce que ferait demain un gouvernement nationalisateur prétendant indemniser nos actionnaires expropriés sur la base de cours dépréciés ces dernières années par la menace même que vous faites peser sur nous? »

La réponse de mon interlocuteur me donna l'occasion de vérifier une fois de plus que la méthode le plus souvent employée par les hommes politiques publiquement questionnés est de trouver un biais pour échapper aussi vite que possible à la logique de leur tourmenteur, éluder les réponses trop difficiles et les remplacer par tel ou tel de leurs disques familiers.

A la fin de la matinée, les patrons ayant accepté le face-à-face furent réunis à une table de déjeuner avec François Mitterrand. Celui-ci nous adjura – avec un manque de précautions oratoires qui avait de quoi surprendre – de réaliser que son objectif véritable était de rendre l'alternance politique possible en France et, à cette fin, de réduire au-dessous de 15 % l'électorat du parti communiste. « Comprenez bien, ajouta-t-il, que la seule stratégie possible à cette fin c'est l'Union de la Gauche et le Programme Commun. » Je lui répondis pour ma part : « Ne croyez-vous pas que le déclin historique du communisme dans tout l'Occident, aidé en France par le talent très spécial de Georges Marchais, y pourvoira tout seul? Qu'arrivera-t-il, au demeurant, si votre stratégie provoque, dans la substance du pays, des dégâts irréversibles? »

Il me regarda – et son visage avait revêtu les traits de la sympathie et de la franchise – « Ça, Monsieur de Fouchier, c'est en effet la bonne question. » « Pouvons-nous savoir ce que vous y répondez? »

J'attendrais encore la réponse si les faits ne s'étaient, à partir de mai 1981, chargés de me l'apporter. Il n'est nullement évident que les dégâts provoqués par l'application – même temporaire et, au bout de deux années, mitigée de repentirs – du Programme Commun soient réversibles – à tout le moins sans très longs efforts. A l'époque de concurrence internationale exacerbée que nous vivons tout retard de compétitivité subi par une économie risque d'être irrattrapable.

*
* *

Je n'ai pas besoin d'insister sur le grand soulagement que m'apporta la défaite de l'Union de la Gauche en mars 1978. Au cours de l'assemblée générale qui suivit je déclarai aux actionnaires de Paribas :

« Je m'étais étendu, lors de notre dernière assemblée, sur les conséquences d'une éventuelle nationalisation de notre Compagnie et de ses principales filiales. Ce n'est plus un problème d'actualité. Je me plais toutefois à constater que la revalorisation de notre action sur le marché depuis que cette hypothèque est levée l'a conduite à un cours supérieur de quelque 45 % à son plus bas cours de février dernier, alors que la hausse de l'ensemble de la cote est de l'ordre de 28 %. Dans ces circonstances, notre titre a, grâce à son très large marché, joué un rôle de premier plan, les quantités traitées en une seule semaine ayant atteint

1 100 000 unités, dont 500 000 au cours de la seule séance du 13 mars.

« Il me faut maintenant, Mesdames et Messieurs, prendre congé de vous. »

Et je terminai ainsi :

« Par la succession des personnes physiques qui en assument la responsabilité et grâce à la permanence du statut privé qui est l'essence même de sa vitalité, notre maison plus que centenaire s'est vue dans le passé périodiquement promise à une nouvelle jeunesse. Une phase de cette nature va bientôt recommencer pour elle. »

A la faveur de ce qui, au plan politique, n'était peut-être qu'un répit mais que nous espérions bien voir durer au moins cinq années – c'est-à-dire jusqu'aux prochaines élections législatives – et compte tenu de la situation d'ensemble de Paribas, j'allais désormais pouvoir transmettre mes pouvoirs à Pierre Moussa dans la sérénité, voire même l'optimisme. Il ne restait plus qu'à mettre en place le cérémonial de l'opération.

C'était le 18 juin qu'arrivait mon 67e anniversaire, échéance limite que je m'étais assignée. Fier d'une telle rencontre dont j'avais fait naguère état auprès du général de Gaulle sans provoquer de sa part d'autre réaction qu'un salut courtois et vaguement ironique, j'aurais désiré fixer à cette date le Conseil prenant acte de mon départ et, sur ma proposition, désignant mon successeur. C'est le droit de chacun d'avoir de ces fantaisies. En 1978, par malchance, le 18 juin tombait un dimanche. Je décidai donc d'encadrer ce jour de deux cérémonies. Le jeudi 15 aurait lieu le Conseil suivi dans la soirée d'un dîner réservé aux intimes et aux proches collaborateurs. Il y aurait quelques discours. Le mardi 20 juin la cour et la ville seraient conviées, non sans quelque faste, au Pré Catelan pour saluer la garde descendante et présenter ses vœux à la garde montante. Je tenais à rendre tangible la bonne harmonie dans laquelle s'opérait la passation du pouvoir et à faire à tout jamais oublier le climat conflictuel de mon propre avènement.

J'ai toujours mal résisté au plaisir d'entendre dire du bien de moi. Le 15 juin m'apporta sur ce point une généreuse provende. En particulier le discours de Pierre Moussa au dîner du soir aurait eu de quoi combler le plus exigeant des autosatisfaits. Je dois l'avouer, pourtant, je n'y ai rien trouvé d'excessif. Ce seul trait suffirait à prouver que le moment était venu de me donner un successeur.

Au Pré Catelan une foule nombreuse vint serrer à la file, avec des protestations amicales dont beaucoup n'étaient pas feintes, les mains de mon épouse et de moi-même puis celles de Pierre et d'Annie Moussa. Ce fut en tous points une belle fête, assez tard prolongée dans la soirée.

Pierre Moussa exultait aux yeux de tous. Je me réjouissais sans arrière-pensée de lui avoir apporté ce bonheur. Sans doute me complaisais-je quelque peu à cette générosité. Elle m'était rendue plus facile par le fait d'avoir été comblé jusqu'à la satiété, sans contracter jamais la passion exclusive du pouvoir. Et peut-être ne dois-je pas être, de ce fait, considéré comme un champion authentique du métier bancaire mais comme un amateur doué et consciencieux dont le désintéressement personnel aurait eu pour contrepartie un intime désintérêt.

Mettant sac à terre après dix années d'une excitante navigation je quittai d'un pas fort allègre les salons d'honneur du port de débarquement en compagnie de mon épouse. Je lui exprimai sans vergogne ma satisfaction de ma performance : j'avais le sentiment d'avoir bien rempli mon contrat; je ne m'étais pas enrichi mais j'avais acquis un solide capital d'estime, voire même de respect. « Bonne renommée vaut mieux que ceinture dorée. » Encore en vie mes parents eussent été contents de moi. Et, comme un candidat heureux au sortir d'un examen hasardeux, il me semblait que fuyaient délicieusement, par je ne sais quel trou dans ma tête, les soucis qui jusqu'à ce matin l'avaient encombrée.

Dieu que l'été s'annonçait beau!

Troisième partie

POSTCOMBUSTIONS

I

Un spectateur très concerné

Lorsqu'elles ne le quittent pas à son corps défendant ses responsabilités semblent se comporter vis-à-vis d'un patron comme un animal familier ne se laissant pas volontiers congédier lors d'un départ en promenade : elles le suivent à distance, empressées à répondre au premier appel. Une telle constance semble naturelle s'agissant d'entreprises auxquelles le rattachent les liens de la paternité : une novation brutale des rapports d'autorité qu'ils y ont créés a toutes chances d'être vécue de part et d'autre comme génératrice de multiples frustrations. Des tendances analogues peuvent aussi se manifester dans l'histoire d'institutions de longue date préexistantes à leur patron, en particulier si des périls inédits viennent à les menacer après son départ auxquels le calme des vieilles troupes soit plus apte à faire front que l'impétuosité des plus récentes.

Telle fut en tout cas la leçon de mes expériences en matière de dévolution successorale. A la Compagnie Bancaire les étapes successives de mon éloignement me permirent d'apporter des soins prolongés aux transitions nécessaires tant en ce qui concerne mes propres pouvoirs que ceux de mes premiers équipiers. Le résultat de cette action secondée au-delà de tout espoir par la qualité des successeurs a été la continuité du climat où se perpétue l'élan vital du groupe.

Par contre, à Paribas, les traumatismes de la nationalisation et de ses prémisses remirent en cause, au bout de peu d'années, un effacement délibéré qui s'était jusqu'alors opéré sans problème. Je fus conduit de ce fait à mobiliser bonne part de mes énergies résiduelles pour une action moins étendue dans le temps mais d'une intensité plus spectaculaire.

*
* *

Lors de la conclusion des accords entre la Compagnie Bancaire et Paribas et de mon accession consécutive au conseil de cette dernière j'ignorais quelles péripéties précéderaient mon élection à la présidence et viendraient en hâter quelque peu l'échéance. Je n'en étais pas moins décidé à la préparer sans retard et, en particulier, à mettre en place à la Compagnie Bancaire une nouvelle organisation du commandement dont la nécessité allait s'imposer. J'envisageais cette évolution sans déplaisir, comme le témoignage qu'accédait à l'âge adulte un organisme dont la croissance vigoureuse depuis vingt ans m'avait – une fois passées les affres de l'enfance – apporté tant de satisfactions.

Il me parut toutefois nécessaire, avant d'engager l'avenir, de faire procéder par un organisme extérieur à un « audit » de notre organisation. C'était la mode à l'époque et maints groupes de première importance, conscients du retard pris en France par rapport aux États-Unis en matière de méthodes de gestion, recouraient, pour réviser les leurs, aux conseils d'organismes spécialisés, de préférence américains. Ceux dont la structure était organisée par grandes fonctions se voyaient vanter les avantages commerciaux d'une refonte par grands produits; à ceux qui avaient déjà épuisé les charmes d'une telle conception une réorganisation à base fonctionnelle était recommandée comme génératrice d'économie et de cohésion. Bien que peu enclin à laisser s'ébattre de tels champions de la volte parmi les porcelaines d'une maison où les rapports de personnes déterminaient à tel point la joie au travail et l'efficacité de chacun, je décidai – sans faire preuve en la matière de la moindre originalité – de recourir aux services de Mac Kinsey. Mais je ne manquai pas de prodiguer à l'officier traitant qui avait été chargé de notre dossier (l'excellent John Mac Donald, futur ambassadeur de son pays auprès du siège genevois de l'ONU) les objurgations les plus circonstanciées.

Je savais d'expérience que cette catégorie d'experts possède entre autres talents celui de prendre appui sur la paresse naturelle des dirigeants à la réflexion desquels ils se substituent pour obtenir de prolonger outre mesure la durée de leurs interventions. Je ne cachai donc pas à John Mac Donald que j'étais fort alerté sur ce point et lui fixai une limite de quelques mois pour me faire part de ses conclusions. Celles-ci ne manquèrent pas d'intérêt. Elles s'analysaient en une approbation sans réserve – voire même admirative – des structures sociales de notre groupe et de la décentralisation des pouvoirs qui en résultait et un étonnement navré de notre confondante ignorance quant aux vertus des méthodes de direction dites « par objectifs ». Les grâces de l'état natif nous avaient conduits – avec la même inconscience que Monsieur Jourdain faisait de la prose – à confier à des centres de profit distincts, dotés chacun – raffinement suprême – d'actionnariats quelque peu différents les uns des autres, donc juridiquement autonomes, l'exercice des différents métiers auxquels nous avions saisi les opportunités de nous consacrer. Et le fait qu'ait, de son propre mouvement, surgi le moment venu un organisme central de financement, d'animation et de contrôle assurait la cohésion d'un ensemble dont l'efficacité n'était d'ailleurs déjà plus à démontrer. Tout cela était excellent, hautement recommandable et Mac Kinsey ne manquerait sans doute pas d'utiliser cette leçon recueillie in vivo lors des missions ultérieures que pourraient lui confier d'autres groupes bancaires.

Par contre il convenait de déplorer que l'heureux déroulement de notre aventure nous rendît peu vulnérables aux inquiétudes qu'appelait pourtant le caractère artisanal de son pilotage. Sur ce point, nous avions, de façon manifeste, le plus grand besoin d'une leçon magistrale pour nous pénétrer de principes dont la stricte observance ne manquerait pas de nous démontrer dans l'avenir combien nous avions été avisés d'avoir eu recours à la science de Mac Kinsey. Ainsi méritions-nous la note la meilleure pour la façon dont nous avions laissé s'exprimer en toute spontanéité ce que je désignais moi-même comme le dynamisme organisateur de l'embryon en développement en même temps qu'un zéro pointé pour notre méconnaissance des tartes à la crème chères aux « Buisness Schools » d'outre-Atlantique.

Il n'est jamais trop tard pour faire amende honorable. De toute évidence la perspective de mon prochain éloignement faisait sonner l'heure de substituer au primesaut trop instinctif – bien que toujours tempéré de prudence – dans lequel je m'étais jusqu'alors complu des procédures d'un sérieux plus rassurant. Au surplus les recommandations de Mac Kinsey semblaient convenir particulièrement bien au tempérament méthodique de Pierre Besse, lequel occuperait en tout état de cause une position centrale dans les structures futures de commandement. Il se voyait déjà avec délectation, nanti de tableaux de bord de plus en plus perfectionnés, procéder à l'élaboration de nos objectifs pour les années à venir puis à leur révision en fonction des résultats obtenus et des inflexions de la conjoncture. La suite a d'ailleurs prouvé qu'il allait y exceller.

Une option d'importance se présentait néanmoins à nous. Le pouvoir de nature monarchique, à la nécessité duquel je croyais et que j'avais exercé « en mon Conseil » – j'entends sans jamais négliger de consulter mes coéquipiers et de tenir le plus grand compte possible de leurs avis – serait-il confié à un homme seul ou bien transmis à un Collège dont le président ne serait, par rapport aux autres participants, qu'un « primus inter pares »? Bien sûr mes mousquetaires penchaient pour la seconde solution qui leur semblait tenir un plus juste compte que la première de leur ancienneté dans le groupe par rapport à celle de Pierre Besse, des risques naguère acceptés par eux et de leur participation aux créations initiales. Quant au dernier nommé, conscient de la difficulté d'exercer, sur une équipe unie derrière moi dans l'action mais turbulente dans la compétition, une autorité analogue à celle dont l'aventure commune m'avait investi, il s'abstenait d'exprimer une préférence et déclarait se ranger par avance à mon choix. Il faisait ainsi preuve de cette loyauté et de ce dévouement à l'intérêt commun dont, en aucune occasion, je ne l'ai vu se départir et dont le moindre témoignage n'était pas, soit dit en passant, sa constante indulgence devant les traits auxquels nos différences de tempérament entraînaient parfois mon humeur. Au seul fait que la question eût pu m'être posée sans que je l'écarte d'emblée, sans doute avait-il pressenti ma décision.

C'est en effet à une novation des statuts de la Compagnie Bancaire que je me résolus. Au système banalisé par les lois de Vichy (conseil d'administration nommant un président-directeur général et lui déléguant tous ses pouvoirs) serait substitué, comme de nouveaux textes l'avaient rendu possible, le système inspiré des pratiques étrangères (allemande et suisse notamment) d'un Conseil de Surveillance sans attributions autres que de contrôle au nom de l'intérêt des actionnaires, ayant à ce titre mission de nommer un directoire et de désigner son président, tous les pouvoirs de gestion constituant la responsabilité exclusive de ce Collège.

Mes préférences de principe allaient à l'époque à la responsabilité d'un seul homme plutôt que d'un Collège. Mais la seconde solution me semblait, dans le cas de la Compagnie Bancaire, imposée par les structures et l'histoire du groupe, par les mérites respectifs et les profils caractériels des personnes concernées et par la nécessité de mettre en place un organe de commandement à l'épreuve des éventuelles pulsions centrifuges. Cette option me permettrait de surcroît, en tant que président du Conseil de Surveillance, de maintenir une présence, très allégée certes mais modulable en fonction des circonstances, dans le contrôle des principales orientations du groupe. Enfin – considération qui me semblait capitale – le début de tradition que j'allais ainsi établir conviendrait bien ensuite pour définir la place, dans l'organigramme de la Compagnie Bancaire, des futurs présidents de Paribas. Promue de ce seul fait, malgré son adhésion récente, au rang de fille aînée d'un groupe auquel elle allait donner par sa seule adhésion une dimension nouvelle, la Compagnie Bancaire se trouverait ainsi, de façon durable, proche du pouvoir central et aussi indépendante de sa bureaucratie qu'il était désirable. Une fois de plus j'avais le sentiment, en prenant une décision d'une telle portée, de me laisser guider par la logique préétablie de notre développement plutôt que d'imaginer de moi-même des solutions adéquates. Heureuses les entreprises libres d'obéir à de telles exigences immanentes pour organiser les pouvoirs et désigner leurs titulaires sans que s'interposent les préférences partisanes d'un actionnaire public.

La nouvelle formule se mit en place au moment de mon accession à la présidence-direction générale de Paribas. Je devins, dans le même temps, à la Compagnie Bancaire dont les statuts venaient d'être modifiés, président d'un

Conseil de Surveillance qui devait aussitôt désigner les mousquetaires comme membres d'un directoire dont Pierre Besse était nommé président. Et tous ceux qui s'étaient voués avec quelque passion à notre commune aventure eurent tout lieu de se féliciter par la suite d'un choix auquel chacun avait, selon son tempérament propre, apporté sa contribution. Sous l'impulsion persévérante de Pierre Besse, assisté du solide service d'études qu'il avait constitué, l'ensemble du groupe se plia aux procédures de la direction par objectifs qu'avait, à notre usage, codifiées l'équipe de Mac Kinsey. Il en tira les avantages substantiels que pouvait en attendre la grande usine financière aux productions de série qu'il était devenu, alors que dans le même temps des méthodes analogues envisagées pour une banque vouée au « sur mesure » comme Paribas s'y révélaient inopérantes.

J'assistais chaque semaine à une réunion élargie du Directoire, au cours de laquelle, sur certaines grandes questions, mon arbitrage officieux était parfois sollicité. J'eus donc maintes occasions de constater l'efficacité de l'organisation nouvelle et la qualité du travail accompli. L'esprit d'innovation ne s'effaçait pas, comme j'avais pu le craindre un moment, devant les préoccupations de gestion. C'était sensible à l'intérieur de chacune des grandes filiales que leur émulation déterminait à chercher toujours plus avant.

Mais c'était vrai aussi des créations de filiales nouvelles et de leur rapide développement. N'ayant plus pour vocation la distribution de crédits mais la collecte de l'épargne sous diverses formes, la Compagnie d'Assurance et de Capitalisation Cardif et la banque « à domicile » Cortal sont venues compléter la palette d'un groupe qui se veut pionnier dans une version moderne du métier bancaire : celle qui met à profit les moyens les plus avancés de communication, de gestion informatique et d'intervention sur les marchés pour traiter, sans coûteux appareil d'agences locales, avec les particuliers et les petites et moyennes entreprises. Et c'est bien dans cette voie que la Compagnie Bancaire trouve aujourd'hui les moyens et les ressources nécessaires pour conforter sa position dans la phase d'exaspération de la concurrence qu'a, ces dernières années, ouverte la déréglementation de la profession.

La performance la plus convaincante – et la plus décisive pour son avenir – de mon enfant émancipé aura été la relève sans problèmes de la génération des premiers bâtisseurs par celle des hommes qui avaient grandi à leurs côtés. Leurs statuts fixaient à 68 ans, dans les différentes filiales du groupe, l'âge limite des présidents-directeurs généraux. Le premier concerné fut Hubert de Nonneville, président de la Sinvim à qui succéda en 1979 Hubert Vauthier, son principal collaborateur. Ensemble ils avaient piloté la Sinvim sans accidents à travers les cycles alternés de la conjoncture immobilière. La rigueur intellectuelle et morale d'Hubert Vauthier, associée à la sagacité justement réputée de son chef de file, avait fait merveille pour éviter les pièges auxquels tant d'autres s'étaient laissé prendre. Sacrifiant les prestiges des trop grands projets et de la croissance rapide au souci de la qualité des opérations, ils avaient ensemble non seulement assuré la santé de leur affaire mais, par le caractère exemplaire d'une telle gestion, grandement contribué au crédit du groupe. La succession de l'un par l'autre allait de soi.

J'ai tenté d'esquisser, dans les pages relatives à l'état natif, la silhouette très originale de Jean Chicoye et de faire comprendre combien les succès du Cetelem, puis d'une Cofica restructurée par ses soins, ont pu devoir à son pyramidal bon sens. Cette même qualité, en même temps que la simplicité intimiste de ses goûts, rendaient irrésistibles pour lui les attraits d'une retraite en pleine force de l'âge dans son terroir d'origine et son environnement familial. Il en avait prévenu de longue date Pierre Besse et moi-même et nous avions depuis plusieurs années quelque mal à le retenir. Notre seul argument convaincant était de lui représenter son devoir d'achever la formation d'un successeur.

En 1980, à l'âge de 64 ans, il estima que c'était chose faite et que Gérard de Chaunac était prêt. Nous ne pouvions le contester. Un gentilhomme périgourdin prenait alors le relais d'un paysan béarnais. Un financier atypique en suivait un autre et poursuivrait son œuvre avec un bonheur comparable. Ancien officier des Affaires indigènes, Gérard de Chaunac avait été recruté par moi en pleine guerre d'indépendance pour prendre en charge la filiale du Cetelem en Algérie. Il en avait, après la paix, assuré la liquidation dans les moins mauvaises conditions possible. Ç'avaient été là des tâches pour lesquelles le sens de l'humain et la fermeté du caractère avaient plus d'importance que l'expérience financière préalable. Elles n'en avaient pas moins été techniquement formatrices. Et lorsque, mission accomplie, notre homme était revenu à Paris il n'avait pas tardé à se révéler, pour Jean Chicoye, un collaborateur et un ami également précieux. Porté à la présidence il devait y poursuivre avec brio son étonnante trajectoire. Une fois de plus la Compagnie Bancaire favorisait l'accomplissement d'un destin sans surprise à son apogée mais fort improbable à son départ.

Malgré la juvénilité préservée de sa silhouette et le niveau toujours satisfaisant de ses performances sportives c'est l'approche de l'âge statutaire qui détermina Boris Méra à prévoir son remplacement dès 1981 à la présidence de l'UFB. Il mettait en avant pour lui succéder Jean-Marie Bossuat, son collaborateur depuis les origines mêmes de la maison. D'une grande distinction d'esprit le nouveau président semblait s'être fait jusqu'alors un point d'honneur de se maintenir avec discrétion dans le sillage de son prestigieux patron. Un observateur superficiel eût pu être tenté de craindre que cet apparent retrait lui rendît malaisée l'acclimatation dans une responsabilité de premier rang. C'eût été méconnaître une rare fermeté de caractère. C'eût été mettre en doute aussi le charisme de la fonction, lequel donne ses vraies dimensions à tout homme de qualité n'ayant pas longtemps vieilli sous le harnois. Boris Méra eût sans conteste pu continuer nombre d'années encore à occuper son poste. Derrière lui son successeur potentiel eût risqué de s'étioler. Le respect sans concession de la limite d'âge lui permit au contraire d'extérioriser en temps utile les qualités authentiques de patron que personne ne songe à lui contester aujourd'hui.

C'est dans un climat de deuil très douloureusement ressenti à tous les niveaux du groupe que devait, en 1982, se réaliser la relève de tous les membres du Directoire. Le destin jusqu'alors si favorable à notre équipe sembla vouloir se retourner contre elle de la façon la plus brutale. Coup sur coup Raymond Mathély puis Pierre Besse furent atteints du même mal cérébral brutal et irréversible. Il devint bientôt évident que plus jamais ils ne seraient en mesure d'assumer leurs fonctions. Leur courage intact et les éclairs de leur lucidité les déterminèrent à demander leur remplacement. Ils devaient, dans les semaines suivantes, disparaître l'un après l'autre, injustement frustrés de la retraite honorée et heureuse à laquelle ils auraient dû avant longtemps accéder et qu'ils avaient mille fois méritée.

La date du 28 avril 1982 allait être celle d'une étape fort importante dans l'histoire de la Compagnie Bancaire. Moins de deux mois avant mon 71e anniversaire, limite statutaire de mes fonctions, je remis mon poste de président à la disposition du Conseil de Surveillance. Il avait été tacitement entendu naguère que Pierre Moussa, mon successeur à Paribas, le serait par voie de conséquence également ici. Notre équipe en avait été informée et avait accueilli cette perspective avec faveur. Je raconterai plus loin comment les péripéties de la nationalisation m'avaient conduit, en octobre 1981, à prendre le relais d'un Pierre Moussa démissionnaire de Paribas puis à tout mettre en œuvre pour que Jean-Yves Haberer m'y remplaçât bientôt. La même logique me conduisit à proposer, à mes collègues du Conseil de Surveillance, son élection à mon poste devenu vacant.

Au début de la même séance avait été nommé un nouveau Directoire où figuraient, outre les trois nouveaux promus dans les filiales dont j'ai parlé au long des pages précédentes, Henri Charrière, successeur de Raymond Mathély à l'UCB et André Lévy-Lang, aussitôt désigné pour succéder à Pierre Besse comme ce dernier l'avait lui-même préconisé avec insistance. L'un et l'autre apportaient une démonstration probante de la chance qu'ont les entreprises en développement de n'être pas encombrées de routines et de hiérarchies déjà figées. Elles ont de ce fait une gamme très large de choix pour organiser leurs postes de responsabilité et attirer vers eux les personnalités sur lesquelles leur attention a été attirée.

C'est à l'Institut national de Statistiques et d'Études économiques, alors dirigé par Claude Gruson, que nous étions allés recruter Henri Charrière, en même temps d'ailleurs que Robert Carvallo, dont il sera question plus loin et avec lequel il formait un tandem quasi légendaire pour sa vigueur intellectuelle et son aisance dialectique. Henri Charrière s'était par la suite volontiers laissé retenir par l'UCB, malgré les perspectives prometteuses que je lui avais laissé entrevoir à la Compagnie Bancaire elle-même. Après quelques années consacrées aux recherches et aux études il était attiré par une besogne plus concrète de gestion, dans une branche d'activité où la concurrence se faisait plus âpre d'année en année et où ses talents trouveraient ainsi l'occasion de s'illustrer dans la difficulté. A l'inverse de tant d'autres dont l'intelligence est plus forte que le caractère – et dont les erreurs s'expliquent par ce déséquilibre – il faisait preuve, malgré le haut niveau d'une culture parfaitement assimilée, d'une fermeté caractérielle plus rare encore. Il n'en fallait pas moins pour assurer d'emblée son autorité en prenant à l'Union de Crédit pour le Bâtiment puis au directoire de la Compagnie Bancaire la succession d'un homme tel que Raymond Mathély.

J'ai décrit dans la première partie de ce livre les conditions – séquelles des plus avantageuses de ma présence à Paribas – dans lesquelles en 1972 j'avais, en plein accord avec Pierre Besse, recruté André Lévy-Lang. Il fallait que sa profonde qualité humaine apparût évidente pour me déterminer à surmonter à son profit mes préjugés de principe à l'encontre de personnages risquant d'avoir sacrifié trop de leur vitalité à la gloriole du rang de sortie dans un concours, si prestigieux soit-il. Il ne s'agissait pas en effet d'un major de Polytechnique ordinaire – s'il en est – mais d'un numéro zéro, très en avance sur le major français de sa promotion et classé dans une série dite « bis » réservée aux élèves étrangers. Les vues d'avenir ambitieuses que Pierre Besse et moi-même avions dès le départ conçues à son sujet avaient été amplement confirmées par l'aisance de ses premiers parcours, par l'espèce de cooptation tacite dont il avait fait l'objet de la part de tous les responsables du groupe, ainsi que par les appréciations élogieuses que suscitaient chaque fois ses interventions à l'extérieur. Il devint vite clair que, le jour venu, son autorité s'établirait sans peine. Plus accessible sans doute que je ne pensais l'être aux préjugés relatifs à l'âge requis pour un responsable de ce niveau j'avais imaginé pour ma part qu'une transition de deux ou trois années serait désirable entre le moment où Pierre Besse prendrait sa retraite et celui où André Lévy-Lang lui succéderait. Et mon plan personnel était que Jean-Yves Haberer, au cours de sa trajectoire de mise en orbite à la présidence de Paribas, assurât cette transition. Tout en approuvant un tel schéma Pierre Besse ne manquait jamais une occasion d'insister sur le fait que notre juvénile poulain était plus prêt que je ne le croyais à prendre son relais sans intermédiaire. Des événements en eux-mêmes profondément regrettables – la nationalisation de Paribas et ses séquelles concernant J.-Y. Haberer, la disparition physique de son patron direct pour André Lévy-Lang – se sont conjugués pour abréger – en faveur de l'un comme de l'autre – le parcours que j'avais imaginé pour eux. Ils n'en ont pas moins fait preuve tous deux d'une parfaite aptitude à leur mission. Mon grand regret – je dirai presque mon remords car il est bien difficile de ne pas se sentir responsable de destins qu'il vous est advenu d'infléchir – demeurera le sort inéquitable réservé à celui des deux que le statut de Paribas, encore public – si j'ose cette lapalissade – à la veille de sa privatisation, laissait exposé aux partialités politiciennes.

*
* *

« Somme toute, à la Compagnie Bancaire tout le monde il est beau, tout le monde il est gentil. »

« Eh quoi. Je n'ai exprimé pourtant que la vérité, que se plaisent à attester tous les témoins de cette aventure. Et je n'ai en rien cédé à la tentation apologétique, au souci d'honorer l'un ou l'autre. »

Il faut bien trouver des raisons au succès d'une entreprise et sa chance n'est jamais mieux relayée que par la qualité des hommes. Il peut exister, j'en ai rencontré au moins une, des équipes d'individus aux origines et aux formations très différentes mais tous animés par une même motivation, soudés par une estime réciproque née d'une même droiture et chacun faisant à l'œuvre commune l'apport irremplaçable de ses qualités originales, bien distinctes de celles des autres.

Comment reconnaître ces personnages? Comment les organiser en un ensemble cohérent? Il m'a été donné de constater que pour atteindre un tel objectif l'entreprise en développement et les hommes qui la servent se font, spontanément et de façon alternée, la courte échelle.

La perspective d'avoir à créer du neuf et d'y risquer son avenir opère d'elle-même entre les jeunes hommes la plus fiable des sélections. Elle rebute les âmes timorées et les nantis prématurés. Les difficultés du départ, puis les inéluctables maladies de jeunesse éliminent les moins valables, promeuvent les fidèles, les courageux, ceux qui savent s'entraider.

L'équipe naît et s'organise. L'entreprise acquiert une existence propre. Les hommes dont elle est l'œuvre lui donnent une âme, un style – d'aucuns aiment dire une culture – et par là même un rayonnement. A son tour, celui-ci attire et opère la sélection de nouveaux hommes à travers lesquels se perpétuera l'empreinte initiale. Et l'entreprise, en grandissant, contribuera à rendre plus opérantes encore les qualités humaines auxquelles elle doit son existence. C'est une réaction en chaîne qu'il faut seulement avoir amorcée par de bons choix initiaux. Bien d'autres noms que ceux déjà cités en illustrent les vertus.

Parce qu'il connaissait la qualité de l'ambiance qu'il allait trouver parmi nous Jacques Brunet, ami de longue date, prestigieux gouverneur de la Banque de France, n'hésita pas à nous rejoindre après sa retraite pour devenir vice-président du Conseil de Surveillance. Il prodigua les bienfaits d'une compétence rare en faveur de nos opérations de trésorerie que je lui avais demandé de superviser. La hauteur de ses vues en même temps que son humour n'auront pas peu contribué à conforter nos orientations comme à réduire à ses dimensions véritables toute menace de conflit interne.

Je rappellerai aussi l'arrivée parmi nous de René Durand, transfuge – malgré lui mais de mon fait – des grandes filiales immobilières de Paribas, et trouvant au milieu de nous un climat plus propice à l'épanouissement de ses talents comme de sa profonde gentillesse.

Je ferai une place particulière à Edmond Courtois, fidèle parmi les fidèles, fin connaisseur par son expérience même des techniques du bâtiment, dont le travail opiniâtre, l'oubli de soi et la générosité furent déterminants pour apaiser les fréquents débats de ses deux patrons successifs – chez qui l'estime réciproque était pourtant plus fondamentale que l'épidermique rivalité – Hubert de Nonneville et Raymond Mathély.

Des anciens ayant de longue date fait leurs preuves, que notre aventure commune a aidés à trouver leur vraie dimension et qui nous l'ont bien rendu, jusqu'aux adeptes plus récents et aux jeunes espoirs d'aujourd'hui la liste est désormais fort longue. L'arrêter ne saurait, de toute façon, se faire sans injustice et celle-ci risque d'être d'autant plus péniblement ressentie que j'aurai moins résisté à la résurgence des souvenirs. Pourtant au long de la chaîne continue dont Raymond Mathély fut le premier maillon et qui passant par beaucoup de personnages déjà cités conduit à André Lévy-Lang je ne puis me résoudre à laisser dans l'anonymat certains de ceux ou de celles à travers qui la symbiose entre l'individu et son entreprise s'est révélée le plus bénéfique. Je tire leurs noms des réceptacles de ma mémoire où les hasards quotidiens ont brassé leur désordre.

De la corbeille des anciens me viennent l'un après l'autre : François de Margerie, Pierre Le Besnerais, Marcel Ventura, Bernard Gaudriot, François-Régis des Plas, Roland Rainaut, Pierre Boucher, Andrée Lavergne, Catherine Robert, Henri Casseleux, Jean Borgomano, Jacques Pons...

De la corbeille réservée aux adeptes plus récents comme aux détenteurs de l'avenir : Bertrand de Bardies, Bernard Muller, Véronique Guillot-Pelpel, Michel Cicurel, François Henrot...

Nombre de concours plus cachés ont été, je le sais, de grande valeur. Les inadvertances que rend inévitables un éloignement progressif les ont maintenus pour moi dans l'anonymat. Pourtant je rencontre souvent, dans les couloirs ou les ascenseurs de nos différents sièges, ou bien à l'occasion de quelqu'une des réunions congratulatoires ponctuant la vie du groupe, tel ou telle dont le visage, sur lequel je ne sais pas mettre un nom, me paraît familier. J'y lis cette sérénité qui est le propre du bon ouvrier fier de sa contribution à l'œuvre collective. Il me semble aussi qu'y transparaît certaine expression d'affection et de confiance marquant notre intime connivence. La journée, pour moi, s'en trouve illuminée. Merci.

II

Retour de flamme

Mes premières années en tant que président d'honneur de Paribas furent sans histoire. Je partageais mon temps par parts à peu près égales entre mes deux bureaux : celui de la Compagnie Bancaire – « le bureau du fondateur qui vous est attribué à vie », déclaraient Pierre Besse et ses collègues du Directoire – et celui de la rue d'Antin sur lequel je m'étais replié après avoir abandonné à Pierre Moussa le bureau historique où avaient été mariés Napoléon et Joséphine.

Avant même leur échéance je m'étais dépouillé à son profit de mes mandats d'administrateur dans les plus importantes entreprises françaises, dont les uns avaient été hérités de mon prédécesseur mais dont les autres, parmi les plus enviables, témoignaient d'avancées personnelles dans un milieu naguère allergique à Paribas. Mes collègues, dans ces Conseils, se montraient quelque peu étonnés de ma précipitation. Pourtant j'avais compris l'impatience de Pierre Moussa à s'affirmer comme mon successeur à part entière et j'avais décidé de la satisfaire, qu'il dût ou non m'en témoigner une durable gratitude.

Au total il s'agissait néanmoins d'une transition douce, non pas du brutal passage du tout au rien que m'avait prédit Victor de Metz. J'étais désormais fort conscient du fait que l'apogée de ma carrière bancaire était derrière moi et je l'acceptais sans aucune nostalgie. La sérénité me paraissait être le bienfait majeur de ma nouvelle condition. J'en attendais la reconnaissance de mes dimensions véritables : celles de l'homme et non plus du banquier, de l'écrivain peut-être. Au lendemain de la fête du Pré Catelan j'avais consigné des réflexions en ce sens sur un carnet. « Les vieux acteurs ont toujours quelque chose de dérisoire », concluais-je.

Il aurait cependant été présomptueux de ma part d'imaginer que les orientations données à Paribas au cours de ma présidence n'y avaient fait que des adeptes convaincus et que les regrets manifestés par les uns et les autres lors de mon départ étaient d'une égale sincérité. Certains espéraient à coup sûr convaincre mon successeur de marquer par rapport à moi sa « différence » et de leur laisser les mains libres pour pratiquer la politique des « coups » qui avait été naguère leur occupation favorite. D'autres risquaient aussi, pour donner une activité plus grande à leur secteur, et pour en développer les profits immédiats – fût-ce au risque de déconvenues ultérieures – de le pousser à relâcher quelque peu les limites prudentes que j'avais fixées, notamment en matière d'engagements sur des pays de solvabilité douteuse ou sur une clientèle internationale mal connue. Je faisais néanmoins confiance à Pierre Moussa, qui s'était engagé vis-à-vis de moi à maintenir le nouveau style de la maison, pour n'accueillir qu'avec circonspection ces séduisants cadeaux. Sans doute sous-estimais-je leur attrait pour un homme désireux – comme j'ai dû le comprendre avec le temps – de se donner un profil aussi contrasté que possible par rapport au mien et de s'affirmer comme l'homme du « grand large » par rapport à un prédécesseur à vocation hexagonale qui donc, soit dit en passant, avait dû forcer beaucoup sa nature pour mener avec vigueur pendant neuf années la stratégie internationale ayant marqué sa présidence.

Pour l'heure, les entretiens réguliers qui nous réunissaient tous deux dans mon bureau et les séances du comité financier que je présidais me confirmaient dans une relative quiétude. Et c'est sur le compte de la pétulance naturelle à un homme encore jeune accédant à un poste d'autorité de longtemps convoité que je mettais la tendance perceptible de mon successeur à me consulter plus volontiers ou en temps plus utile sur les questions d'importance secondaire que sur les problèmes majeurs. Bien que mon propre avènement à Paribas se fût accompli dans un climat fort peu comparable à celui du sien, et que nos expériences ne fussent donc pas assimilables, un retour objectif sur moi-même me dictait la compréhension.

Pierre Moussa connaissait mon regret de n'avoir pas eu l'occasion, jusqu'alors, de pénétrer en Chine populaire. Il me proposa de m'y rendre pour examiner avec les autorités de Pékin l'éventualité d'une installation de Paribas et je fus sensible à cette marque d'attention. Après une assez longue négociation préalable concernant les modalités de mon voyage et son programme, je reçus une invitation officielle pour moi-même, mon épouse et une mission composée de quelques collaborateurs de Paribas. Atterrissant à Pékin au petit matin d'une belle journée de septembre 1978 je fus frappé d'emblée par la gentillesse de l'accueil qui nous était réservé. Depuis les représentants de la Banque de Chine venus nous souhaiter la bienvenue à l'aéroport jusqu'au plus modeste garçon d'étage à notre hôtel une nuance de cordialité dans la courtoisie était perceptible, rendant moins infranchissable la distance entre nos univers respectifs. D'entrée de jeu nous étions plus à l'aise à Pékin qu'à Moscou.

La Chine populaire commençait alors de s'ouvrir au monde extérieur. On y rencontrait de nombreux étrangers (Américains, Anglais, Européens, Japonais surtout) et même des Chinois de Hong Kong venus revoir leur famille et se retremper dans leur mère patrie. Bien des livres lui ont été consacrés et ce n'est pas après un séjour de moins de deux semaines que je pourrais avoir la prétention d'y ajouter rien de significatif.

Toutefois, mes options stratégiques m'ayant fourni l'occasion de plusieurs tours du monde je puis témoigner à quel point le contact physique avec ce pays de population démesurée comme au devenir énigmatique me parut une donnée capitale de cette « conscience de la planète » que je cherchais à acquérir en tant que fondement nécessaire à toute réflexion valable. La Chine populaire ne me parut pas tant distante dans l'espace qu'encore ancrée dans les lointains du temps. Émergeant de la Révolution culturelle c'est à l'Égypte après qu'eut été répudiée la Révolution religieuse d'Akhenaton qu'elle me fit penser, encore qu'il ne convienne pas, bien sûr, de pousser bien loin cette comparaison. La momie du pharaon Mao était encore accessible au public dans son cénotaphe monumental de la place Tien an Men. Mais la population était de moins en moins incitée à lui rendre hommage et les sanglots étouffés de quelques vieilles femmes défilant en rangs clairsemés semblaient bien anachroniques. Pékin présentait l'image de ses cortèges interminables de bicyclistes en treillis uniformes roulant avec une obstination de fourmis vers on ne savait quelle destination. A l'opposé Canton, terme de notre voyage avant le retour par Hong Kong, semblait animée – ne fût-ce que pour les vêtements des femmes – par une sorte d'explosion d'inspiration individualiste.

Pourtant, dans les communes populaires éloignées des villes, les procédés culturaux – et donc les rendements par tête de travailleurs agricoles – semblaient plus archaïques encore que ceux dont témoignent reliefs et fresques dans les temples et les tombeaux de l'Ancien Empire. Comment les 9/10 d'ouvriers agricoles recevant tout juste leur subsistance – sur une population de plus d'un milliard d'individus – allaient-ils se frayer un chemin vers des conditions de vie plus proches des nôtres à une époque où les besoins en main-d'œuvre peu qualifiée ne font que se restreindre? Le miracle japonais était-il reproductible vingt ans plus tard à une échelle dix fois plus grande et, dans l'affirmative, à quel prix pour le reste de la planète?

Ces problèmes allaient me hanter longtemps. Je ne m'en laissai pas moins reprendre bientôt par des péripéties purement hexagonales où mes entreprises se trouvaient trop impliquées pour mon goût.

***

Après mai 1981 les réflexions de Pierre Moussa et de ses collaborateurs, les miennes aussi, bien que mon destin propre fût beaucoup moins concerné que le leur, furent focalisées vers les perspectives de l'inévitable nationalisation de Paribas. Il en allait de même à la Compagnie Bancaire, le gouvernement affirmant vouloir placer sous appropriation publique « les Banques et le Crédit ». Cette préoccupation quasi exclusive régnait aussi, j'ai pu le constater, dans toutes les firmes visées par le Programme Commun; elle constituait à elle seule une nuisance majeure pour la productivité de quelques-unes des plus importantes entreprises françaises. Leurs personnels dans leur ensemble – et d'autant plus qu'ils étaient placés à des postes plus décisifs – sentaient leur position déconsolidée. Au lieu d'avoir l'esprit constamment orienté vers l'amélioration de leurs performances, ils perdaient bonne part de leur temps et de leur imagination à s'interroger sur la façon de faire face aux situations nouvelles qu'allait créer l'intrusion de l'État et des nouveaux patrons que mettraient en place ses préférences partisanes. Si l'on considère le temps perdu quelques années plus tard, de manière analogue bien qu'en sens opposé, à résoudre les problèmes du retour à la normale et si l'on sait à quel point les accomplissements d'une entreprise sont fonction de la volonté obstinée de réussite – individuelle et collective – des meilleurs de ses hommes, on peut, sans être à même de le mesurer, présumer le coût faramineux de l'absurde aller-retour nationalisation-privatisation. Comment nos concurrents étrangers n'auraient-ils pas profité de cette sorte d'asthénie provoquée chez nos cadres les plus valables, au moment le plus pointu de nos difficultés d'adaptation à cette fin de siècle, par une aventure inspirée d'une idéologie datant du précédent? J'avais évoqué, en 1977, en parlant au futur Président de la République, l'éventualité de dégâts irréversibles provoqués par sa stratégie politique. Ils étaient, dès le départ de l'expérience, en train de se produire.

Symbole mythique pour diatribes électorales Paribas se sentait plus menacée que toute autre. Sa percée internationale, axe majeur de sa politique depuis plus de dix ans, risquait d'être remise en question tant par les réticences nouvelles de notre clientèle étrangère que par les états d'âme et l'abandon éventuel de nos meilleurs hommes de terrain. Pierre Moussa, à juste titre, s'en inquiétait au plus haut point et me confessait, à ce sujet, les angoisses de ses nuits.

Il espérait néanmoins trouver auprès de plusieurs membres du gouvernement, bien connus de lui au temps de sa collaboration avec Gaston Defferre, une compréhension lui permettant d'éviter le pire pour Paribas lorsque leur projet, si général dans sa formulation, si peu précis quant à son contenu réel, viendrait en discussion devant le Parlement. Son espoir était de parvenir à dissocier la Banque et la Compagnie Financière, la nationalisation restant cantonnée à la première. Je lui avais exprimé mon désaccord sur une telle dichotomie. Elle ne pouvait que porter de graves atteintes au fonds de commerce de Paribas comme à l'instrument de travail de son personnel. La seule stratégie valable me paraissait de préserver à tout prix l'un et l'autre, à travers les péripéties d'une nationalisation qui n'apparaîtrait peut-être, demain, qu'un épisode fâcheux de notre longue histoire. Pierre Moussa m'écoutait, ne paraissait qu'à moitié convaincu, espaçait nos entretiens ou s'efforçait de n'y traiter que des sujets moins essentiels.

Dans le courant du mois de juillet, croisant comme chaque été avec quelques amis entre la Corse, la Sardaigne et la Côte occidentale de l'Italie, malgré le calme de la mer, la clémence du ciel et le charme des mouillages dans les criques encore solitaires, je consacrai d'assez longues heures à détailler par écrit ma position fondamentale. La « lettre du bateau », comme l'ont appelée ceux de nos collaborateurs qui en ont eu connaissance, partait de quelques idées simples :

« Dans votre défense de Paribas vous ne serez crédible, respecté par vos interlocuteurs, appuyé de façon inconditionnelle par vos troupes que dans la mesure où vous ne paraîtrez pas rechercher un quelconque démantèlement du groupe pour sauvegarder, dans un domaine restreint, la liberté d'action d'une équipe réduite.

« Les socialistes qui paraissent aujourd'hui tout-puissants ne le seront peut-être plus après-demain. Toute solution irréversible doit être évitée.

« Vos interlocuteurs, à l'inverse, recherchent un bénéfice politique immédiat plus que des avantages économiques qu'ils seraient bien incapables de définir. S'ils acceptaient une mutilation trop voyante du groupe ils craindraient d'être accusés de lâcher la proie pour l'ombre.

« Enfin les chances de succès d'un secteur non nationalisé seraient, après une telle mutilation, singulièrement réduites. C'est l'originalité et la diversité de notre palette qui font chanter chacune des parties du tableau Paribas, à l'étranger comme dans l'hexagone. »

Elle suggérait ensuite une voie de négociation sans intérêt pour le lecteur d'aujourd'hui.

Quelques semaines plus tard je rencontrai Pierre Moussa dans son appartement de Roquebrune. Évoquant ma lettre il écarta d'emblée l'idée d'un désaccord entre nous : « Au contraire des idées analogues étaient examinées par lui-même et ses principaux collaborateurs. » Il ne semblait pas désireux de m'en faire part. Je le quittai vaguement inquiet.

Toujours président du Comité financier du groupe, où Emmanuel Monick et Henri Deroy siégeaient à nos côtés, je fis en septembre adopter la décision que le conseil d'administration de la Compagnie Financière serait saisi par nous d'un projet de résolution fixant la ligne de conduite à tenir par la direction générale du groupe vis-à-vis du projet de Loi de nationalisation. Le Comité me chargea d'élaborer ce projet qui serait soumis au Conseil du 2 octobre.

La veille de cette réunion *Le Monde* publiait une interview de Pierre Moussa en conclusion de laquelle ce dernier reprenait les suggestions mêmes de la « lettre du bateau ». Il était, en fait, trop tard pour qu'elles eussent encore la moindre chance d'aboutir. La bienveillance initiale des socialistes à son égard avait fait place à un refus de dialogue que l'intéressé attribuait à une volonté soudaine de démanteler Paribas. Pour l'heure il dut juger superflu d'alerter sur cette situation nouvelle le Conseil comme moi-même et, sans en faire état, prit part à la discussion puis au vote unanime des résolutions qu'il m'avait demandé de présenter à nos collègues après avoir donné son accord à mon projet. Le texte ainsi adopté et dont je dus bien comprendre peu de jours après que Pierre Moussa n'avait guère l'intention de s'inspirer dans son action fixait comme objectifs prioritaires de toute négociation avec les pouvoirs publics :

« La sauvegarde en toutes circonstances des moyens d'action du groupe et des chances d'avenir de son personnel, grâce au maintien aussi complet que possible de ses implantations, de ses participations et de ses relations de clientèle, tant à l'intérieur qu'à l'extérieur de notre pays.

« La défense des intérêts des actionnaires menacés par une procédure d'indemnisation qui, entre autres modalités contestables, ignore la notion de consolidation des comptes, essentielle pourtant dans un groupe tel que Paribas. »

Il poursuivait en évoquant l'œuvre considérable accomplie à Paribas au cours des dernières décennies et concluait, en écho de l'interview parue la veille et de mes propres suggestions pour la négociation avec le gouvernement :

« Le Conseil formule le vœu que le texte définitif de la loi tienne compte des enseignements d'un tel passé pour conjurer ce risque. Il conviendrait, pour cela, qu'il permit de réaliser le judicieux équilibre entre la plus grande cohésion possible du groupe et la part d'appropriation privée, seule susceptible d'assurer, dans des secteurs bien définis et notamment dans nombre de pays étrangers, la permanence des relations actuellement existantes avec les clients et les partenaires de Paribas. »

Souhaitant que sa prise de position pût être utile non seulement pour Paribas mais pour d'autres « nationalisables » le Conseil avait exprimé le souhait que son texte connût une large diffusion. J'eus lieu de m'étonner, dans les jours qui suivirent, que notre Service de presse n'eût obtenu, à cet égard, qu'un résultat trop limité.

Rassuré néanmoins par le vote unanime du conseil je ne me doutais en rien que se mettait en place, au cours de ces journées, un drame politico-financier mais également humain qui allait remettre en cause la sérénité de ma retraite.

Je n'évoque jamais sans chagrin ce mois d'octobre 1981 au cours duquel il me fallut demander sa démission au successeur dont j'avais pourtant préparé, au cours de longues années, l'accession au poste qui faisait sa juste fierté, puis assumer moi-même son relais au cours des quelques mois précédant la désignation du nouveau successeur appelé à rester en place une fois la nationalisation accomplie. C'était là, on en voudra bien convenir, une tâche doublement ingrate où il y avait beaucoup à perdre et rien à gagner sur le plan personnel.

Le temps d'un septennat s'est écoulé depuis lors. J'ai jusqu'à présent observé avec rigueur l'attitude de stricte réserve à laquelle nous nous étions engagés Pierre Moussa et moi avant de nous séparer – et c'était bien là notre seul point d'accord. Mais trop de textes, appuyés sur une information unilatérale et donnant une version fantaisiste des événements comme des motivations de leurs principaux protagonistes, ont paru au fil des années pour que je ne me sente pas délié de mon vœu. L'accélération récente de leur production me le confirmerait si nécessaire.

Ceux qui préparent l'avenir, tant à Paribas qu'à la Compagnie Bancaire, ont besoin de s'appuyer sur une connaissance véridique du passé et celle-ci peut leur être donnée sans commentaires superflus. Avouons-le d'autre part : je suis soucieux de l'image de moi-même qu'ont établie, sur la place de Paris et parmi tous ceux qui ont été mes collaborateurs, plus de quarante années d'une action sans ambiguïtés et j'éprouve le besoin d'opposer ma vérité aux tentatives faites pour la dénaturer. Pourtant je mesure trop le caractère douloureux du traumatisme infligé à Pierre Moussa en octobre 1981 puis au cours des années suivantes pour ne pas comprendre ses désirs de revanche.

Et l'essentiel peut être dit sans que soient formulées des appréciations prêtant à polémique.

***

9 octobre : Une OPE est lancée sur la filiale genevoise de Paribas par la société suisse Pargesa. Dans le capital de celle-ci figurent le groupe canadien Desmarais, le groupe belge Frère, la société suédoise Volvo, enfin Becker notre filiale à New York, commune avec Warburg. Absent de Paris j'en suis informé par un appel téléphonique de Pierre Moussa.

Compte tenu de nos relations avec la totalité des partenaires cités et du fait qu'à ma connaissance nous contrôlons toujours le capital de Paribas Genève – ce que me confirme mon interlocuteur – je comprends mal qu'une telle opération puisse être déclenchée sans notre accord. Je fais part de cette surprise inquiète à Pierre Moussa, lequel se déclare lui-même déconcerté.

15 octobre : De retour à Paris j'apprends qu'au début du mois, au lendemain de notre Conseil, a été signée la cession par Paribas international à Cobepa, notre filiale belge, de 20 % de Paribas suisse.

18 octobre : Au cours d'une visite rendue par Antoine Riboud à Jacques Delors, celui-ci lui révèle que dans les premiers jours de septembre 20 % du capital de Cobepa avaient été déjà cédés par Paribas international : 5 % à des « amis étrangers » – en fait les futurs partenaires de Pargesa – et 15 % à Paribas suisse.

Ainsi ne pouvant plus contrôler Paribas suisse qu'avec le concours de Cobepa et Cobepa qu'avec celui de Paribas suisse et ayant cédé de façon croisée des paquets de contrôle de l'une par l'autre avons-nous perdu tout moyen de nous opposer à l'OPE de Pargesa. Le scénario que nous voyons aujourd'hui venir à son terme a donc commencé de se dérouler deux mois auparavant avec le concours du président de Paribas.

19 octobre : Pierre Moussa est conduit à me révéler enfin l'idée stratégique dont procède ce scénario.

Il n'en est pas l'inventeur mais, au terme de longues méditations, a jugé de son devoir de l'adopter comme éventuelle solution de rechange, puis de passer à l'exécution après avoir constaté le revirement de ses interlocuteurs socialistes à son égard.

Il s'agit de créer hors de France une entité dotée de moyens puissants par des amis étrangers de notre maison. Cette entité commencera par prendre le contrôle de Paribas-Genève et, à travers cette dernière de Cobepa, toutes deux affaires brillantes et susceptibles d'attirer l'intérêt d'un vaste public. L'opération est en cours et rien ni personne ne saurait désormais l'empêcher d'aboutir, contrairement aux promesses écrites que Pierre Moussa a faites sans conviction au ministre des Finances.

Par la suite les associations de nos actionnaires, en France et à l'extérieur, qui ont été encadrées et endoctrinées à cette fin, obtiendront des tribunaux locaux, motif pris d'une indemnisation insuffisante et grâce au concours d'avocats internationaux ayant concouru à l'élaboration du projet, la mise sous séquestre de nos principales implantations étrangères. Lorsque ces dernières seront mises en vente par les séquestres Pargesa les rachètera. Ainsi se trouvera reconstitué un Paribas international échappant à l'empire des nationalisations (mais, noté-je au passage, échappant aussi au contrôle de nos actionnaires présents ou futurs et placé entre des mains étrangères).

Est-il besoin de dire que le projet ne me paraît pas inspiré par la saine raison, les gouvernements concernés n'étant sans doute pas disposés à compromettre leurs relations avec la France pour en faciliter l'aboutissement. Je peux néanmoins concevoir que des étrangers peu conscients des réalités françaises et non tenus au loyalisme vis-à-vis de notre gouvernement puissent, par passion antisocialiste agrémentée de l'espoir d'une aventure profitable, se laisser séduire par une telle utopie. Mais que les responsables français d'une institution comme Paribas se laissent entraîner à leur prêter la main heurte non seulement mon goût d'une robuste sagesse mais aussi mon respect de la légitimité républicaine.

En outre, sur le seul plan de l'opportunité, les procès en douane dont nous sommes menacés depuis une année, à la suite de la découverte d'exportations de capitaux qu'un de nos services avaient facilitées pour d'assez nombreux clients, donne au gouvernement des moyens de rétorsion d'une telle nature et d'une telle ampleur – à l'encontre de ces derniers, de notre maison, de nos collaborateurs – que l'opération, dont les perspectives d'avenir sont inexistantes, prend un caractère de bravade désespérée. Celle-ci a les chances les plus évidentes de provoquer les catastrophes mêmes contre lesquelles on déclare vouloir se prémunir.

Que dire de l'intérêt de nos actionnaires dont l'indemnisation risque fort d'être amputée en raison de la perte de contrôle de la maison mère sur deux de ses filiales les plus profitables? Je n'ai pas besoin d'insister enfin sur le fait que la stratégie recommandée par le conseil d'administration unanime, dans les résolutions que peu de semaines auparavant Pierre Moussa a lui-même votées, est en tous points contraire à celle qu'il mettait en œuvre dans le même temps.

Je développe à l'usage de Pierre Moussa, avec l'espoir de le convaincre encore bien qu'il risque d'être trop tard, tous ces arguments inspirés par le simple bon sens en même temps que par la déontologie s'imposant naturellement à tout patron. Et j'ajoute : « Vous êtes le patron ici depuis trois ans, mon cher Pierre. Et vous êtes témoin du fait que je n'ai rien négligé pour vous installer dans cette position. N'auriez-vous pas dû, avant de vous lancer dans une aventure aussi folle, consulter un homme toujours soucieux de vos intérêts, à qui le métier de patron est familier depuis plus de trente ans? »

Pour réponse finale Pierre Moussa déclare : « En somme vous m'exposez qu'on ne doit pas faire de ces coups-là au maréchal Pétain. » Ce qu'il doit considérer comme la flèche du Parthe me laisse un moment sans voix. Je lui rétorque enfin : « Pensez-vous sérieusement que l'uniforme du général de Gaulle ait été taillé à vos mesures? » J'ignore quels titres de résistance sous l'Occupation et quelle surprenante comparaison avec la situation d'aujourd'hui ont convaincu mon interlocuteur du bien-fondé de son propos délibérément injurieux. Le fait qu'il ait laissé tomber le masque de bons sentiments qu'il portait naguère devant moi suffirait à me prouver, s'il en était encore besoin, que la voie adoptée par lui est sans retour.

Comment conclure autrement qu'en lui demandant de présenter sa démission au cours du conseil qui doit avoir lieu deux jours plus tard? Face à un premier refus je lui précise que, s'il le maintient, je me verrai contraint de me retirer moi-même du conseil en expliquant publiquement les raisons de mon retrait.

Pierre Moussa demande à réfléchir jusqu'au lendemain. Il me déclare garder l'espoir qu'un jour je reconnaîtrai le bien-fondé de son action. Je n'en entrevois pas la moindre chance. Nous nous séparons l'un par l'autre navrés.

21 octobre : Réunion en fin de matinée du conseil de la Compagnie Financière. Pierre Moussa lit une déclaration expliquant qu'il ne se considère plus à même de poursuivre avec le gouvernement les négociations préalables à notre nationalisation et qu'en conséquence il donne sa démission. Il se retire aussitôt, contenant son émotion avec dignité.

Après son départ plusieurs administrateurs rendent hommage à son action à mes côtés puis au cours de ses trois ans de présidence. Aucun toutefois ne se hasarde à défendre son rôle récent dans l'opération Pargesa ni son comportement vis-à-vis des résolutions votées trois semaines plus tôt par le conseil. L'humeur générale est d'extrême étonnement et de tristesse devant une conclusion inéluctable. Comme la plupart de mes collègues me l'avaient auparavant demandé le conseil me sollicite de sortir de ma retraite pour reprendre en charge la maison jusqu'à la nationalisation et mettre en œuvre, dans les négociations avec les pouvoirs publics, les directives fixées par ses précédentes résolutions.

J'accepte à titre purement bénévole une délégation de pouvoirs limitée à une durée de trois mois pour laquelle je demande à être assisté par deux collègues; Francis Fabre et Antoine Riboud sont désignés.

Dans la matinée du même jour j'ai reçu les deux collaborateurs immédiats de Pierre Moussa, François Morin et Gérard Eskenazi. Je les ai informés des décisions imminentes du conseil. Ils ne se désolidarisent pas de leur ancien patron mais affirment leur loyalisme à mon égard. Le premier a connu, sans y intervenir, l'opération Pargesa. Le second a participé à sa mise au point mais il m'affirme – et j'en aurai par la suite diverses confirmations – avoir toujours considéré que le risque d'un passage à l'acte sans mon accord préalable ne devait pas être pris. Il l'avait dit sans ambages à Pierre Moussa. Eût-il été entendu, l'affaire Pargesa n'eût pas eu lieu. Sa contribution technique à l'opération, connue à l'extérieur, lui vaudra trois mois plus tard, malgré l'aide apportée par lui pour réparer les pots cassés, d'être frappé d'interdit à Paribas par l'Élysée. Bien qu'à regret, je ne pourrai pas m'opposer au départ de celui qui eût pu être, pour Jean-Yves Haberer, le plus efficace des collaborateurs.

J'ai prié mes deux interlocuteurs d'organiser, dans l'après-midi, une réunion des directeurs de Paribas. J'imagine le trouble dans lequel je vais les trouver. Le départ brutal de Pierre Moussa risque d'être interprété par eux comme un sacrifice inutile sur l'autel d'un gouvernement dont ils sont convaincus que son vrai projet est de démanteler Paribas. Au surplus quelle était, dans la maison, l'étendue réelle de la dissidence? Qui a plus ou moins collaboré au projet?

Le militaire qui subsiste en moi ne veut pour sa part connaître qu'un responsable : celui qui a, en quelque sorte,

« pressé le bouton ». Pour le reste j'entends éviter toute chasse aux sorcières et faire appel à la loyauté de tous. Il faut les rassurer à titre personnel et les persuader qu'au plan de la maison l'essentiel peut encore être sauvé.

Bien qu'il s'agisse d'hommes avec lesquels j'ai toujours entretenu des rapports de confiance et bien que ma conviction lorsqu'elle est forte soit communicative la réunion ne sera pas facile. Sous les extérieurs de la déférence, je ne puis pas ne pas percevoir ici ou là quelques sourdes oppositions – surtout en présence de mon interprétation des événements et de mes appréciations à leur sujet. Par contre mon esquisse de ce que va être ma stratégie rencontre une approbation beaucoup moins contrainte. Il me faut le reconnaître : n'ayant pu encore comprendre tous les ressorts du piège qui vient de se refermer sur Pierre Moussa (il ne les connaît pas tous lui-même et ne se révéleront à moi que beaucoup plus tard) je porte sur lui – dans le fond de moi-même – un jugement sévère. Mes faibles dons de dissimulation le laissent transparaître. Ses fidèles et tous ceux qui ont eu connaissance d'une partie de ses intentions se sentent englobés dans cette réprobation sous-jacente. Ils ont tendance à se rebiffer contre elle. Comme bien souvent, pourtant, cette franchise se révélera utile. Connue d'eux par je ne sais quels canaux elle facilitera mon approche ultérieure du gouvernement et du président de la République.

D'autres participants à la réunion, sentant mon émotion et ma sincérité, se montrent beaucoup plus ouverts. Certains ont les yeux humides, qui viendront me rejoindre dans mon bureau pour me remercier et m'assurer de leur fidélité.

Au soir de cette journée moralement si éprouvante je peux mesurer les difficultés de la mission que je viens d'accepter, la violence du traumatisme infligé par les récents événements à l'ensemble du personnel, les factions contraires qui risquent de s'affronter à propos d'une apparente « guerre de chefs », voire le danger que déteigne sur moi une coloration politique qui m'est pourtant bien étrangère. Je prends conscience aussi de l'attachement tant soit peu passionnel que j'ai conçu pour cette maison Paribas que pourtant je n'ai pas moi-même créée. Et je cherche à m'encourager en pastichant le Général. « Allons, me dis-je, la tâche mérite vraiment que nous y consacrions ce qui nous reste d'énergie. Nous réussirons bien à rendre l'espoir à un équipage déboussolé et à sauver du naufrage son beau vaisseau à la rénovation duquel nous avons déjà tant donné de nous-mêmes. »

***

Il faudrait tout un livre pour rendre compte de mon action au cours des trois mois suivants. Il eût présenté un intérêt à l'époque mais son objectivité eût souffert d'une connaissance encore incomplète des péripéties ayant conduit au drame, comme de l'intensité de mes réactions personnelles.

Aujourd'hui je me bornerai aux seules données et aux seuls faits dont la connaissance est nécessaire pour porter un jugement équitable sur une affaire controversée.

La stratégie de sauvetage que j'avais décidé de mettre en œuvre était simple : il s'agissait avant tout d'obtenir la désignation par le gouvernement d'un futur président de Paribas présentant les meilleures garanties possible pour l'avenir. Je savais d'intuition profonde – confortée par une longue expérience du commandement rue d'Antin – que ce seul fait, lorsqu'il serait connu de tous, ferait retomber l'effervescence du personnel – à tous les niveaux – et déterminerait chacun à traiter l'avatar de la nationalisation comme il devait l'être : un épisode fâcheux mais sans doute provisoire. Connaissant de longue date la fragilité des promesses de tout gouvernement, et plus méfiant vis-à-vis de celui-là que de tout autre, j'étais décidé à ne faire état vis-à-vis de quiconque de rien d'autre que d'une décision écrite signée du ministre compétent et entérinée par le Premier ministre.

Quant au choix de la personne dont j'allais demander la désignation, je n'avais pas grande hésitation. J'avais, je l'ai dit, pensé à Jean-Yves Haberer pour être le jour venu le successeur du mien. Vers la fin de 1977 je m'en étais ouvert à Pierre Moussa puis fait, tant de façon directe que par son intermédiaire, les approches nécessaires. Elles avaient été accueillies de façon positive. La haute direction de Paribas avait été mise dans la confidence. Pierre Moussa n'étant plus là, rien ne pourrait mieux atténuer le choc de la nationalisation que de la voir provoquer avant le moment prévu une succession préméditée de longue date.

Décidé à battre le fer pendant qu'il était chaud et profitant de la chance qui m'avait fait rencontrer Robert Mitterrand peu de jours après le conseil m'ayant réinvesti je décidai de tenter, grâce à son intermédiaire, d'obtenir au plus haut niveau l'accord qui me semblait vital. Après un entretien avec Jacques Delors, que je connaissais bien depuis son passage au cabinet de Jacques Chaban-Delmas, et que je trouvai fort ému de l'affaire et tout prêt à m'apporter son aide, je fus sans aucun retard reçu de façon prolongée par François Mitterrand.

« Je préfère un adversaire loyal à un ami incertain », me répondit-il, alors que je m'étonnais, en guise d'entrée en matière, d'être auprès de lui aux lieu et place de Pierre Moussa. Bien que nous ne nous fussions jamais rencontrés que pour nous opposer ma description de la situation, mon analyse de ce que je considérais comme l'intérêt général dans cette affaire, la vigueur et l'évidente sincérité de mes propres convictions semblèrent le convaincre lui-même. Je n'avais pas hésité à lui présenter la nomination de J.-Y. Haberer non pas comme l'une des solutions envisageables mais comme la seule concevable pour résoudre le problème. En me reconduisant à la porte des appartements privés de l'Élysée où il m'avait traité pour le petit déjeuner il me dit sur un ton encourageant : « Je vais réfléchir. » « De grâce, Monsieur le Président, ne réfléchissez pas trop longtemps, lui répondis-je. Vous avez devant vous un homme sur une corde raide, une pile d'assiettes dans chaque main. C'est une position dont il attend que vous le tiriez bientôt. »

Deux jours plus tard me parvint le message de son accord de principe. « A vous de convaincre Haberer d'accepter », me faisait-il dire.

Aucun homme politique autre que François Mitterrand ne m'a jamais apporté avec autant de diligence une aide de pareille portée. Aucun, il est vrai, n'avait mis en place de ses propres mains les données d'un imbroglio à tel point inextricable par tout autre que lui en même temps que fâcheux pour ses propres desseins. C'est sans remords que, par la suite, j'ai rempli vis-à-vis de lui, en tant que citoyen, un devoir d'ingratitude dont l'élu n'a pas le monopole.

Dix jours à peine après avoir entamé l'une des parties les plus hasardeuses où j'aie jamais accepté de m'engager (au seul risque il est vrai de mon image personnelle, mais j'ai la faiblesse d'y tenir) je me trouvais donc en possession de l'atout maître autorisant l'espoir de la gagner. Le reste n'était plus que problèmes d'exécution, au surplus nombreux et complexes.

Il fallait d'abord rendre inescamotable la carte qui m'avait été mise entre les mains.

L'accord sans réserves de Jean-Yves Haberer en était une condition préalable. Compte tenu de nos conversations antérieures il ne fut pas trop difficile à obtenir. Mais sa profonde intuition des risques qu'il allait assumer lui fit néanmoins formuler des préalables dont l'acceptation par son ministre serait par la suite précieuse.

Des oppositions d'origine politique se manifestaient néanmoins, convergeant vers l'Hôtel Matignon. Au cabinet de Pierre Mauroy, après une longue discussion poursuivie tard dans la journée et caractérisée par une grande franchise réciproque, je trouvai en fin de compte une compréhension amicale dont je sais toujours beaucoup de gré à Robert Lion et à Jean Peyrelevade.

L'engagement écrit quant à la future désignation de J.-Y. Haberer que j'attendais de Jacques Delors, et qui devait mentionner l'accord du Premier ministre, se faisait néanmoins attendre et j'étais bien décidé à résister jusqu'au moment où je l'aurais en poche aux pressions que le cabinet des Finances exerçait sur moi pour que j'allasse sans délai faire mon tour de la planète afin d'y rameuter les fidélités ébranlées de notre réseau.

C'est le samedi 14 novembre que Jacques Delors me remet, rue de Rivoli, sous forme d'une lettre dont je suis le destinataire, le sésame attendu de lui. Il fait expressément mention, en accord avec le Premier ministre, de la volonté du gouvernement de maintenir « les réseaux, les alliances, les structures et par conséquent les synergies » de Paribas. Il confirme que, dans cette perspective, « le gouvernement a l'intention de désigner Jean-Yves Haberer, actuellement directeur du Trésor, d'abord comme administrateur général puis comme président-directeur général de la Compagnie Financière et de la Banque de Paris et des Pays-Bas ».

Il m'indique enfin que dès maintenant il n'a pas d'objection à ce que je me réfère à sa lettre si cela m'est utile « pour l'information de votre personnel et de vos partenaires étrangers, afin de faciliter la transition ».

Dès le dimanche 15 novembre nous prenons l'avion, ma femme et moi, pour les États-Unis. Je pouvais m'éloigner sans inquiétude. Des pouvoirs de gestion étendus, dont je savais qu'il ferait un usage avisé, avaient été confiés à Gustave Rambaud par le conseil du 21 octobre. Le même jour la mission d'entretenir les contacts entre moi-même et le personnel de direction comme avec le cabinet des Finances avait été confiée par moi à Robert Carvallo. Il avait aussitôt prouvé son talent dans ce rôle dont il allait faire l'un des plus réussis de sa carrière.

Le voyage nord-américain va être suivi d'un séjour en Belgique, d'un autre à Bahrein (où j'ai convoqué tous nos responsables au Moyen-Orient), à Hong Kong (où nos représentants en Extrême-Orient me rejoignent), puis à Tokyo. Je termine, à la veille de Noël, par Londres, ayant réservé Genève – capitale de la sécession – pour n'y paraître qu'une fois répercutés les échos de mon périple et la peur d'un isolement éventuel ayant fait son œuvre.

Partout mes explications et surtout le nom d'Haberer font l'effet le plus positif, non seulement auprès de nos meilleurs hommes, dont aucun ne nous quittera au cours des deux années suivantes, mais auprès de nos partenaires et correspondants étrangers comme des divers ministres des Finances auxquels je crois devoir rendre visite. A la fin de 1981 l'essentiel du sauvetage de Paribas est donc accompli et la seule inquiétude lancinante tient aux conséquences futures des procès intentés par l'administration des Douanes.

L'ensemble des transactions qui devaient clore cette fâcheuse péripétie et qui étaient, à la veille de l'affaire Pargesa, en attente de la signature de Laurent Fabius ont en effet, en représailles, été rejetées par lui sans appel et la justice a été saisie.

Les conséquences risquent d'en être fort graves pour certains. Elles vont handicaper Pierre Moussa pendant plusieurs années. Néanmoins pour l'intégrité du groupe Paribas les risques d'atteintes irréversibles semblent désormais conjurés.

Il me reste à plaider en faveur d'une indemnisation équitable de nos actionnaires. Je le ferai successivement auprès de Jacques Delors, du Conseil constitutionnel et de la commission financière du Sénat, avec un certain effet de persuasion semble-t-il.

Il me reste aussi à conjurer les tentatives de mises en cause pour infraction à la législation des sociétés de Pierre Moussa et de certains de ses collaborateurs directs. Il s'agit là d'un danger autrement grave que celui des poursuites douanières. De vives pressions sont faites sur les commissaires aux comptes de Paribas international et de l'OPB pour qu'ils refusent d'approuver les comptes des deux organismes et sur moi-même pour me convaincre d'entamer une procédure pénale. Il ne faut pas moins que la menace répétée de ma démission immédiate pour obtenir que soient donnés à nos administrateurs dans ces deux filiales, par l'intermédiaire desquelles se sont faites les cessions de titres incriminées, les quitus mettant un terme final à ces redoutables velléités.

Enfin, au terme d'une négociation difficile pour laquelle Gérard Eskenazi m'avait prêté une assistance efficace, je peux signer le 9 février 1982 avec la société Pargesa et ses principaux actionnaires un protocole d'accord faisant revenir – en fait sinon de droit – notre filiale suisse dans le giron de Paribas. Le droit rejoindra le fait – à trop grands frais malheureusement – trois années plus tard grâce à l'action résolue de Jean-Yves Haberer.

Le 11 février, mission accomplie, je peux en rendre compte au conseil.

Le 12 février la loi de nationalisation est promulguée. La Compagnie Financière est nationalisée; la Banque ne le sera que le 30 juin suivant.

Le 18 février Jean-Yves Haberer prend ses fonctions d'administrateur général de la Compagnie Financière. Je réunis le même jour un Conseil de la Banque pour l'y faire nommer président-directeur général : il aura donc reçu, par le vote d'un Conseil désigné selon les procédures traditionnelles, une onction de légitimité.

Dès le 12 j'ai écrit une longue lettre à nos actionnaires pour les tenir informés des événements et commenter l'indemnisation qui leur est consentie par le gouvernement.

Il ne me reste plus désormais qu'à me tenir à la disposition de mon deuxième successeur et à l'aider de mes conseils s'il les juge utiles pour l'accomplissement de la tâche écrasante qui l'attend.

* * *

Grâce aux divers éléments de la vérité qui se sont fait jour avec le temps il est devenu possible d'analyser, sans risque important d'erreur, le dispositif de la bombe qui, en octobre 1981, éclata entre les mains de Pierre Moussa. Il ne m'est apparu qu'au travers d'approximations successives. Au prix d'inévitables redites, je crois nécessaire de le décrire tel que je le comprends enfin : j'espère exorciser ainsi un sujet tabou d'où procèdent encore des lignes de fracture à l'intérieur de la maison Paribas et de son personnel.

Entretenir au feu, dans le même temps, deux fers de polarités opposées pour utiliser l'un ou l'autre selon la tournure des événements présente le risque d'un court-circuit entre les deux les rendant l'un et l'autre inopérants. Cette image rend bien compte, me semble-t-il, du mécanisme en cause.

Au lendemain de mai 1981, le premier fer utilisé par Pierre Moussa est la négociation avec ses amis socialistes dont l'attitude compréhensive lui paraît autoriser l'espoir d'une solution raisonnable pour notre nationalisation. De fait il est d'abord accueilli par eux avec sympathie et jouit de leur confiance comme j'en aurai divers témoignages. Aussi est-ce avec un certain optimisme que dans une interview au *Nouvel Observateur* il affirme son respect pour la légitimité démocratique, son aversion de la politique du pire et envisage de rester dans son bureau après la nationalisation, si le contexte le permet.

Cependant, au cours de l'été, les responsables de nos deux filiales suisse et belge lui ont préparé un second fer de conception fort différente. Il s'agit, avec l'aide d'amis étrangers de Paribas, de mettre en place un processus imparable de sécession pour leurs deux établissements puis une structure de regroupement pour d'autres établissements étrangers du groupe qui parviendraient de même à s'en détacher.

Comportant la cession croisée par la maison mère de paquets de contrôle de chacun par l'autre ce projet ne peut commencer à se mettre en place sans le concours de Pierre Moussa. A toute éventualité celui-ci ne croit pas devoir le refuser. Le 3 septembre un paquet de contrôle de Cobepa est cédé aux « amis étrangers » et à Paribas suisse.

Comme il semble parfois s'y complaire le destin choisit alors un vague comparse pour instrument de sa fatalité. C'est un collaborateur évincé de Paribas qui va établir le court-circuit neutralisant les deux fers dont croit encore disposer Pierre Moussa. Demeuré dans la confidence de Jean-Jacques Michel, notre directeur général à Genève, ce personnage se voit révéler par lui – qui n'en est pas peu fier – la technique imparable de sa prochaine dissidence. L'homme est un familier de l'un des conseillers élyséens. Ce dernier est bientôt « mis au parfum ». Il a confirmation par le ministère des Finances que le projet a effectivement commencé de s'exécuter, une déclaration de cession à l'étranger, à laquelle les services compétents n'avaient pas vu malice, ayant été déposée par Paribas pour régulariser l'opération du 3 septembre. Le ministre informé attendra néanmoins pour intervenir de voir si Pierre Moussa osera ou non s'aventurer plus avant.

Ce dernier s'étonne, et a tout lieu de s'alarmer, en constatant un changement radical dans l'attitude à son égard de ses interlocuteurs habituels, en particulier de Jacques Delors. Ses fers, sans qu'il le sache, viennent d'être tous deux rendus inopérants. Pierre Moussa ne tarde pas à attribuer la froideur méfiante qu'il rencontre désormais à une volonté de principe, soudain dévoilée, de soumettre Paribas au traitement le plus sévère.

Après un baroud d'honneur (interview au *Monde* du 30 septembre) en faveur d'une solution inspirée de la « lettre du bateau » il décide de passer à l'étape irréversible du plan Pargesa : la cession à Cobepa d'un paquet de contrôle de Paribas suisse, privant la maison mère de tout moyen de s'opposer à l'OPE dont notre filiale sera désormais la cible consentante.

Les collaborateurs étrangers de Pierre Moussa insistent sur l'urgence d'agir dans ce sens. Ses collaborateurs parisiens (Gérard Eskenazi-Pierre Haas) lui conseillent de ne rien faire avant de s'être assuré de mon acquiescement préalable, nécessaire pour éviter des réactions hostiles de la part du conseil. Mais Pierre Moussa sait bien, et le projet de résolution que je lui ai transmis le lui démontrerait au besoin, que c'est à mon opposition irréductible qu'il se heurterait. Il opte pour ce geste suicidaire qui consiste à donner de son seul chef à Paribas international l'ordre de procéder à la cession envisagée après avoir voté, trois jours avant, la résolution du conseil qui le lui interdit. Il remet ainsi entre les mains d'étrangers qui vont bientôt actionner le détonateur de la bombe la suite de son destin. Siegmund Warburg, témoin de sa décision, commentera « You are killing yourself for the sake of J.-J. Michel [1]. »

1. Vous vous suicidez pour l'intérêt de J.-J. Michel.

***

Quel jugement porter sur un comportement aussi surprenant de la part d'un homme d'une si vive intelligence? Dix années de travail en commun et les raisons mêmes qui me conduisirent à le désigner comme le meilleur de mes successeurs possible me rendent inconcevables de la part de Pierre Moussa d'autres motivations – au moins initiales – qu'une certaine idée de Paribas.

Par la suite, confronté à l'abandon – inexpliqué pour lui – des amis socialistes dont il s'était cru le mieux compris, il est soumis à la pression de collaborateurs étrangers qui fouaillent son courage. Sans doute se trouve-t-il déjà trop engagé pour renoncer à l'action d'éclat qu'ils attendent de lui. Toujours est-il qu'il laisse le piège se refermer et s'emploie même à gagner le temps nécessaire pour que ce mouvement devienne irréversible. Ce parti impliquait de sa part une dissimulation persévérante et tous azimuts. Aujourd'hui encore j'ai peine à concevoir qu'il ait pu s'y résoudre et qu'une répugnance intime, plus déterminante encore que tous les arguments de raison, ne lui ait pas rendu évidente l'erreur de parcours qu'il commettait.

Il reste que, par l'effet de ressacs qu'il n'avait certes pas prévus, les conséquences de la tempête soulevée par Pierre Moussa ne furent pas toutes négatives. La réprobation mêlée d'inquiétude des socialistes a par contraste conféré au successeur désintéressé que j'étais, quelles que fussent mes critiques publiques de leur programme, une aura de crédibilité et de respect sans laquelle la désignation de J.-Y. Haberer pour présider Paribas nationalisé ne m'aurait pas été consentie. Et la crainte de séquestres à l'étranger consécutifs aux plaintes de nos actionnaires, sur la perspective illusoire desquels s'échafaudait la stratégie de Pargesa, a rendu plus convaincant mon plaidoyer en faveur d'une indemnisation équitable. Des modalités proches des normes admises sur les principaux marchés en matière d'achats globaux d'entreprises pouvaient en effet priver de tout fondement les plaintes envisagées. C'est bien, en fait, ce que l'on a pu constater.

En ce qui le concerne lui-même, Pierre Moussa a commencé par subir de rudes contrecoups qu'il n'était pas en mon pouvoir d'atténuer. Aux clameurs et aux injures du « peuple de gauche » seules les lettres d'approbation adressées par nombre d'inconnus et – sans doute moins appréciés par lui – les commentaires de la Presse la plus droitière apportaient quelques contreparties. Mais les incertitudes des procès en douane dans lesquels le gouvernement n'avait pas hésité à l'impliquer lui-même à défaut de ses prédécesseurs que protégeait la prescription triennale, pesaient lourdement sur ses projets d'avenir.

Il ne préparait pas moins activement ces derniers. L'éventualité d'une condamnation une fois écartée, tant pour lui-même que pour nos collaborateurs – et l'action obstinée de J.-Y. Haberer fut à cet égard déterminante – il put passer à l'action. Conduit par les événements à suivre une trajectoire inverse de celle qui avait été la mienne, après s'être consacré au soin des « enfants des autres » il eut toute latitude de donner sa mesure face aux défis si motivants de l'état natif.

Il m'arrive, exercice assez vain, de m'interroger sur ce qui serait advenu si Pierre Moussa avait suivi une ligne plus conforme à mes conseils. Il eût, à coup sûr, évité les éclaboussures du procès douanier et ses séquelles les plus dramatiques. Fût-il, pour autant, demeuré en place pendant l'avatar de la nationalisation comme ses propres déclarations à la Presse avaient montré qu'il l'envisageait? C'est peu probable compte tenu de l'attitude générale du gouvernement Mauroy. Et, dans l'affirmative, sans doute n'eût-il pas manqué d'être par la suite, comme J.-Y. Haberer le fût lui-même, en butte au sectarisme et à l'esprit de clan. Tant il est vrai que conserver son indépendance vis-à-vis des politiciens professionnels risque de marquer le même homme à droite puis à gauche, à contresens de l'alternance du pouvoir.

*
* *

Il appartiendra à Jean-Yves Haberer, si l'humeur lui en vient quelque jour, de rendre compte de la phase nationalisée qu'a connue l'histoire de Paribas. Peut-être préférera-t-il passer sous silence les intrigues qui commencèrent à se nouer autour de lui dès qu'un retournement politique fut en vue pour faire croire aux futures autorités qu'il était en fin de compte rejeté par la maison même qui l'avait d'abord accueilli comme un sauveur inespéré. Pour porter un jugement sur ses accomplissements au cours de cette période il n'est que de se rappeler l'empressement sans précédent du public pour devenir actionnaire de Paribas au moment de la privatisation. Certes l'opération fut alors bien orchestrée. Mais, de toute évidence, ce n'est pas en quelques mois qu'auraient pu être transmués en or les résultats obtenus au cours des cinq années antérieures s'ils ne s'étaient pas révélés du meilleur aloi. Ce succès a donc à la fois démontré les capacités de l'actuel président et l'iniquité dont a été victime le précédent.

J.-Y. Haberer pourrait au surplus porter à son crédit l'immunité vis-à-vis du virus nationalisateur dont a joui la Compagnie Bancaire pendant qu'il était lui-même président à la fois de son Conseil de Surveillance et du conseil d'administration de Paribas. L'une des principales raisons qui m'avaient fait opter naguère pour une forte participation – jamais majoritaire néanmoins – de Paribas dans la Compagnie Bancaire avait été de protéger cette dernière des convoitises éventuelles de ce qu'on n'appelait pas encore un « raider ». Mon projet une fois devenu réalité ce ne serait plus qu'à travers le contrôle de Paribas qu'il serait désormais possible de s'assurer le nôtre. Il s'agirait alors d'un bien gros morceau pour quelque entreprenant opérateur privé que ce fût.

Un tel raisonnement négligeait le fait que le plus dangereux et le plus imparable des raiders se nomme l'État. Se moquant des marchés et de toute éventuelle concurrence il a le pouvoir de s'imposer par la loi. Et c'est bien ce qu'il crut bon de faire pour Paribas.

Paradoxalement, mais pour une large partie grâce à J.-Y. Haberer, au lieu de nous entraîner par contagion dans sa nouvelle et indésirable condition d'entreprise nationale, Paribas servit d'écran pour nous en protéger. La loi dite de « démocratisation du secteur public » maintenait en effet un statut privé aux entreprises où aucun actionnaire dudit secteur ne possédait une part majoritaire du capital – et cela même si l'addition des parts détenues par plusieurs d'entre eux permettait de dépasser la majorité comme c'était notre cas. Cette loi permit au directoire et au bienveillant Conseil de Surveillance, qui l'avait mis en place, de poursuivre leur métier comme si la nationalisation des banques était survenue sur une autre planète. J'ai de bonnes raisons de penser que l'action de Jean-Yves Haberer n'avait pas été étrangère à la bonne inflexion de ce texte.

C'est donc, en fin de compte, des prétentions de l'État et non de celle de quelque conquistador privé que la présence de Paribas avait protégé la Compagnie Bancaire. Il convenait – et il était de son intérêt bien compris – que celle-ci « renvoyât l'ascenseur » à son principal actionnaire. J'avais, avant les opérations de privatisation, préconisé qu'elles fussent l'occasion de constituer de solides autocontrôles pour préparer la résistance à d'éventuelles tentatives étrangères de mainmise sur des entreprises dont le centre de décision devait à tout prix demeurer en France. Mes propositions avaient été rejetées non sans quelque dédain comme tout à fait contraires au libéralisme pur et dur qu'il était alors convenable d'afficher. La fièvre d'OPA, en montant soudain sur les diverses places financières, donna sans doute à réfléchir à nos intransigeants doctrinaires. La chute brutale des cours – rendant le danger plus évident, faisant apparaître la faible consistance des soi-disant « noyaux durs », et permettant aux volontaires pour le rôle de « chevalier blanc » d'entrer en lice dans des conditions favorables – fournit l'occasion à la Compagnie Bancaire de parvenir au premier rang des actionnaires de Paribas avec une participation d'environ 7 % dans le capital de la Compagnie Financière. Celle-ci peut compter avec assurance sur le fait que l'intérêt propre de ce preux bien musclé, insensible à toute pression politique à la différence des participants du noyau dur imprudemment choisis parmi des entreprises non encore privatisées, inspirerait beaucoup de résolution à ses interventions défensives.

Je ne puis évoquer ce dernier avatar sans être tenté de revenir en arrière et de mesurer le chemin parcouru depuis qu'au-dessus du magasin « Aux Tortues » et d'un fabricant de postiches naquit, voici quelque quarante-deux ans un minuscule établissement financier au capital de 10 millions d'anciens francs dont le développement ne s'est jamais poursuivi depuis lors que par croissance interne et – sauf une seule exception – sans aucune fusion ni acquisition extérieure. Un tel processus de création peut à bon droit paraître lent aux bâtisseurs d'empires par razzias sur les marchés. Rien pourtant ne se fait de solide sans le concours du temps. Et je me prends à penser que grâce à lui ma double aventure, à la Compagnie Bancaire et à Paribas, a trouvé une sorte d'unité et de finalité que l'on serait en droit d'admirer si la perspective en avait été de longue date conçue. Je sais bien pourtant qu'aucune préméditation n'aurait permis de les obtenir et qu'elles sont les simples fruits d'une constante bonne volonté devant l'événement.

*
* *

En cul-de-lampe à mes souvenirs de banquier, je propose au lecteur une anecdote que sa date aurait conduit à placer en exergue mais dont l'intérêt à la fois humoristique et prémonitoire apparaît mieux avec le recul du temps.

En 1947, un an après la création de l'UFEFE quelques pâles voyous armés de mitraillettes procédèrent à mon enlèvement dans ma propre voiture devant mon domicile parisien. Leur tentative tourna court après un accrochage fortuit avec la police sur les boulevards extérieurs. J'en sortis moi-même indemne mais non pas ma « traction avant », laquelle avait sans doute tenté mes ravisseurs, et dont les balles des gardiens de l'ordre avaient pulvérisé le pare-brise et deux glaces latérales. J'allai quelques jours plus tard reprendre possession du véhicule en compagnie de mon chauffeur, le fidèle Jean Veillet. Naguère communiste bon teint, il n'en avait pas moins quitté, pour me suivre, son poste au ministère puis avait fait une volte-face politiquc radicalc lc jour où dcs attaqucs pcrsonnelles avaient été formulées contre moi dans *L'Humanité.* Sans doute ne s'était-il pas dégagé d'un seul coup, pour autant, de la mythologie du Parti.

Après avoir examiné l'intérieur de la voiture où les points d'impact de plusieurs projectiles montraient qu'ils avaient dû me frôler de fort près il opina gravement :

« Ça doit être un coup de la Banque de Paris et des Pays-Bas. Pour cette fois ils ne vous ont pas eu... »

Quelques jours auparavant, me voyant préoccupé et pensant que nos affaires pouvaient en être la cause, il m'avait en guise d'encouragement désigné d'un geste large le 35 de la rue Tronchet où l'UFEFE n'occupait encore que le seul 5e étage : « Je suis sûr, avait-il pronostiqué, qu'avant longtemps nous posséderons l'immeuble entier. »

Personnage du théâtre antique égaré dans un scénario du XXe siècle, un messager des dieux avait-il pris la figure et la voix de Jean Veillet pour me délivrer les oracles sibyllins dont il était porteur?

EUPHORISMES

Les grandes vérités se disent
sur le pas de la porte

Cioran

Une longue mémoire des bienfaits est le trait d'un cœur bien placé. Ce serait y manquer que de ne pas rendre justice à la chance avant le point final de mon ouvrage.

Aux diverses étapes de mon itinéraire tant public que privé elle a projeté sur l'écran de mon esprit enseignements du passé et préceptes pour l'avenir. J'en ai soumis certains au test de l'écriture, privilégiant ceux qui entretenaient mon euphorie. A l'intention d'éventuels émules sont recueillis ici quelques-uns des moins vulnérables à cette épreuve.

A – Pour usage courant

Le bon sens ne fait pas fi des lieux communs. Il s'emploie plutôt à leur rendre un air de jeunesse.

•

Il faut plus d'honnêteté que d'esprit pour penser avec justesse. Les balances du jugement reposent sur la conscience. Leur équilibre dépend de sa droiture.

•

Cyniques et angéliques sont deux catégories symétriques d'esprits faux; ils souffrent de ruptures d'équilibre de sens inverse entre facultés intellectuelles et exigences morales. Lesquels convient-il de redouter davantage? Les leçons d'une vie, comme celles de l'Histoire, n'autorisent guère à trancher.

•

On sait ce que l'on a appris. On ne connaît vraiment que ce que l'on a imaginé.

•

Qu'appelle-t-on notre âme? N'est-ce pas le climat moral élaboré par les souvenirs que le sort nous a composés depuis l'enfance, mais aussi par nos choix quotidiens? A travers ces derniers n'avons-nous pas nous-mêmes choisi notre âme et ne continuons-nous pas à la façonner avec une liberté croissante par rapport à notre patrimoine hérité, mais chaque jour un peu plus dépendante de notre passé propre?

•

L'action créatrice n'est pas seulement la meilleure voie de connaissance du monde extérieur. Elle est aussi la plus féconde en occasions de nous choisir nous-mêmes avec le plus de liberté.

•

Un visage ne saurait tromper toujours. Si l'âme est vilaine elle ne manquera pas, l'âge venant, d'y grimacer.

Femme bonne reste belle, parfois même le devient.

•

L'évolution des croyances, des mœurs et du langage incite à tenter de remettre au goût du jour les vieux concepts d'honnêteté, de courage et de vertu.

Le respect sans compromis des règles du jeu quel qu'il soit, le refus d'aucune tricherie, voilà, me semble-t-il, toute l'honnêteté. Indépendante d'une quelconque option métaphysique cette définition postule l'acceptation de contraintes collectives.

L'usage actuel identifie vertu et maîtrise des instincts. L'usage ancien, qui en faisait la forme la plus haute du courage, n'était-il pas plus digne de ce beau nom?

L'honnêteté et le courage sont simples et joyeux. La vertu est ambiguë. Combien s'en targuent pour se dispenser d'être honnêtes.

•

La sclérose du cristallin commence à vingt-cinq ans, dit-on. C'est un peu tôt pour y voir la fin de la jeunesse. Plus significative, à cet égard, est la sclérose de l'humour.

•

Les âmes se voulant exigeantes et supérieurs les esprits condamnent comme futile la recherche du bonheur. Leur humeur ne s'accommode que d'un permanent chagrin face aux misères de l'espèce comme à l'inintelligibilité de l'aventure humaine. Les plus actifs s'adonnent à de louables initiatives de charité réparatrice.

Voyant moins loin je me sens moins coupable et crois

aux chances d'une charité créatrice, apporteuse de bonheurs petits et grands. Je ne vois guère d'ambition plus valable. La responsabilité d'une entreprise me semble lui fournir maintes occasions pour s'exprimer de façon concrète.

•

Croyant je penserais insulter l'œuvre divine si je niais la possibilité du bonheur humain.

•

Le bonheur se multiplie en se partageant. Rendre heureux c'est se sentir divinisé.

•

Il est des courages malheureux. Il n'est pas de bonheur sans courage.

•

La noblesse est volontiers naïve.
La médiocrité craint le ridicule des illusions.
La bassesse mesure tout à son aune.

•

Il serait inéquitable d'exiger beaucoup de ceux que leur naissance n'a pas placés en bonne position de départ. Certains conçoivent tant de légitime impatience à rattraper les plus chanceux qu'ils acceptent mal d'avoir à perdre du temps en vaines élégances de comportement à leur égard.

•

Combien rassurant serait de croire un bon niveau de culture et de maîtrise intellectuelle incompatible avec la médiocrité morale. Les déconvenues sur ce point ne doivent pas conduire à récuser ce qui reste une probabilité très positive.

•

La gaîté est l'expression la plus aimable du courage. C'est aussi la plus créatrice des humeurs.

J'imagine parfois le Big-Bang comme un énorme éclat de rire de Dieu face à l'incongruité de certains possibles.

•

Comme le sommeil il y a la gaîté du Juste.

•

A la guerre comme à la chasse au tigre, en affaires comme en amour, le compagnon le plus indésirable est celui qui surestime son courage.

•

N'être à l'aise que dans le travail c'est ne pas aimer la vie. La paresse condamne au malaise. Le bon compromis est d'être un paresseux actif.

•

Rien ne réconcilie mieux avec soi-même que la paresse surmontée.

•

Générosité ne va pas sans sincérité. Mais non plus sans diversité des personnages composant au fil du temps une personnalité accueillante aux expressions multiples de la vie. Qualités et défauts de chacun trouvent leur unité dans une commune chaleur humaine.

•

A la diversité de nos personnages répond celle de nos amis. Notre meilleur ami est celui qui exalte en nous le personnage par nous-mêmes préféré.

•

Le succès assoupit chez certains leurs moins bons personnages. Chez d'autres la difficulté suscite leurs plus fâcheux démons. L'événement n'est donc pas étranger à l'apparence finale des êtres.

Pourtant leur qualité véritable, sauf refoulement plus ou moins fortuit de l'intuition, cela se connaît dès l'abord.

•

Il en est dont le succès exaspère la vanité. Des meilleurs il apaise l'orgueil.

•

Les occasions sont rares de choisir d'entrée de jeu son destin. Celles de lui donner un sens se présentent plutôt vers la fin de la partie.

B – Pour amateurs d'économie et de finances

Abécédaire

a) L'homme au travail et l'homme consommateur sont les acteurs primordiaux de l'activité économique. Après eux l'homme capitaliste y acquit un rôle de premier plan. Toute option doctrinale en la matière ne peut donc être fondée que sur les traits les plus permanents de la nature humaine.

b) La contrainte externe sera toujours moins efficace pour la productivité – et le bonheur – de l'homme au travail que la motivation interne. C'est d'autant plus vrai que la pénibilité physique du travail est moindre, que son intensité est moins contrôlable, son produit moins décomptable et que la part d'initiative et d'imagination y est plus grande. C'est donc beaucoup plus vrai aujourd'hui que ce ne l'était un siècle auparavant, lorsque les esclavages induits par le machinisme industriel encore fruste obsédaient à bon droit l'esprit d'un Karl Marx. Ce le sera sans doute plus encore au long du siècle prochain.

c) « Un homme motivé en vaut dix », devrait donc être désormais le pont aux ânes des commentateurs comme des praticiens de la vie économique.

Les grands conquérants ont, sans le formuler, mis en pratique cet adage dès la plus haute Antiquité. Mais sans doute est-il moins aisé de galvaniser une paisible population civile que des soldats d'élite attachés corps et âme à leur chef et fort impatients d'attirer sur eux, par leurs actions d'éclat, son attention et ses marques de gratitude.

d) Un grand défi collectif peut, pour une plus ou moins longue durée, tenir lieu de motivations personnelles pour un peuple fier. Le Japon – depuis hier déjà – l'Espagne – demain sans doute – en seront de frappants exemples pour ceux que séduisent toujours les analyses d'Arnold Toynbee. Aux peuples de plus en plus englués dans le bien-être des motivations égoïstes sont plus nécessaires. Encore un regain de tonus moral en accroîtrait-il bien opportunément l'effet. Et pourquoi pas, demain, la naissance d'une fierté européenne face au défi des Grands?

e) La démographie des entreprises donne une image bien lisible de la vitalité économique d'un pays. Une forte natalité en est l'indice le plus expressif. Elle crée d'elle-même une population d'hommes au travail dont la participation à une aventure collective apaise toute crainte d'exclusion et multiplie l'efficacité. Mon expérience personnelle d'entreprises à l'état natif me l'a prouvé sans contredit.

L'obsession ultérieure de la croissance, celle de la qualité peuvent sans doute prendre le relais dans le cadre d'une culture d'entreprise entretenue avec persévérance et sensibilité. Sous quelque aspect que le problème puisse être envisagé – des modalités de rémunération aux procédures de concertation – il est fort clair que motivation et participation vont de pair.

f) La méduse administrative qui prétend animer une économie de type collectiviste peut-elle inspirer à l'homme au travail un sentiment de participation? Poser la question c'est la résoudre et Mikhaïl Gorbatchev semble l'avoir fait pour son compte : le seul cadre possible d'une participation motivante est celui de l'entreprise autonome dont le patron est libre de ses décisions et les prend de concert avec les siens.

g) C'est un défi bien difficile à relever pour tout organisme de prévision que de formuler des hypothèses quant à l'évolution des goûts et donc des besoins de l'homme consommateur. Ceux-ci dépendent en particulier des inventions et des innovations de l'homme au travail, rebelles par nature à toute anticipation systématique.

Lente à s'adapter à tout changement la planification socialiste ne peut prendre en compte de tels imprévus qu'avec un retard par rapport aux économies libérales grandissant avec le temps. Ses seules chances dans la compétition se situent là où les objectifs sont simples à définir et hors de portée de la seule initiative privée, le client final étant l'État. Programmes d'armement et spatiaux en sont des exemples classiques. Encore a-t-on bien vu qu'y est nécessaire une Administration aussi puissante que celle de la planification et dont la mission soit de surprendre les secrets des technologies et des découvertes des autres.

h) Les erreurs de toute planification globale risquent de se révéler beaucoup plus dommageables que ne saurait l'être la somme d'erreurs individuelles. Les premières continuent de résister aux évidences grâce à l'arbitraire du pouvoir. Les secondes sont vite sanctionnées par les faits.

Celles du Plan français des années 50 et 60 permettent de douter qu'il fût opportun de le baptiser un jour, sans discrimination préalable, d'« ardente obligation ». Elles ne doivent pas faire oublier néanmoins la valeur pédagogique – pour les patrons, les syndicalistes, les fonctionnaires – de l'institution du plan. Encore le maintien de celle-ci ne peut-il se justifier qu'en tant qu'instrument de concertation et la claire limitation de ses ambitions doit-elle lui interdire tout dérapage vers la zone redoutable du dirigisme administratif.

i) Le corps de doctrine du socialisme est entré, de nos jours, dans une désuétude évidente. Mis à part un éventuel tarissement des ressources minérales et énergétiques de la planète – trop tôt prédit par le club de Rome mais dont l'avènement ne manquerait pas de conduire un jour à des procédures étatiques de répartition – on voit mal ce qui pourrait lui donner dans un futur prévisible des opportunités de renouveau.

La nécessité n'est que plus grande de repenser l'économie libérale. La perte de crédibilité de ses adversaires attardés et le zèle inexpérimenté des récents convertis risquent en effet de faire oublier les disciplines nécessaires à sa survie.

j) Le financier doit être, à l'industriel et au commerçant, ce que le médecin est au sportif et ce que le politique est à l'ingénieur. Il doit en permanence surveiller les pulsations de leurs comptes de résultats comme la circulation de l'argent dans leur organisme et situer dans le temps ce qu'ils n'ont tendance à voir que dans l'espace. Eux-mêmes doivent pouvoir attendre de lui qu'il les aide à préserver en permanence leur liberté d'allure et à n'en aliéner éventuellement tout ou partie qu'au nom de chances d'avenir mieux assurées pour tous.

C'est dans de tels domaines que l'éthique libérale doit se montrer le plus ferme, qu'elle exige aujourd'hui d'être réaffirmée et son respect mieux contrôlé. Et c'est – là comme ailleurs – entre deux écueils opposés que doit être aménagée la prévention des abus possibles : une rigueur trop formaliste détournant de l'action les individus les plus créatifs, une permissivité trop grande risquant de déprécier les saines motivations de l'homme au travail comme de l'homme capitaliste.

Humeurs

L'insignifiance est sœur de l'importance. Celle-ci est la maladie professionnelle des financiers de tout poil et de tout grade. Elle est entretenue par l'omniprésence des problèmes qu'ils sont censés traiter, la magnitude des chiffres qu'ils manient et le haut niveau des relations qu'ils doivent entretenir. Ridicule bénin chez les jeunes cadres de direction portant en sautoir les montants d'opérations dont ils ont à connaître et les plus beaux noms de leur carnet d'adresses, elle n'atteint la plénitude de sa nuisance qu'au sommet de la hiérarchie, lorsque les défenses de l'humour sont emportées par la flagornerie de certains subordonnés, les égards des obligés et les tentations médiatiques.

•

Quelle rosée plus rafraîchissante que les éloges dispensés à votre sujet par les médias. Et quelle gâterie plus savoureuse que de les voir assortis de réserves assassines concernant vos rivaux supposés. Ce dopant devient aussi nécessaire à certains acteurs du théâtre des affaires qu'il l'était déjà aux vedettes du spectacle. Ils sacrifient, pour en obtenir leur dose périodique, beaucoup de leur temps, de leur dignité, voire de leur argent et croient en trouver la justification dans les effets d'intoxication attendus au service de leur stratégie.

C'est là une fâcheuse contrepartie aux services très positifs rendus par le développement rapide de l'information économique et financière. Quel autre antidote y espérer qu'une formation professionnelle des journalistes leur donnant pour seconde nature l'exigence d'objectivité et leur inculquant les méthodes pour y satisfaire?

•

L'amitié est un mot galvaudé dans certains milieux d'affaires. Il y signifie trop souvent complaisance réciproque, si ce n'est complicité.

•

Le fonctionnaire, en particulier s'il a des sympathies de gauche, se fait du monde des affaires une image si romanesque qu'il a souvent tendance à y privilégier, parmi ses interlocuteurs, les individus de réputation mitigée et que n'encombrent pas les scrupules. Il les prend davantage au sérieux et fait plus confiance à leur expertise qu'à celle de personnages d'une indiscutable honorabilité dont les trop bonnes intentions compromettraient, lui semble-t-il, les chances d'efficacité. Il convient donc de mettre plusieurs bémols devant l'idée communément admise que le meilleur atout pour négocier avec l'administration est d'en avoir fait partie soi-même.

L'homme politique manifeste, dans ce domaine, des inclinations analogues à celles du fonctionnaire – accentuées sans doute par le fait que les consciences tranquilles ne sont pas d'ordinaire les plus généreuses pour les caisses électorales.

•

Les disciplines scientifiques ouvrent peut-être à l'économiste certaines voies d'approche. C'est une intuition comparable à celle de l'artiste qui doit inspirer les choix les plus décisifs du financier.

•

Le baroque dans les arts plastiques, l'obscur en littérature ont leur charme et même, parfois, leur force convaincante. En matière de produits financiers la simplicité et la clarté me semblent aujourd'hui l'art suprême. Ne traversons-nous pas, à cet égard, une époque quelque peu décadente?

•

L'âge venant, beaucoup de vigilance et de sens de l'humour sont nécessaires pour éviter de jouer tel ou tel personnage trop classique. La jalousie de la vieillesse vis-à-vis de ceux qui la suivent est capable de maintes incarnations. Le diable qui se fait ermite et dénonce les dérèglements de l'époque, le prédécesseur malveillant, le non-conformiste devenu zélateur des routines traditionnelles en sont quelques-unes.

Pour ma part, bien qu'il me soit advenu, je l'avoue, de ressentir quelque déplaisir à voir brouiller mes traces j'ai toujours trouvé une joie sans arrière-pensées à admirer comme à vanter les accomplissements de mes successeurs.

Par contre l'iconoclaste des vieilles pratiques bancaires et financières que je fus a bien du mal à considérer aujourd'hui avec faveur le foisonnement des « instruments financiers nouveaux » et le laxisme, à leur égard, des autorités auxquelles il incombe de réglementer les marchés.

Je ne saurais oublier le temps où, contrecarré par la Chancellerie dans mes efforts pour introduire en France la pratique des obligations convertibles pourtant courante sur les marchés anglo-saxons, je vitupérais l'archaïsme de cette vénérable institution. Je me prends pourtant à déplorer aujourd'hui que semblent tomber en désuétude les règles d'or dont elle s'inspirait alors : simplicité et intelligibilité immédiate des contrats proposés au public sous forme de titres négociables. Je sais bien que les épargnants ne sont plus directement les acteurs principaux du marché. Des « zinzins » s'interposent entre eux avec leurs états-majors de financiers. Mais ne conviendrait-il pas que les engagements pris pour le compte de leurs clients par ces professionnels fussent toujours intelligibles par les non-spécialistes? N'est-ce pas en effet le bon sens moyen d'épargnants honnêtement informés qui peut assurer le mieux, de façon quotidienne comme sur le long terme, le rôle régulateur des marchés?

Je me méfierai toujours de mécanismes gérés à l'aide d'une informatique conçue pour éliminer les salutaires délais de réflexion par un certain nombre de techniciens dont la spécialisation ésotérique, inspirant des complexes à leurs propres patrons, motive les absurdes rémunérations, exalte la suffisance et occulte la perception des évidences simples auxquelles une culture mieux équilibrée leur donnerait accès.

•

Tout système a ses marginaux. Ceux du libéralisme jouent de préférence sur des ambiguïtés ou des lacunes de la loi; ceux du dirigisme sur des complaisances dans l'appareil d'État; ceux de l'économie mixte sur les deux tableaux.

•

Un néophyte ne saurait transiger sur le dogme. Ainsi de nos derniers adeptes du libre Marché : ils s'offusquent moins de ses dévoiements les plus fâcheux que des réglementations sélectives souhaitées à leur encontre par maints vieux croyants.

C – Pour patrons et candidats patrons

L'autorité ne saurait être une rente de situation. Elle émane de la personnalité tout entière, non pas de la fonction.

•

Le critère le plus important pour confier à un homme les commandes ne devrait pas être l'étendue de ses compétences ou l'ancienneté de ses services mais l'authenticité de sa vocation personnelle à devenir patron. Plus jeune il pourra l'exercer meilleur en sera l'accomplissement. Un patron devenu tel sur le tard risque de montrer plus de propension à jouir d'une ambition enfin satisfaite qu'à endosser dans leur plénitude les attributs de sa charge.

•

Malgré mon peu d'application chacun des sports quc j'ai pratiqués m'a cnscigné quelque leçon transposable à mon métier de patron.

Pour le golf l'importance vitale du « timing » : ni trop tôt ni trop tard, ni trop précipité ni trop retenu, décontraction dans la concentration.

Pour la chasse la nécessité d'une attention toujours en éveil, mais aussi d'une sélectivité vous détournant d'attaquer « tout ce qui bouge ».

Pour la navigation à voile : la sécurité de remonter contre le vent et le danger insidieux des faciles allures portantes.

Et la qualité d'un parcours où chaque vague soit « négociée » d'une main souple et ferme n'est-elle pas la meilleure image possible des vertus d'un calme bon sens et de la détermination dans les décisions quotidiennes?

Pour l'équitation enfin, si j'ose comparer aux rapports entre humains ceux entre vivants d'espèces différentes – mais sur le plan de la compréhension instinctive n'offrent-ils pas des analogies émouvantes – le bienfait irremplaçable de la confiance réciproque, a contrario la nuisance radicale de toute trace de peur, aussitôt perçue par le partenaire.

Plutôt maladroit sur le terrain c'est dans l'exercice quotidien de mes fonctions que j'ai tiré de ces leçons le meilleur parti.

•

Un patron digne de sa fonction place au premier rang, dans le succès, l'action de ses troupes; la sienne propre dans l'échec.

Le goût d'une responsabilité ainsi conçue n'est pas, tant s'en faut, aussi général qu'on pourrait croire.

•

L'exigence première pour un patron est d'être légitime et d'en avoir l'intime conviction. C'est la condition de son autorité indiscutée sur les autres et, dans son for intérieur, d'un juste dosage de bienveillance et de fermeté.

•

Dans l'accession d'un homme aux responsabilités de patron toute considération extérieure à la finalité de l'entreprise, et surtout d'ordre politique, entache de façon parfois indélébile sa légitimité.

•

L'entreprise seule peut sécréter la légitimité d'un patron. C'est la mission du conseil d'administration. Fût-elle la seule elle suffirait à justifier son existence. Les procédures de désignation en usage dans les entreprises contrôlées par l'État ne sont, à cet égard, que des parodies. Il faut que le patron d'une telle entité soit de qualité rare, lui rende de signalés services et survive aux alternances politiques pour conquérir à la longue un semblant de légitimité. Encore lui en manquera-t-il le plus souvent la confirmation par la fidélité de son personnel, entraîné par ses représentants à le mettre en conflit avec une tutelle dont la seule existence mine son autorité.

•

Lorsqu'un patron sort des chemins battus il lui faut être conscient que se présentera quelque jour un point de non-retour passé lequel il lui faudra trouver la voie royale ou rentrer dans le rang.

•

Mieux vaut proposer aux hommes des postes supérieurs à leurs capacités apparentes plutôt que le contraire. Le charisme de la fonction a des chances de les valoriser, leur propre surdimension les démobilise à coup sûr.

•

Dans l'entretien en tête à tête avec un collaborateur on craint trop souvent de blesser en parlant vrai. On blesse de façon moins guérissable par le prétexte et les ménagements derrière quoi point toujours le dédain. Mais il faut parler vrai avec chaleur ct qu'elle ne soit pas empruntée.

•

C'est le temps qui manque le plus. Il faut être généreux du sien, économe de celui de ses subordonnés. Mais il faut avant tout savoir le traiter lui-même avec égards et ne pas se montrer chiche des ménagements qu'il réclame pour demeurer votre allié.

•

L'humeur difficile d'un patron n'est souvent que la parodie d'un authentique caractère.

•

La pratique nécessaire d'une large délégation de pouvoirs ne doit pas détourner le patron de montrer parfois sa connaissance et son souci minutieux du détail. L'état natif conduit par étapes à un point d'équilibre entre ces deux tendances qu'il importe de ne plus dépasser par la suite.

•

La confiance est le plus court chemin d'une personne à une autre. Même aventurée elle tend à devenir plus justifiée avec le temps : ses bénéficiaires hésitent de plus en plus à la décevoir.

•

Au passif d'un naturel méfiant : le temps perdu, le bonheur gâché, les amitiés mort-nées. A son actif – problématique – les pièges éventés. Sur la longue durée la balance entre des facteurs aux valeurs si peu comparables ne saurait être positive.

•

Le méfiant n'est pas prêteur, hormis de ses intentions les moins avouables et de ses procédés les plus obliques. Il pense à tout propos les déceler chez les autres et devoir s'en garder. Le considérer avec une méfiance réciproque irait de soi n'était le risque de lui faire ainsi trop d'honneur.

•

Pour bien garder les secrets il faut n'en garder que très peu et le moins longtemps possible. Le nombre les affadit. Le temps les use.

•

Contrairement à ce qu'il pense un menteur est inapte à garder les secrets. Il ne tarde pas à les confondre avec ses mensonges.

•

Les mauvaises fréquentations d'une entreprise, les moutons noirs présents dans son personnel demeurent le plus souvent discrets par conjoncture calme. Comme pour les faiblesses cachées d'un organisme vivant, ce sont les situations de crise qui libèrent leur nocivité. C'est grande sagacité que de savoir les reconnaître et les écarter sans attendre de telles échéances.

•

Il est dangereux qu'un patron ait à sa disposition plus de capital que le métier de son entreprise n'en exige. La tentation de diversification le guette alors, que rend hasardeuse toute présomption née de succès antérieurs.

A plus forte raison est-il risqué, pour s'installer dans la position de patron, de réunir un capital sur sa bonne mine, sans objectif précis et sans équipe expérimentée. C'est s'assurer une place à la table de jeu plutôt que fonder une entreprise nouvelle.

Il est nécessaire que le capital concoure à la création et accompagne le développement. Il n'est pas toujours sain qu'il les précède.

•

Face aux crises majeures auxquelles il arrive qu'un patron soit confronté, le jugement héroïque – celui « dont le principal usage » selon Retz « est de distinguer l'extraordinaire de l'impossible » – peut sans doute inspirer aux meilleurs quelque action d'éclat. Il ne saurait se former que par une pratique prolongée des situations complexes et périlleuses. Croire qu'une certaine maîtrise dialectique peut à elle seule en tenir lieu procède d'une présomption dont la première épreuve sévère révélera le danger. M'en tenir en toutes circonstances et sans prétention aux préceptes immédiats d'une éthique simple a toujours été ma règle.

•

Comme en pendant à leurs rêveuses amitiés d'enfance, où s'exprimait un besoin de solidarité face à l'univers des grandes personnes, les vrais patrons, ces adultes se voulant plus adultes que d'autres, sont parfois rapprochés par une même lucidité, l'égalité de leur condition et plus encore peut-être par le besoin que se déchire entre eux cet impalpable voile qui les isole dans leur maison. L'amitié qui s'établit alors se révèle l'une des grâces majeures de leur état.

Qu'ils prennent garde pourtant de ne pas troquer leur solitude individuelle contre un dangereux isolement de caste.

•

Ce n'est pas tant l'érosion inévitable de ses capacités qui doit déterminer un patron à ne pas s'attarder trop longtemps dans sa fonction; c'est l'étiolement prévisible de ses possibles successeurs et la nécessité qu'ils accèdent au pouvoir avec plus d'avenir que de passé dans l'esprit.

•

Au moment où l'on se démet des fonctions les plus enviées, l'amour de la vie, quelque vocation jusqu'alors refoulée, la simple faculté de jouer et de se distraire, peuvent conférer un détachement allègre qu'on ne saurait sans emphase qualifier grandeur d'âme.

•

Première question qui se pose d'emblée pour le choix d'un successeur : « Que saura-t-il le mieux faire? » Question plus importante sans doute : « Que se refusera-t-il à faire quoi qu'il arrive? »

•

Ses collaborateurs aiment chez un patron simplicité, chaleur, efficacité. Mais ils attendent d'abord qu'il les délivre de leurs doutes et situe où il convient les responsabilités. Ceci ne va pas sans quelque distance maintenue.

C'est l'un des charmes de la retraite que de donner latitude d'y renoncer.

•

Si, dans une position de retraite, on aime encore exercer quelque influence, que ce soit par la sagesse et le désintéressement du conseil. Quoi de plus dérisoire que de prétendre encore à l'intrigue et d'être devenu négligeable dans ce domaine parce que personne ne vous craint plus?

•

Tant qu'en toi subsistera
– l'attrait pour l'autre,
– le goût du jeu,
– le sens du juste et de l'injuste,
tu n'auras pas perdu toute jeunesse.

... P.p.c. *

Mon père quitta la vie à regret dans sa quatre-vingt-quinzième année. Ma mère, pour sa part, à 96 ans révolus, sans aucun avertissement préalable et malgré la vivacité intacte de son esprit, omit un matin de se réveiller. Si, comme j'aime à le croire, je tiens d'eux le même goût et la même aptitude à vivre, j'aurai l'occasion de faire une brève incursion à travers les premières années du XXIe siècle après avoir traversé les neuf derniers dixièmes du précédent.

Je puis l'affirmer déjà, les images rétrospectives sur lesquelles je fermerai les yeux couvriront une gamme complète, de l'horreur indicible au merveilleux le plus exaltant.

Je n'ai pas qualité pour évoquer les premières : le sort n'y a directement mêlé ni les miens ni moi-même et les épisodes guerriers que j'ai pu vivre n'ont jamais excédé les normes tolérables du genre. Quant au merveilleux je m'en serai laissé fasciner toute ma vie à travers mes poèmes préférés comme nombre de textes scientifiques excédant le plus souvent mon entendement; il m'a été donné de l'approcher de façon moins abstraite en exerçant, sur le tard, la présidence de la Fondation pour la recherche médicale.

---

* *Pour prendre congé.*

Entre ces extrêmes ma pente naturelle me conduit à privilégier les espérances par rapport aux menaccs. Malgré les fureurs de l'actualité ou bien ses couacs dérisoires, je vois le XXe siècle accouchant, avec le déclin des idéologies, d'une paix durable entre nations majeures comme d'un climat plus serein entre leurs factions. Ce ne sera pas trop pour faire face à la surpopulation, au sous-développement des autres comme aux tentations de fanatisme qui en résultent. Les problèmes les plus périlleux du XXIe siècle seront là.

Dans un tel contexte quels seront les héros éponymes du XXe siècle? Seuls de grands peuples et de grands événements donnent d'emblée à certains personnages une dimension hors du commun. Mais seul le temps fait apparaître la stature véritable des acteurs de l'Histoire.

Que pesait de Gaulle par rapport à Eisenhower en 1944? Dans la mémoire collective quelle place tient aujourd'hui le second par rapport au premier?

Et quelle sera en l'an 2000 l'image de Gorbatchev? Celle d'un révolutionnaire intrépide ou d'un aventurier calamiteux? Le peuple russe et le temps apporteront la réponse; je me plais aujourd'hui à croire au miracle.

•

L'aube, déjà, blanchissait les braises. Renonçant à pousser plus avant sa critique, il me rendit mon manuscrit.

L. « Vous donnez de la banque et de vous-même une image qui ne déplaît pas, conclut-il. Mais vous n'expliquez pas ce qui fonde l'exigence morale, l'éthique de l'action auxquelles vous vous référez souvent. Serait-ce la logique interne du métier tel que vous le concevez? Vos fins dernières, pour leur part, semblent le cadet de vos soucis. »

M. « En dépit de son attrait poétique l'angoisse métaphysique n'est pas mon fort. Taxez-en, j'y consens, une viscérale légèreté, une propension au bonheur sous ses formes les plus humaines que l'âge n'a pas découragée. L'exigence morale dont vous parlez n'en a pas moins préexisté en moi de longue date à la pratique d'une profession où la confiance est le sésame. Ce fut d'abord, à l'évidence, le produit d'une éducation acceptée telle quelle par amour pour mes parents. Mais c'est devenu plus encore celui de ma curiosité fondamentale pour le jeu et pour ses chances les moins probables. La moindre tricherie me semble une offense non réparable à l'esthétique du Destin, à ses virtualités les plus prestigieuses.

« L'infirmité de mon esprit lui rend opaque toute dialectique de l'indicible. Sa loyauté lui interdit le pari sans risque de perte, tel que le propose Pascal. Pourtant si je m'aventure à rêver d'une part immatérielle de moi-même mettant à profit mon dernier sommeil pour s'évader vers je ne sais quel Grand Tout, j'aime à penser qu'elle serait en droit d'emporter avec elle, de notre commun séjour sur la planète Terre, plus de souvenirs heureux et honorables que de lancinants regrets. »

L. « Quelle serait, croyez-vous, votre ultime interrogation avant cette imaginaire évasion? »

M. « Elle serait double. » L'une « Combien d'êtres ai-je blessés que j'aurais pu épargner? » L'autre « De combien ai-je contribué à rendre la vie plus heureuse? ».

TABLE DES MATIÈRES

COMPTE A REBOURS

Première partie

L'ÉTAT NATIF

La Compagnie Bancaire

Deuxième partie

LES ENFANTS DES AUTRES

Paribas

Troisième partie
POSTCOMBUSTIONS

EUPHORISMES

Cet ouvrage a été composé et achevé d'imprimer sur roto-page en décembre 1988
par l'Imprimerie Floch 53100 – Mayenne
Dépôt légal : décembre 1988. N° d'impression : 27298